지친 당신을 위한
인생 매뉴얼

THE LITTLE BOOK OF LIFE
: A User's Manual
by Neale Donald Walsch

Copyright © 1999 by Neale Donald Walsch
Introductions Copyright © 2010 by Neale Donald Walsch
All rights reserved.

Korean Translation Copyright © 2013 by Minumin

This Korean edition is published by arrangement with
Hampton Roads Publishing, Inc. c/o Red Wheel/Weiser/Conari through
Danny Hong Agency.

이 책의 한국어 판 저작권은 대니홍 에이전시를 통해
Hampton Roads Publishing, Inc.와 독점 계약한 ㈜민음인에 있습니다.
저작권법에 의해 한국 내에서 보호를 받는 저작물이므로 무단 전재와 무단 복제를 금합니다.

지친 당신을 위한
인생 매뉴얼

행복한 '관계 맺기'의 비밀

닐 도널드 월쉬 | 김성환 옮김

Neale
Donald
Walsch's
Little Book of Life:
A User's Manual

판미동

차례

서문 인간관계 · 생계 · 세상과의 교감 – 삶의 세 가지 측면 ……06

Part One
사람들과 교감하며 살아가기 ……11

들어가며 관계란 대체 무엇인가? ……13

우리가 관계를 맺는 의도 | 무엇으로도 관계를 대체할 수 없다 | 최상의 관계가 맺어지는 방식 | 결혼에 관하여 | '힘겨루기'의 문제 | 가장 큰 어려움 | 진실을 말하는 다섯 단계 | 이별의 고통에 대처하는 자세 | 사랑은 '반응'이 아닌 '결정' | 'Return to Sender' | 사랑을 표현하는 형태

Part Two
자기 자신과 관계 맺기 ……91

들어가며 당신이 일상의 풍요를 알아볼 때, 평화는 당신을 알아본다 ……93

영혼의 계획에 대한 관심 | 온 세상이 당신을 따르고 있다 | 너와 내가 아닌, 우리 | 돌이킬 수 없는 경계 | '신과 나눈 이야기'

다른 얘기 ······*114*

더 이상 차이를 만들지 않게 될 때 | '풍요'에 대하여 | '돈'에 대하여 | '자기 정당성'에 대하여 | '선택'에 대하여 | '삶을 위해' 살라 | '십일조' 또는 기부에 대하여 | 21세기 전망 | '창조 과정'에 대하여 | '내면의 저항'에 대하여 | '원천'이 되어라

Part Three
세상 속을 거닐기 ······*209*

들어가며 여기 이 몸에, 이 땅에 온 목적 ······*211*

전체적인 삶으로 가는 첫걸음 | '몸 전체로 살아가는 것' 이상의 의미 | 바로 '여기'에서 시작되는 용서 | 사랑받고 싶은 대로 사랑하라 | 매일매일, 신과 나누는 이야기 | 기술과 의식의 불일치 | '균형'을 위한 습관 | '고통'과 '죽음'에 대하여 | 고도로 진화된 존재 | 여성의 역할 | 해답은 우리 내면에

맺음말 진정한 '자기실현'의 과정 ······*291*

옮긴이의 말 ······*296*

서문

인간관계 · 생계 · 세상과의 교감
– 삶의 세 가지 측면

 삶은 실로 불가사의하다. 적어도 나는 그렇게 느낀다. 삶에는 발견할 것도 많고 알 수 있는 것도 무수히 많지만, 삶을 이해하고 나면 결국 알아낼 것도, 신비스러울 것도 거의 없어 보이기 때문이다.

 '신과 나눈 대화'를 전후로 겪은 내 경험이 바로 그랬다. 신과의 대화는 삶에 있어 내가 알아야 했던 모든 사실들을 가르쳐 주었고, 전에는 이해하지 못했던 수많은 진실을 파악하도록 도와주었다. 그 대화를 책으로 펴냈을 때 세계 곳곳의 사람들이 그 글을 읽기 시작했고, 많은 이들이 삶의 변화를 경험했다. 전체 아홉 권으로 발간된 『신과 나눈 이야기』에 담긴 메시지는 모든 궁금증을 명료하게 해소해 줌으로써 다양한 문화에 걸친 수많은 사람들에게 엄청난 영향을 주었다.

어쩌면 당연한 일이었겠지만, 나는 곧 독자들로부터 추가적인 요청을 받았다. 신과 나눈 대화를 통해 발견한 사실과 그 경험 자체를 더 포괄적으로 설명하여, 원본 자료를 더 구체화해 달라는 것이었다. 그래서 나는 3000쪽 분량의 원본 자료를 다시 읽으며 주제별로 더 깊이 파고들어 가 보기로 결심했다. 지금 당신이 읽고 있는 이 책이 그 결심의 산물이다.

이 책은 십 년쯤 전에 세 권으로 나뉘어 발간된 원고의 재발행본이다. 나는 이 책이 『신과 나눈 이야기』에 담긴 지혜를 일상생활에 적용하는 데 있어 생산적이고 중추적인 도움을 주리라 믿는다. 세 권의 책을 굳이 한 권으로 묶어 재발행하는 이유는, 각각에 담긴 내용을 한데 모으면 보다 나은 삶을 위한 수업 과정이 비로소 전체적으로 완성되기 때문이다. 가장 처음 다루는 '주변 사람들과의 관계'와 다음에 이어지는 '우리 자신 및 일과의 관계', 그리고 마지막에 나오는 '전체 세상과의 관계', 이 모두에서 조화롭게 사랑하며 살기 위한 지침은 결국 삶 전체를 포괄하는 내용이다. 애초에 삶 전반에 대해 글을 쓸 기회가 있었더라도 결과는 이 책과 같았을 것이다.

현재 세상은 중대한 진화상의 격변, 즉 새로운 인간 존재 방식이 도래하는 순간의 가장자리를 맴돌고 있다. 미래학자 바버라 막스 허버드는 이 격변을 '탄생'이라고 표현한다. 비록 나는 인류의 사회적, 영적 진보에 대한 전문가는 아니지만, 여기 제시하는 지침들이 더 나은 삶을 위한 가장 유용하고 실용적이며 효과적인 도구들 중 하나가 되리라 믿는다. 이렇게 확신할 수 있는 이유는 이 지침들의 원천이 내가 아니기 때문이다. 이 책에 담긴 메시지들은 모두 『신과 나눈 이야기』에서 비롯되었으며, 나는 그 대화가 신성과의 직접 교감에서 나온 산물이라고 믿는다.

하지만 이 점에 반드시 동의할 필요는 없다. 전에도 자주 말했듯이 내가 신과 직접 대화를 나누었다는 사실을 믿어야만 이 자료로부터 도움을 얻을 수 있는 것은 아니다. (사실 우리 모두가 매일 그렇게 하고 있긴 하지만) 필요한 것은 여기 제시된 견해들이 가치가 있는지 확인해 보려는 의지와 열린 마음뿐이다. 이 견해들을 이용해 구체적인 현실 상황에서 *시험해 보기* 바란다.

이것이 내가 당신에게 권하는 바이다. 인간관계와 생계 및 세상과의 교감이라는 삶의 세 측면에 대해 이 책에서 다루는 내용을 당신이 직접 읽어 보고 이치에 맞는지, 그중 일부라도 도움이 되고 실제적이며 이로운지 확인해 보았으면 한다.

물론 나는 그렇다고 믿으며, 그렇지 않았다면 이 책을 내놓지도 않았을 것이다. 또한 소중한 시간을 들여 읽어 보라고는 더더욱 권하지 않았을 것이다. 어쨌든 당신은 지금 이 책을 읽고 있다. 이 책은 3000쪽 분량의 『신과 나눈 이야기』에서 가려 뽑은 중심 주제와 그 내용을 실제 생활에 도움이 되도록 적용하는 법을 다루고 있다. 『신과 나눈 이야기』를 더 깊이 이해하기 위한 이 짧은 여행이 여러분의 영성을 매혹하고 흥미를 돋아 실질적인 도움이 되기를 기대한다.

Part one
사람들과 교감하며 살아가기

관계가 주는 것을 대신 줄 수 있는 건 아무것도 없습니다. **관계야말로 삶에서 당신 자신을 체험하도록 해 주는 유일한 경험이니까요.** 그리고 여기서 말하는 관계는 사람들과의 관계에만 국한된 것이 아니라 장소와 사물, 그리고 삶에서 일어나는 사건과의 관계도 포괄하는 의미의 관계입니다.

들어가며

'관계'란 대체 무엇인가?

관계는 삶에서 그 무엇보다 중요한 경험이다. 관계가 없다면 우리는 아무것도 아니다.

정말로 그렇다.

왜냐하면 '우리 아닌 것'이 없는 상황에서는 '우리'도 있을 수 없기 때문이다. 하지만 다행히도 관계를 맺지 않는 사람은 단 한 명도 없다. 우리 모두는 한순간도 빠짐없이 모든 사물 및 사람들과 관계를 맺고 있다. 우리 자신과 관계를 맺고, 가족과 관계를 맺으며, 환경과도 관계를 맺는다. 또한 일과 관계를 맺고, 우리 서로 간에도 관계를 맺는다.

우리가 자신을 알고 경험할 수 있는 것은 이와 같은 관계 상황을 통해 형성된 맥락 속에서이다. 그렇기에 관계란 신성한 것이다. 모든 관계가 그렇다. 그리고 우리는 가슴과 영혼 깊은 곳

어딘가에서부터 이 사실을 알고 있다. 그래서 관계를, 특히 의미 있는 관계를 그렇게도 열망하는 것이다. 하지만 이러한 인식은 우리가 관계에서 그토록 많은 문제를 겪는 이유가 되기도 한다. 관계가 얼마나 자주 위험한 상황에 처할 수 있는지 우리는 마음속 어디에선가 분명히 느끼고 있다. 관계를 두려워하게 되는 것도 이 때문이다. 평소에는 자신감 있고 능력 있는 사람들조차 관계 상황에서는 우물쭈물하다 실수하고, 얼버무리다 잘못하여 낙심하고는 도움을 청하기 일쑤이다.

인간 간의 관계란 본래 우리가 가장 큰 기쁨을 맛볼 수 있도록 하기 위해 주어진 것이다. 하지만 실제로는 그 무엇보다도 우리에게 더 큰 문제와 고통을 주고 더 많은 비극을 초래하는 것이 인간 간의 관계이다. 우리는 개인적·집단적 차원과 사회·정치적 차원, 그리고 지역적·국제적 차원 그 어디에서도 조화롭게 사는 법을 찾아내지 못했다. 그저 함께 잘 살아가는 것조차 결코 쉽지 않음을 인식할 뿐이다. 그러니 서로 사랑하는 문제는 말할 것도 없다.

그렇다면 관계란 대체 무엇인가? 관계의 어떤 측면이 잘못되었나? 나는 알 것도 같다. 내가 특별해서가 아니라 다만 답변에 귀를 기울일 줄 알기 때문이다. 나는 아주 오랫동안 이 문제에 관한 질문을 던져 왔다. 그런데 1980년대부터 그 질문에 대한 답변을 받기 시작했다. 나는 그 응답이 신으로부터 온 것이라고 믿는다. 답변을 처음 받았을 때, 나는 그 경험이 너무 충격적이고 인상 깊어 내게 주어진 응답을 글로 기록해 두기로 마음먹었다. 그 기록은 『신과 나눈 이야기』라는 제목의 시리즈 도서로 발간되어 세계적인 베스트셀러가 되었다.

몇 년 전, 사십 명가량 되는 사람들과 함께 캘리포니아 샌프란시스코 외곽의 어느 집에서 모임을 가졌다. 우리는 『신과 나눈 이야기』 시리즈에 담긴 인간관계에 대한 내용을 더 깊이 이해하고 싶었다. 나는 『신과 나눈 이야기』를 통해 내가 이해하게 된 관계에 대한 모든 내용을 그 자리에서 함께 나누었고, 참석자들의 질문이 있을 때마다 답변을 해 주었다. 그날 저녁 오간 대화들 덕분에 모임에는 활력이 넘치고 지혜가 흘렀다. 이 모든 과정이 비디오와 오디오로 기록되었고 편집을 거쳐 대중에게 공개될 수 있었다.

여기 실린 글은 이러한 영상 기록을 문서화한 것이다. 비록 나의 현재 생활환경을 반영해 몇몇 사소한 부분이 수정되긴 했지만, 글의 본질적인 부분은 그날의 모임 기록 그대로이다. 그런 점에서 아마 이 글은 책으로 만들기 위해 쓰인 글에 비해 훨씬 더 자유롭게 물 흐르듯 읽힐 수도 있을 것이다. 또한 책이란 형태는 시간과 환경의 구애를 받지 않으므로 제작 여건상 비디오나 오디오에 포함되지 못한 자료를 추가해 넣을 수 있었다.

본질적으로 『신과 나눈 이야기』에서 신이 우리에게 말하는 바는 대부분의 사람들이 관계를 맺는 동기가 잘못되었다는 것이다. 다시 말해 그 동기가 전반적인 *삶*의 목적과는 아무 상관도 없다는 것이다. 하지만 관계를 맺는 동기가 삶을 통해 우리 영혼이 추구하는 목적과 조화를 이룰 때, 관계는 그 신성함을 드러낼 뿐 아니라 기쁨에 넘치는 경험이 될 수도 있다고 한다.

기쁨에 넘치는 관계라…… 그렇다. 대다수의 사람들에게 이 구절은 거의 모순어법으로 들릴지 모른다. 군사 *지식*이나 효율적인 *정부*처럼 자기 모순적이고 상호 배타적인 용어들처럼 말이다. 그렇지만 기쁨에 넘치는 관계는 가능하며 『신과 나눈 이야기』에 담긴 비상한 통찰은 그러한 관계를 맺는 방법을 보여 준다.

여기 내가 받아 적고 이해한 그 통찰이 있다. 나는 이 글에서 단 한 문장이라도 더 큰 행복을 향한 새로운 가능성의 문을 열어젖혀 줄 수 있다면, 그것만으로 당신이 만족하기를 바라는 겸허한 마음으로 그 지혜를 이 자리에서 당신과 나누고자 한다.

모두들 안녕하세요. 모임에 오신 것을 환영합니다. 이렇게 만나 뵈니 좋네요.

오늘 다루려는 주제는 인간관계에 대한 것입니다. 많은 분들이 힘들어하는 문제죠. 이 방에 계신 분들은 안 그래 보이지만, 이 문제로 꽤나 어려움을 겪는 사람들이 많습니다. 제가 쓴 글들 중 일부라도 읽어 보신 분은 아시겠지만, 저도 인간관계 때문에 상당히 고생했던 사람 중 한 명입니다. 관계를 제대로 진전시키고, 유지되고, 그 관계가 삶에서 어떤 식으로든 의미를 지니도록 하는 것이 너무 힘들었어요.

우리가 관계를 맺는 의도

저는 아주 최근까지만 하더라도 어떻게 성공적인 관계를 맺는지, 그리고 삶에서 관계의 목적이 무엇인지 전혀 이해하지 못하고 있었습니다. 제가 그럴 수밖에 없었던 이유는 무엇보다도 관계를 맺는 제 의도 자체가 완전히 잘못되어 있었기 때문입니다.

대체로 저는 그 관계에서 얻어 낼 수 있는 것만 바라보고 관계 속으로 뛰어들었습니다. 관계를 맺기 시작하는 상황에서 과연 제가 그 사실을 인정했는지조차 확신할 수가 없네요. 그러니까 그 상황에서 의도를 분명히 알리고도 하지 않았을 거란 말이에요. 제가 저 자신을 아는 것을 원치 않았을 테니까요. 아마 이런 식으로 말하지는 않았을 겁니다. '어디 보자, 내가 여기서 얻어 내려는 게 뭐지?' 저는 분명 이런 식으로 생각하지는 않았을 거예요. 하지만 관계에서 바라던 것을 더 이상 얻을 수 없게 되자마자 저는 제 의도가 그렇다는 걸 알아차렸습니다. 관계에서 원하던 바를 더 이상 얻을 수 없게 되는 순간에는 *제가 그 관계에서 나오고 싶어* 했어요.

이것이 어른이 된 후 제가 관계를 맺어 온 방식입니다. 원하는 것을 얻지 못하는 관계에서는 나와 버렸단 말이에요. 무슨 소린지 아시죠? 그렇게 한 관계에서 나온 뒤에는 또 다른 관계 속으로 뛰어들었습니다. 그것도 아주 빨리요. 그러니까 저는 연쇄 일부일처주의자나 다름없었어요. 한 관계에서 다른 관계로, 거기서 또 다른 관계로 계속해서 저를 충족시켜 줄 완벽한 짝을 찾아서 헤매고 다녔습니다. 내가 정말 누구인지 이해해 주고 행복한 안식처를 마련해 줄 사람 말이에요.

그래요, 저는 공평한 거래를 하려 했던 겁니다. 그렇다고 다른 사람에게 매력적으로 보일 수 있는 모습을 드러내려 애쓰지 않았다는 말은 아니에요. 사실은 그 정반대였죠. 저는 그 게임이 어떻게 이뤄지는지 알고 있었으니까요. 몇몇 관계에서 실패한 후, 저는 관계에서 사람들이 원하는 것이 무엇인지 알게 되었다는 생각까지 하게 되었습니다. 그래서 그것을 상대방에게 주기 위해 무척이나 애를 썼어요. 일종의 교역 물품처럼 말이에요. 예를 들면 저는 수많은 관계에서 실패한 끝에 제 인격의 특정 부분이 다른 사람에게 매력적이지 못하다는 점을 알아차리고는 그 성향을 억누르는 법을 배웠습니다.

사례를 하나 소개할게요. 어리석기 짝이 없지만, 그 바보 같음 때문에 더 떨쳐 버리기 힘든 경험입니다. 저는 한동안 한 여성과 교제를 한 적이 있습니다, 그리고 그녀가 제 인생의 연인이 되리라 생각했어요. 아니, 함께한 시간만큼은 정말로 그녀가 제 인생의 연인이었습니다.

그렇게 저는 이 매혹적인 아가씨와 관계를 맺었고, 깊은 사랑을 나누었습니다. 언젠가 한번은 연인들이 보통 그렇듯이 함께 문화생활을 하기 위해 밤에 시내로 나가 연극을 보게 되었습니다. 극장에 들어가 공연을 보는데, 그 연극은 코미디였습니다. 그래서 웃기 시작했죠.

그런데 저는 어쩌다 보니 요란하고 시끄러운 웃음소리를 타고나게 되었습니다. 제가 웃을 때면 그 방에 있는 모든 사람이 누가 웃는지 알 정도로요. 여기 모이신 분들은 그리 크게 웃지는 않으시네요.

아무튼 저는 웃을 때 정말 온몸으로 거침없이 웃습니다. 이 웃음은 저란 사람의 일부였어요. 그렇게 웃으려고 의도한 게 아니라 원래 그렇게 타고났다는 말이에요. 그래서 저는 거리낌이 없었죠. 연극배우들도 물론 그런 웃음을 아주 좋아했습니다. 그 웃음이 다른 사람도 웃도록 자극해서 공연장에 활력을 불어넣어 주었으니까요. 그래서 배우들은 그들이 기폭제라고 부르는 사람을 발견하면 흥분하며 기뻐합니다. "오늘 밤 공연은 기폭제 역할을 해 준 사람 덕에 생기가 넘쳤어."

저는 그래서 공연이 있는 장소라면 어디에서든 환영받습니다. 기폭제 역할을 제대로 해 주니까요. 하지만 저와 공연을 보던 아가씨, 제가 절박하게(이 용어를 일부러 골랐습니다. 저는 그녀의 사랑에 극도로 매달리고 있었거든요.) 사랑했던 그 여성은 제 웃음소리가 커질수록 더 기가 죽어 움츠러들었습니다. 제 옆에 앉아 눈에 안 띄려고 애쓰던 그녀의 모습이 지금도 눈에 선하네요. 중간

휴식 시간이 되자 그녀가 이렇게 말했습니다. "꼭 그렇게 웃어야 돼요?" 저는 제가 무슨 행동을 했는지도 모르고 이렇게 말했죠. "내 웃음이 왜?" 그때 저는 큰 웃음소리가 그녀를 당황스럽게 하고, 십 대 아이들이 흔히 말하듯, 사람들의 관심을 집중시켜 그녀를 불편하게 했다는 사실을 몰랐던 겁니다. 그 아가씨는 함께 있는 남자가 너무 크게 웃는 바람에 자신까지 관심을 받게 돼 힘들었던 거예요.

저는 그때 그녀를 제 방 안에 머물도록 하기 위해 할 수 있는 일이라면 무엇이든 하려 했습니다. 즉 제 삶이란 방 안에 그녀를 계속 머물게 하고 싶었단 말이지요.

좀 벗어나는 이야기이긴 하지만 저는 삶의 대부분을 사람들이 제 방에서 떠나지 않도록 하기 위해 발버둥치는 데 허비했습니다. 정말 무슨 짓이든 했죠. 제 심정은 이랬습니다. '그냥 방 안에만 있어 줘요. 제 방 안에 머물러 달라고요. 방을 떠나지 말아 주세요. 당신을 머물게 하려면 제가 어떻게 하면 될까요? 저의 어떤 부분을 떼어 줘야 이 방에 머물 건가요? 어디든 상관없어요. 다 떼어드릴게요. 그냥 제발 제 삶에서 떠나지만 말아 주세요.'

이렇게 상대방의 박자에 맞춰 탭댄스를 얼마나 많이 췄는지 셀 수도 없을 정도예요. 누구든 음악을 틀면 저는 그 박자에 맞춰 춤을 춰야 했죠. 그날 밤 극장에서도 그 짓을 한 겁니다.

두 번째 막이 오르고 저는 객석에 있습니다. 웃기는 대사가 나와도, 그날은 웃음을 질식시키면서 웃었습니다. "……하 …… 푸움……" 세 번째 막이 오를 때쯤에는 웃음을 많이 가라앉혔어요. 웃음소리가 "하, 하, 하, 하"로 변하더니 나중에는 더 조용해져 "히, 히……"거리며 웃게 됐죠. 그리고 그 후 수년 동안 제 웃음소리가 그랬습니다. 제가 '웃음 아닌 웃음'이라고 하는 그런 웃음이 습관이 된 거예요. 누군가 이렇게 지적해 주기 전까지 말이에요. "당신 괜찮아요? 어디 아픈 거 아니에요?"

그때 저는 엘리자베스 퀴블러 로스의 워크숍에 참석하고 있었습니다. 그녀가 제게서 이상한 점을 발견하고 전화로 알려 준 거예요. 그녀가 우스갯소리를 할 때 제가 맨 앞에 앉아 웃음 아닌 웃음을 웃었으니까요. 그녀가 제게 물었습니다. "무슨 문제라도 생겼어요?"

"아뇨. 당신의 그 농담이 웃겼을 뿐이에요."

그녀가 말했습니다. "그런데 왜 웃음을 터뜨리지 않았나요?"

여기 혹시 엘리자베스 퀴블러 로스 아시는 분 있나요? 아주 격한 스위스 억양을 지닌 분인데. 저는 그녀와 아주 가까워져서 결국 스태프로 함께 일하기도 했답니다. 여러분도 조심하세요. 오늘 내로 제 스태프가 되실 수도 있으니까요.

어쨌든 그녀는 물었습니다. "왜 웃음을 터뜨리지 않았나요?" 아니, 스위스 억양으로 "왜 웃음을 텃뜨리지 아낳나요?"

제가 답했습니다. "무슨 소리세요. 저 웃었는데."

그러자 그녀가 말해 주더군요. "아뇨, 웃지 않았어요. 왜 웃음을 터뜨리지 않았느냐고요. 게다가 웃는 동안 왜 그 고통도 같이 내보내지 않는 거죠? **당신이 진정 누구인지**를 억누르는 고통 말이에요."

보시다시피 저는 상대를 방 안에 머물게 하기 위해 무엇을 거래해야 하는지 알고 있었습니다. 물론 그것은 제 생각일 뿐이었지만요. 그래서 저는 방이 비지 않도록 하기 위해 지불해야 한다고 생각한 대가를 치러 왔습니다. 그런데 그게 바로 저에게는 엄청나게 당황스러운 점이었어요. 상대를 붙잡아 두려고 모든 대가를 다 치렀음에도 제 방은 여전히 비어 있었으니까요. 상대방은 어찌 되었건 계속해서 떠나갔고, 저는 결국 절규하다시피 스스로 이렇게 묻게 되었습니다. '당신들이 원하는 게 뭔가? 관계를 유지하려면 내가 뭘 어떻게 해야 하나?'

저는 제가 무슨 짓을 하는지 제대로 파악조차 못 했던 거예요. 관계를 맺는 게 아니라 사실 물물교환을 하고 있다는 걸 보지 못했던 겁니다. 그러니까 이런 식이었어요. "내가 이렇게 웃지 않는 대신 당신은 그렇게 기침하지 마." "당신이 치약 뚜껑 제대로 덮어두면 나도 이런 식으로 먹지 않을게." 등등…… 상대와 관계를 맺는 모든 부분에서 이랬으니 그 거래 규모는 실로 엄청났죠. 정말 부끄럽네요.

이런 식으로 저는 일종의 무역협정을 맺는 데 몰두하게 되었습니다. 그 2월 14일에도 저는 이렇게 쓰인 카드를 찾고 있었어요. "저는 당신과 많이 거래해요." "저 정말로 당신과 거래하고 싶은가 봐요. 당신과 영원히 거래할 거예요." 하지만 아무리 찾아도 만날 수 없었습니다. 그때만 해도 제가 거래 상대를 찾는다는 사실을 깨닫지 못했으니까요. 하지만 제가 얻어야 한다고 기대하던 것을 더 이상 얻지 못하게 되는 순간만큼은 사실 그 관계가 교역이란 점을 알았죠. "내가 이걸 줄 테니 당신은 저걸 줘요." 이게 우리의 교환 협정이었어요. 그래서 받아 마땅하다고 여긴 것을 받지 못하게 되는 순간, 저는 관계를 떠나버렸습니다. 어떤 경우에는 상대가 먼저 제 방을 떠났죠. 분명히 자기 몫이고, 따라서 받아야 한다고 생각한 것을 받지 못했을 때 말예요.

이런 경험을 통해 저는 제가 잘못된 동기에서 관계를 맺는다는 것을 알게 되었습니다. 어떤 식으로든 충분한 협상금이나 보상을 마련해서 모든 사람을 방에 머물게 하려 했다는 것을 깨닫기 시작했어요. 무슨 일이 벌어져도 상대가 떠나지 않을 정도로 매력적이고 거부할 수 없는 저의 측면을 찾아내려 애쓰면서 말이에요. 하지만 또 하나의 중요한 관계가 실패로 돌아가기 전까지는 무엇이 잘못되었는지 제대로 파악하지 못하고 있었습니다.

신과의 놀라운 대화는 그때 일어났죠. 신은 제게 말했습니다. "닐, 닐, 닐, 년 상황이 어떻게 돌아가는지 분명히 보지 못하는구나. 무엇보다도 네가 관계를 맺는 동기는 완전히 잘못된 것이다. 너는 그 관계에서 얻어 낼 수 있는 것 때문에 관계를 맺는다. 너는 공평한 거래를 하고자 하나 관계를 그 이상으로 보지는 않는다. 네게 있어 관계란 거래나 다름없다. 또한 너는 관계의 목적이 무엇인지 이해하지 못한다. 관계의 목적은 상대에게서 네가 얻어 내리라 기대하는 것과는 아무 상관도 없다. 관계에서 진정 중요한 것은 그 관계 속에 네가 부여해 넣고자 선택하는 것이다. 하지만 네가 받고 싶은 것을 이끌어 내기 위한 수단으로 관계 속에 부여해 넣는 것이 아니라, 단지 **진실로 네가 누구인지** 인식하는 수단으로서 그렇게 해야 한다.

그러니 관계에 무엇을 부여해 넣건 진심이 담기도록 하라. 그리고 단 한순간도, 진짜 네 모습을 거부하지 마라. 네 진실한 모습이 상대를 머물도록 하기에 충분히 매혹적이지 못하다면 그들이 떠나도록 내버려 두라. 진짜 네 모습을 매력적인 것으로 받아들여 줄 누군가가 네 삶의 방으로 찾아올 테니 말이다. 그렇게 상대가 네 진실성을 느끼고 찾아온다면 그들은 너와 함께 머물 것이고, 상대를 방에 잡아 두기 위해 연극을 하지 않아도 되리라. 너의 탭댄스는 그렇게 끝날 것이다."

이 대화는 관계를 대하는 제 모든 태도를 바꿔 주었고, 경험의 모든 패러다임을 변화시켰습니다. 결국 관계를 통해 제가 무엇을 하고 있었는지 이해하게 되었으니까요.

또한 관계야말로 우리 스스로 창조해 낼 수 있는 그 무엇보다도 중요한 경험이며, 관계가 없다면 우리는 아무것도 아니라는 점도 알게 되었습니다. 여러분이 없다면 저는 아무것도 아닌 거죠. 이 방에 들어오면서 느끼셨을지 몰라요. 앉아서 이렇게 생각하셨겠죠. "내가 없다면 닐은 아무것도 아냐."(웃음) 하지만 정말 그렇습니다. 여러분이 없는 상황에서 저는 정말 아무것도 아닙니다. (다른 사람들을 가리키며) 여러분 없이는 저도 없다고요. 이것은 진실입니다. 관계 경험이 없다면 우리도 없으니까요. 이 상대적인 경험 상황에서 저는 무언가 다른 대상과의 관계 속에서만 저 자신일 수 있습니다. 여러분이 이 방에 없다면 저는 자신에 대해 단 한 가지도 경험적으로 인식할 수 없을 거란 말입니다.

신은 흥미로운 예 하나를 들어 이것이 진실임을 깨닫게 해 주었어요. 신은 말했습니다. "네가 완전히 흰 방 안에 있다고 상상해 보거라. 바닥과 천장, 벽 등 모든 것이 다 흰색이다. 이제 다시 그 방 한가운데 크리스마스 장식처럼 매달려 아무것도 만질 수 없다고 상상해 보라. 네게는 끈도 안 달려 있고 그냥 그렇게 공중에 마술처럼 매달려 있다. 너는 흰색 바다 한가운데 있는 것이다. 그 상태에서 너 말고는 그 무엇도 존재하지 않는다고 상상해 보라. 이런 상황에서 네 존재 경험이 얼마나 유지될 수 있으리라 생각하느냐?" 제게 이런 답변이 떠올랐습니다. "아주 오래는 못 가겠죠. 아마 얼마 못 갈 겁니다."

왜냐하면 저 이외의 대상 없이는 저도 없으니까요. 경험적으로 말이에요. 저는 존재하는 그것이지만 제가 있다는 사실을 알지는 못할 거라는 말입니다. 다른 대상과의 관계를 통하지 않고서는 제가 존재한다는 사실을 경험할 수 없는 거예요. 그래서 자신에 관해 아무것도 알 수 없게 되는 겁니다.

하지만 누군가 그 흰색 방에 들어와 벽에 아주 작은 잉크 얼룩 하나라도 남긴다면, 제가 그 검은 점을 볼 수 있는 정도만큼, 바로 그만큼 저는 갑자기 존재하게 됩니다. 우선 *저쪽*이 존재하게 되고, 이쪽도 생겨날 거예요. 점은 저쪽에 있고 저는 여기 있으니까요. 저는 그 다른 사물과의 관계를 통해 저 자신을 정의하기 시작할 겁니다. 이 경우엔 벽의 얼룩이죠. 저는 '더-어 크-으-다'라고 발음하며 제가 그것이라고 상상할지 모릅니다.

어쩌면 벽의 점보다 제가 '더-어 혀-언명한 것'이라고 대담하게 생각할지도 모르죠. 가끔은 제가 벽의 얼룩보다 그다지 더 현명한 것도 아니라는 생각이 들 때도 있지만, 대개는 그렇다고 생각합니다. 또 저는 그 점보다 더 빠를 수도, 느릴 수도 있으며, '더 이것인 것'이거나 '더 저것인 것'일 수도 있을 겁니다. 무슨 말인지 아시겠죠.

이제 그 방에 고양이 한 마리가 들어왔다고 해 봅시다. 저는 갑자기 스스로에 대한 훨씬 더 큰 경험을 하게 됩니다. 공간 속에 저와 함께 있는 대상이 점보다 훨씬 크니까요. 이제 저는 자신과 관련된 무수한 것들을 개념화하기 시작합니다. 저 고양이는 나보다 더 부드럽다든가 내가 고양이보다 나이가 많다는 사실 같은 것들 말이에요. 보시다시피 저는 주위에 있는 사람이나 사물을 기반으로 삼아 저 자신을 경험적으로 이해하기 시작합니다. 그러므로 사람들과의 관계, 장소 및 사물과의 관계(지금은 우리가 신체적 형상으로 존재하는 상대적 영역에 대해 말하는 것입니다.)는 그저 중요한 정도를 넘어, 없어서는 안 되는 것입니다. 이 모두와의 관계가 없다면 우리도 없기 때문입니다.

무엇으로도 관계를 대체할 수 없다

이렇게 해서 저는 관계란 게 대체 왜 존재하는지 이해하기 시작했습니다. 저와 이 탁자, 물 잔, 그리고 이 시간과 장소에 함께 있는 여러분들과의 관계 말입니다. 그런데 여러분과의 관계는 저 자신을 알게 해 주는 데서 그치는 것이 아닙니다. 저는 그 관계를 통해 말 그대로 스스로를 정의하기도 합니다. 이 점이 좀 어려운데 다시 말하자면 저는 **여러분이 누구인지**라는 관계 속에서 *내가 누구인지*를 *재창조*한다는 말입니다.

여기서 상황이 흥미롭게 얽힙니다. 저는 근본적으로 여러분이 아닌 그 어떤 것으로도 저 자신을 재창조할 수 없습니다. 다시 말해 저는 여러분 안에서 보려는 것만을 제 안에서 볼 수 있다는 말입니다. 그러므로 제가 여러분에게서 보지 못하는 것은 제 안에서도 결코 찾아낼 수 없습니다. 저는 그것이 있다는 사실조차 모를 테니까요. 따라서 제가 여러분 안의 신성을 찾아내고 발견하고 인식하지(즉 다시 알지, re-cognize) 못하는 한, 제 안의 신성도 찾아낼 수 없을 것입니다. 여러분 안의 신성을 알고 인식하지 못하는 바로 그만큼 제 안의 신성도, 좋은 점도 발견하지 못할 테니까요. 그런데 이건 나쁜 점에 있어서도 마찬가지입니다. 저쪽에 존재하는 것은 이쪽에도 있다는 것이죠. 이렇게 되는 이유는 다중적인데, 그중 가장 중요한 것 하나가 이 방에 오직 우리 하나만 있다는 사실입니다. 여기 우리 말고는 아무도 없어요. 이렇게 해서 우리는 관계가 삶에서 비길 데 없는 위치를 차지하고 있다는 사실을, 그저 중요한 위치가 아니라, 단어를 비틀어 사용해도 된다면, 바꿀 수 없는 위치를(irreplaceable) 점하고 있다는 사실을 알게 됩니다. 무엇으로도 관계를 대체할 수는 없는 거죠. 관계가 주는 것을 대신 줄 수 있는 건 아무것도 없습니다. 관계야말로 삶에서 당신 자신을 체험하도록 해 주는 유일한 경험이니까요. 그리고 여기서 말하는 관계는 사람들과의 관계에만 국한된 것이 아니라 장소와 사물, 그리고 삶에서 일어나는 사건과의 관계도 포괄하는 의미의 관계입니다.

우리 모두는 삶의 사건 및 환경과 관계를 맺습니다. 우리가 진정 누구인지 경험하고 표명하고 선언하고 충족하고 표현하는 것도 모두 전적으로 자기 창조적인 이 관계가 있기 때문에 가능한 거죠.

관계가 우리 모두의 경험에서 차지하는 신성한 위치를 일단 이해하고 나면, 우리는 관계의 경험을 진실로(indeed) 성스럽게 받아들이게 됩니다. 단지 생각이나 말로만이 아니라 행동에 있어서(in deed)도 그렇게 된다는 말입니다. 그렇게 되면 우리가 관계 상황에서 행동하는 방식은 극적인 변화를 겪기 시작합니다.

우선 우리는 제가 조금 전에 말씀드린 비밀, 즉 상대에게서 발견해 내는 것만을 자신 안에서도 볼 수 있게 된다는 비밀을 이해하게 됩니다. 일단 이 비밀을 이해하고 나면 상대를 깊이 들여다보고 그로부터 상상할 수 있는 가장 장대한 비전을 발견해

내는 일이 관계의 가장 중요한 기능으로 자리 잡게 됩니다. 정말 상대가 그 비전을 창조해 내도록 돕기 위해 스스로 창조하는 것을 삼가게 될 정도로요. 그래서 관계 당사자들은 서로를 위해 상대방에게서 얻어 내기를 멈추고 서로 베풀고 힘을 실어 주면서 진정으로 자신이 누구인지를 경험하고 표현해 내는 것을 추구하게 됩니다. 그것이야말로 무엇보다 중요하다는 점을 이해하니까요. 모든 관계의 '존재 이유(raison d'etre)'는 바로 그것이라는 점을 알게 되는 겁니다.

그렇게 해서 우리가 관계를 맺는 목적은 갑작스러운 변화를 겪고 완전히 달라집니다. 관계에서 얻어 낼 수 있는 것을 찾느라 애쓰는 대신 상대에게 무엇을 줄 수 있을지 자문하게 되는 것입니다. '어떻게 힘을 실어 줄 수 있을까?', '창조하도록 도울 수 있는 게 뭐가 있지?', '실현되도록(*real*-ized), 현실이 되도록 해 줄 수 있는 측면에는 어떤 게 있을까?' 여러분 차에 광내는 법을 아시나요? 여러분은 상대방도 그렇게 실현(realize)시켜 줄 수 있습니다. 그저 본모습이 드러나도록 조금만 문질러 주면 되는 것입니다. 그러면 상대는 실현되고, 결국에는 이것이 궁극적인 자기실현이 되는 것입니다.

제가 오늘 여러분과 함께하고자 하는 비밀이 이것입니다. 수많은 사람들이 자기실현 운동에 참여하고 있으며, 자기실현이 혼자 조용히 앉아 있는 행위 등을 통해 이루어진다고 생각합니다. 결국 *자기-실현*이니까요. 그래서 우리는 방에 혼자 고요히 앉아, 아마도 촛불을 켜거나 조용한 음악을 틀어 놓은 채 스스로를 실현하려고 합니다. 어떤 사람들은 흥미로운 소리를 낼지도 모릅니다. 거 있잖아요. "오-오-옴" 저는 지금 이런 행위들을 깎아내리는 것도 아니고 잘못되었다고 말하려는 것도 아닙니다. 하지만 무엇을 하든 그것만이 자기실현의 길이라 생각하여 거기에 더 많은 시간을 들일수록…… 우리는 서로를 위해 존재한다는 위대한 지혜를 이해하지 못하게 될 것입니다.

궁극적으로 자기실현은 혼자서 성취하는 것이 아닙니다. 자기(Self)실현이란 다른 사람에 비춰진 자기(Self)를 깨달을 때에야 비로소 이루어지는 것입니다. 모든 진정한 스승들이 그저 여기저기 걸어 다니면서 만나는 사람들에게 그들 자신의 모습을 되비춰 주는 일만 하는 것도 이 때문입니다. 혹시 살아 있는 스승과 대면해 본 적이 있나요? 영적 스승이라고 여겨지거나, 아니면 우리가 이 삶을 다 바쳐야 도달할 수 있을 만한 경지에 근접한 누군가와 함께 있어 본 적이 있나요? 혹은 그 정도의 자기 통달을 향해 나아가고 있는 사람과 한 방에 있어 본 적이 있나요? 만일 그렇다면 그들이 대부분의 시간을 여러분 안의 완전성을 보는 데 보낸다는 사실을 알아차리셨을 겁니다. 그리고 그런 분들은 즉시 알아볼 수 있습니다. 그들은 당신을 바라보고, 눈을 들여다보며 당신 스스로는 상상도 못했을 존재로 당신을 인식할 것입니다. 그러면 당신은 왜 저들이 당신을 보듯 스스로를 바라보지 못할까 의아해합니다. 그리고 그들은 왜 당신이 자신을 이해하지 못하는지 의아해할 겁니다. 아니 다시 해 볼게요.(웃음) 제가 할 말은 분명 아닌 것 같네요. 그래도 잠깐 조용히 해 주시겠어요? 그러면 그들은 왜 그들이 보지 못하는지…… 그리고 그들은 당신이 왜 이해를 못하는지…… 모르겠다.(웃음) 떠오르다 말았네요.

아무튼 우리가 관계를 이처럼 매혹적인 방식으로 활용할 때, 사랑하는 사람들과의 모든 관계에 변화가 일어납니다. 갑자기 상대로부터 아무것도 원치 않게 되고, 그저 모든 것을 그들에게 주고 싶어지게 됩니다. 우리의 모든 존재를 상대에게 내어 주면서도 아무 대가도 바라지 않게 되는 겁니다.

하지만 정확히 이해하셔야 합니다. 이 말은 상대가 우리를 짓밟고 다니도록 허용한다는 뜻이 아닙니다. 또한 상대에게도 결국 역기능만 일으킬 관계의 희생자가 되도록 스스로를 내버려두어야 한다는 의미도 아닙니다. 여기서 하는 말은 그런 뜻이 아닙니다. 삶은 우리를 남용하는 사람들과 같은 방에 머물라고 요구하지 않습니다. 그래서 제가 지금 당장 이 방에서 나가려는 것입니다. 제가 농담할 때는 좀 더 크게 웃으셔도 되는데…….

그러니까 이 말은 자신을 상대방에게 전적으로 내어 줄 때, 우리는 스스로 어떠한 조건도 없는 사랑을 경험하게 된다는 뜻이에요. 심지어는 "당신과 함께 살지 않기로 했어요."라고 말할 때조차도요. 우리는 조만간 헤어지면서 비통해하지 않는 법마저 배우게 될 겁니다. 변호사를 고용할 필요도 없을 거예요. 우리가 변호사를 필요로 하는 유일한 이유가 뭔지 아시나요? 그건 변호사들이 있기 때문이에요.

얼마 안 있어 우리는 서로를 바라보며 이렇게 말할 수도 있게 될 겁니다. "우리가 함께할 시간은 이제 끝맺을 때가 된 것 같아요. 이제는 우리가 계속해서 조건 없이 서로를 사랑하고 선물을 나누고 서로의 모든 것을 주되, 방을 따로 쓰거나 거리 건너편에 살면서, 아니면 세상 어디서든 따로 살면서 그렇게 해야 할 순간이 온 것 같아요. 왜냐하면 당신의 어떤 신체적 행동은 저 스스로 선택한 삶의 방식과 조화를 이루지 못하기 때문이에요. 하지만 그렇다고 당신을 사랑하지 않는다는 건 아니에요."

또한 머지않아 우리는 자신의 진실을 정당화하기 위해 서로의 잘못을 들추어내거나 상대방을 악한으로 만들지 않고서도 그 진실을 말할 수 있게 될 겁니다. 그 지점까지 이를 수 있다면, 우리는 삶에서 그토록 갈구하던 사랑스럽고 지속적인 관계도 만들어 낼 수 있게 될 거예요. 그런 관계는 어떠한 조건에도 의존하지 않고 어떠한 한계도 지니지 않을 테니까요.

최상의 관계가 맺어지는 방식

제가 최상의 관계와 그 관계가 맺어지는 방식에 대해 아는 바는 이렇습니다. 우선 그 관계는 조건이 없는 관계여야 해요. 이상적인 관계에는 조건이 붙지 않고 어떠한 한계도 없습니다. 정말로 진실한 사랑에 근거한 관계는 완전히, 전적으로 자유로운 관계니까요.

자유는 당신이 누구인지를 말해 주는 본질입니다. 또한 자유는 사랑의 정수이기도 하죠. 사랑이란 단어와 자유라는 단어는 서로 바꿔 쓸 수 있는 말이에요. 기쁨이란 단어가 그런 것처럼요. 기쁨과 사랑과 자유, 사랑과 자유와 기쁨, 이 모두는 같은 것을 의미합니다. 그래서 어떤 식으로든 한정되고 제한된 인간의 영혼은 그 제한된 만큼 기쁨을 느낄 수 없게 되는 거예요.

그러므로 서로 사랑할 때 우리는 절대로 상대방을 그 어떤 식으로도 제한하거나 구속하려 하지 않습니다. 사랑은 말합니다. "나는 당신이 스스로 의지하는 바를, 당신을 위해 의지합니다." 사랑은 이렇게 말합니다. "나는 당신이 스스로 선택하는 바를, 당신을 위해 선택합니다." 만일 제가 "나는 내가 당신에게 선택해 주는 바를, 당신을 위해 선택합니다."라고 한다면 저는 상대방을 사랑하는 게 아니라, 상대방을 통해 저 자신을 사랑하는 것입니다. 상대가 스스로 원하는 것을 얻도록 해 주기보다는 제가 원하는 것을 얻어 내려는 것이기 때문이죠.

진정한 사랑에 내재한 궁극의 역설은 여기 있습니다. 제가 "나는 당신이 스스로 선택하는 바를, 당신을 위해 선택합니다."라고 말할 때, 상대는 절대 떠나가지 않으리란 사실이 그거예요. 삶에서 원하는 바를 얻도록 해 줄 누군가와 함께하는 일이야말로 우리가 추구하는 전부이므로 상대는 우리를 떠나지 않는 겁니다. 아시다시피 온 세상은 삶에서 우리가 원하는 바를 얻지 못하게 하고 있습니다. 두 살 때, 부모님부터 이런 식으로 말하기 시작하죠. "그건 가지면 안 돼." 이 역할을 학교에서는 선생님이 맡습니다. "교실에서 껌 씹지 마라." 그리고 고맙게도 더 큰 제약들이 이어지죠.

이러한 통제는 성욕이 움트기 시작하는 청소년 시절까지 계속됩니다. 성욕은 우리가 무언가를 원하게 하지만 세상은 그런 행위를 바라는 것이 어찌되었든 적절치 못하다는 점을 증명해 보이려 합니다. 어떤 종교에서는 성욕을 지니는 것조차 부정하죠. 이러한 억압이 이 땅에 어떤 참사를 불러왔을까요. 광기입니다.

이 제약은 성년 시절로도 이어지고, 심지어는 노년기까지 연장되기도 합니다. 세상은 계속해서 우리가 진실로 원하는 것을 가질 수 없다는 말만 하죠. 실제로 남편에게 이렇게 말하는 부인들이 있습니다. "여보, 어디어디에서 퀼트를 가르쳐 준대. 화요일 밤마다 육 주 동안 하는 건데, 나 그거 하고 싶어." 그리고 이런 부탁을 거절하는 남편들도 실제로 있지요. 아내에게 "나는 당신이 퀼트 배우는 거 싫어."라고 말하는 남편을 상상이나 하실 수 있겠습니까? 하지만 그런 일이 정말 일어납니다.

"아치. 그건 그냥 퀼트 수업일 뿐이야, 아치."

"그냥 참아. 너 자신을 좀 억제해 봐, 에디스."

그 드라마 기억하시나요? 미국 전역의 시청자들이 아치 벙커(동명의 미국 시트콤 주인공, 완고하고 독선적인 백인 노동자의 대명사처럼 사용되기도 한다—옮긴이)를 보고 웃음을 터뜨린 까닭은 그들 중 절반이 그의 모습에서 자기 자신을 보았기 때문이에요. 참 당혹스러운 웃음이었습니다.

저에게도 아버지가 있었고, 저는 그분을 극진히 사랑했습니다. 하지만 아버지는 정말, 너무나도 아치 벙커 같은 분이셨습니다. 모든 면에서 그랬다는 말은 아닙니다. 아버지에게 인종 차별적인 사고방식 같은 건 없었으니까요. 하지만 에휴, 이런 태도는 지니고 계셨습니다. "내가 이 집의 주인이다. 그러니 아내는 내가 허락하지 않는 한 퀼트 수업을 들을 수 없다. 그리고 나는 절대 허락해 주지 않을 거다."

진정한 사랑의 꾸밈없는 표현이 중심이 되는 관계에서는 아내가 남편에게 와서 "나 퀼트 수업 들어도 돼?"라고 묻는 것은 문제도 아닙니다. 아내는 남편에게 이렇게 물을 수도 있을 것입니다. "해리하고 점심 먹어도 돼? 그런데 자기야, 당신 이름은 해리가 아닌 거 알지." 그러면 남편은 답합니다. 마이크라 부르기로 하죠. "나는 당신이 스스로 의지하는 바를, 당신을 위해 의지한다는 거 알지. 해리하고 점심 먹고 싶으면 그렇게 해. 나는 당신이 스스로 원하는 바를, 당신을 위해 원할 정도로 당신을 깊이 사랑하니까."

그런데 만일 해리가 어떤 식으로라도 마이크의 아내를 빼앗을 생각을 갖고 있다면 그런 생각은 당장 잊어버리는 게 좋을 겁니다. 자기 자신을 표현해 낼 그 정도의 자유를 선사하는 마이크 같은 남자를 떠날 사람은 거의 없을 테니까요. 하지만 마이크가 다음과 같이 말한다면 무수한 여성이 그를 당장 떠나 버릴 것입니다. "해리랑 점심 먹지 마. 이 집에서 그 작자 이름은 꺼내지도 마! 아예 생각도 말라고. 대체 당신 문제가 뭐야? 당신 남편은 나라는 거 몰라? 넌 내 여자라고."

그런데 여성분들도 남편에게 이런 제약을 가하는 경우가 있습니다. "저기 여보야, 나 마틸다하고 같이 점심 먹고 싶은데."

"안 돼요." 제가 의미를 전하려다 보니 도가 지나치고 바보 같은 예를 들고 있는데, 이 점은 이해해 주시기 바랍니다. 아무튼 삶은 **당신이 진정 누구인지** 증명해 보일 수 있도록 이런 기회들을 무수히 마련해 줄 것입니다.

사랑은 결코 안 된다고 말하지 않습니다. 제가 이걸 어떻게 알까요? 신은 결코 안 된다는 말을 하지 않으시기 때문입니다. 신과 사랑은 서로 바꿔 쓸 수 있는 표현이니까요. 여러분이 무엇을 요구하든 간에 신은 결코 안 된다고 거절하지 않으실 겁니다. 신께서 그 요구가 여러분을 곤경에 빠뜨릴 것이라고 생각하는 경우라 하더라도 말이지요. 마틸다나 해리, 그밖의 다른 곤란한 경우처럼요. 정말 신은 결코 안 된다고 하지 않으십니다. 신은 여러분이 최악의 상황으로 빠져들 수는 없다는 점을 알고 계시니까요. 다시 말해 여러분은 존재하지 않게 되는 지경에 이를 정도로 스스로에게 해를 입힐 수 없다는 거예요. 여러분은 그저 진화하고 성장함으로써 **진정한 자신**에 더 가까이 다가설 수 있을 뿐입니다. 신은 우리에게 말합니다. "나는 네가 스스로 선택하는 바를, 너를 위해 선택한다. 그리고 나는 네가 사랑하는 사람들에게도 그렇게 대해 보라고 네게 도전한다."

이제 깨어나세요. 여러분 모두가 깨어났으면 합니다. 여러분은 듣기 싫은 내용과 마주치면 잠 속으로 빠져드는 경향이 있다는 점을 알아주셨으면 해요. 정말 말 그대로 의자에서 곯아떨어지기 시작하시는군요.(웃음) 물론 제가 말하는 내용 때문에 그런 건 아니라고 생각하실지 모르죠. '그냥 좀 피곤했어.' 그런데 그게 수용하고 받아들이기 싫은 정보와 마주칠 때 잠재의식이 작용하는 방식입니다. '이 부분에서만 잘게.' 하지만 주의하셔야 합니다. 우리 대부분이 삶 속을 자면서 거닐고 있으니까요. 그러니 자면서 걷느라 삶을 허비하지 않도록 조심하셔야 합니다. 깨어 있으세요. 계속 깨어 있으세요. 여러분의 스승이 언제 찾아올지 모르니까요.

결혼에 관하여

인간관계라는 이 미묘한 주제에 대해 질문을 해 온 분이 계시네요. 어디 무슨 질문인지 봅시다.

> **닐 씨, 『신과 나눈 이야기』 세 권에서 당신은 신에게 결혼 제도에 관해 물은 적이 있죠. 그런데…… 신은 그 가치를 부인했어요. 그다지 유효한 제도가 아니라면서요. 그 말을 믿으시나요?**

글쎄, 신이 거기서 말하려던 내용을 오해하신 것 같네요. 신은 결혼이 유효하지 않다고 말씀하시지 않으셨고 부인하지도 않으셨습니다. 신께서는 결혼, 그러니까 현재 우리가 고안하여 시행하는 대로의 결혼 방식…….

"제도요."

예, 제도라도 마찬가지예요. 제도 그 자체가 아니라, 결혼 그 자체가 아니라, 우리가 그것을 고안해 낸 방식, 우리(사회)가 그것을 마련하고 구축해 낸 방식대로의 결혼이—우리가 가고 싶다고 말하는 방향을 감안했을 때—유효하지 못하다는 거예요.

유효성이라는 말 자체는 상대적인 용어입니다. 무엇과 관련 짓느냐, 무엇과의 관계에서 유효한가의 문제인 것입니다. 정말 신은, 이걸 믿든 말든, 옳거나 그른 것 같은 건 없다고 말합니다. 옳음이나 그름은 상대적인 용어니까요. 어제 옳았던 것이 오늘은 그른 것일 수 있고, 그 반대도 마찬가지인 거예요. 삶은 이 사실을 우리에게 충분히 보여 주었습니다.

여기서 이 문제를 다시 다룰 필요는 없을 거예요. 생각할 줄 아는 사람이라면 누구나 옳음과 그름이 상대적인 용어라는 점을 이해할 테니까요. 그리고 신은 옳음과 그름, 유효함과 무효함이란 용어를, 한 종(種)으로서 그리고 한 개인으로서 우리가 스스로를 위해 선택한다고 선언하고 표명하는 그 무엇과 연관 지어 상대적으로 사용합니다.

　우리는 결혼이 인간으로서 경험할 수 있는 가장 숭고한 사랑의 고귀한 표현이 되도록 스스로를 위해 선택한다고 선언하고 표명해 왔습니다. 그것이 우리가 의도한 바예요. 우리는 이렇게 말해 왔습니다. "우리는 결혼이 인간으로서 경험할 수 있는 가장 고귀하고 숭고한 사랑의 표현이 되도록 선택합니다." 그런데 우리는 그 뒤 선언과는 정반대되는, 사실상 인간으로서 경험할 수 있는 사랑의 가장 낮은 형태를 낳는 결혼 제도를 만들고는 그에 따른 결혼 생활을 합니다. 그 사랑은 해방시키기보다는 지배하는 사랑이고, 확장시키기보다는 제한하는 사랑이며, 놓아주기보다는 소유하는 사랑입니다. 또한 그 관계의 주변을 더 크게 넓혀 주기보다는 주위의 모든 것을 더 협소하게 제한하는 사랑이기도 합니다.

　우리는 실제로 너무 많은 사례들이 보여 주듯이 사랑과는 아무런 관계도 없는 결혼 생활을 만들어 왔습니다. 우리가 만들어 낸 것은 하나의 그릇이거나 껍질, 혹은 일종의 용기입니다. 우리는 사실 결혼이 그런 역할을 해 주길 바랍니다. 우리는 결혼이 모든 것을, "당신을 사랑해."라고 말한 그 순간 있었던 바로 그 자리에 그대로 있도록 붙잡아 주는 하나의 그릇이 되어 주길 바라며, 그 첫 순간에 우리가 있던 그곳에 우리를 붙들어 두는 그

롯 역할도 해 주기를 바라는 겁니다. 하지만 사람과 사건은 가만히 있지 않습니다. 그들은 변하기 마련입니다. 삶은 하나의 진화 과정입니다. 그래서 우리가 고안한 대로의 결혼이 삶 그 자체의 과정에 정면으로 반하게 되는 것입니다. 무수한 사회와 종교, 가족적 전통이 마련한 방식대로의 결혼에는 숨 쉴 공간이 거의 남아 있지 않으니까요.

결혼은 대체로 이 같은 사회와 종교 및 가족 전통에 의해 작은 감옥으로, 또는 일종의 계약 협정으로 활용되어 왔습니다. 그 계약의 내용은 이런 거예요. "모든 것은 지금으로부터 영원히 현재 상태 그대로 유지될 것입니다. 당신은 나만을 사랑할 것이며, 나를 사랑하는 것과 같은 식으로는 절대 다른 누구를 사랑하지 않아야 합니다. 당신은 내가 가는 곳이 아닌 그 어떤 곳에도 발을 들여서는 안 됩니다. 또한 함께하는 일이 아닌 사적인 활동의 자유는 최소화될 것이며, 오늘 이후로 거의 모든 면에서 당신의 삶은 어느 정도 제한을 받게 될 것입니다." 이런 식으로 사람들의 제약을 없애 주고 내면의 영혼을 해방시켜야 할 바로 그것이 그 목적과는 반대로 제약을 부추기고 영혼을 짓누르는 역할을 하게 되는 겁니다.

이것이 우리가 만들어 낸 결혼 제도의 아이러니입니다. 우리는 "예.(I do, 결혼식에서 주례 시 질문에 대한 답변—옮긴이)"라고 선언하는 바로 그 순간부터 삶에서 진심으로 열망했던 것들의 대부분을 더 이상 할 수 없게 됩니다. 하지만 애정을 나누며 진통을 겪는 결혼 초기에 이 사실을 인정하는 사람은 매우 드뭅니다. 그들은 삼 년이나 오 년, 또는 결혼 칠 년째의 권태기라는 유명한 표현이 보여 주듯, 칠 년이 지나서야 이러한 결론에 도달합니다. 이 시점이 되면 당사자들은 결혼이란 제도가 세상에서 스스로를 체험할 수 있도록 경험 영역을 넓혀 주기는커녕 도리어 축소해 왔음을 갑자기 깨닫게 됩니다.

물론 모든 결혼이 다 그렇다는 말은 아닙니다. 하지만 상당수의 결혼이, 아니 대다수의 결혼은 이런 식입니다. 이혼율이 그토록 높은 것도 이 때문입니다. 사람들이 이혼을 하는 까닭은 서로에게 싫증이 나서라기보다는 결혼이 부과하는 *제약과 한계*에 지쳐 버렸기 때문입니다. 인간의 가슴은 작아지라고 강요받는 때를 압니다.

하지만 사랑의 핵심은 자유입니다. 사랑의 정의가 바로 자유 자체인 겁니다. 사랑은 자유로우며, 한계도 제약도 조건도 없습니다. 그래서 저는 우리가 가장 비인위적이라 할 수 있는 사랑 주변에 인공적인 구조물을 만들어 놓고 결혼이라 불러 온 것이 아닌가 하는 생각도 합니다. 사랑은 인간이 뛰어든 모험 중에 그 무엇보다도 진실한 경험입니다. 그런데도 우리는 이 고귀한 진실성의 한가운데에 이처럼 인위적인 제약 조건들을 만들어 놓은 것입니다. 그리고 이 제약은 사람들이 사랑에 머무는 것을 아주 힘들게 만들었습니다.

그러므로 결혼 제도란 것 자체가 계속 유지되게 하려면 우리는 다음과 같이 선언할 수 있도록 결혼을 재구성해야 할 것입니다. "나는 당신을 억압하지 않습니다. 우리가 함께하는 데 필요한 조건 같은 건 없습니다. 나는 어떤 식으로든 당신의 자기표현을 억압하는 그 무엇도 바라지 않습니다. 이 결혼, 이 새로운 형태의 결혼이 목표로 하는 바는 당신의 경험에 활력을 불어넣어 당신이 진정 누구이고 무엇이 되고자 하는지를 더 충만하게 체험토록 하는 것입니다."

또한 **새로운 결혼**은 최종적으로 이렇게 선언할 수 있어야 합니다. "나는 당신 자신조차도 결국 변하게 되리란 걸 압니다. 당신의 생각이 변할 것이고, 당신의 취향이 변할 것이며 당신의 소망도 변할 것입니다. 사실 **당신이 누구인지**에 대한 모든 이해는 *변해야 합니다*. 만일 그렇지 못하다면 무수한 세월 동안 당신의 인격이 굳어 왔다는 말밖에는 되지 않을 것이고, 그보다 더 내 마음을 아프게 하는 일도 없을 것이기 때문입니다. 나는 이처럼 진화의 과정이 당신에게도 변화를 일으키리란 사실을 이해하고 있습니다."

이 새로운 형태의 결혼은 그런 변화들을 허용할 뿐 아니라 장려합니다.

우리가 만들어 낸 낡은 결혼 제도는, 우리가 하고 싶다고 선언하는 것과 결혼을 통해 바라는 바를 감안했을 때, 더 이상 유효하지 않습니다. 그것은 우리가 바라는 바를 실현하는 유효한 방식이 못 됩니다. 그럼에도 우리는 일상에서 여전히 낡은 결혼을 통해 그 소망을 실현해 보고자 애를 씁니다.

결혼 서약은 어떤가요. 상당수의 전통적 결혼 서약은(근래 그 서약 중 일부나마 바꿀 수 있었다는 점은 정말 다행입니다.) 수세기 동안 소유권의 견지에서 결혼을 이야기해 왔고, 진정한 사랑이 창조하기로 선택했을 만한 것은 지지해 줄 수 없는 철학 체계만 만들어 냈습니다.

그런데 젊은 사람들은 이 점을 알고 있습니다. 젊은이들은 이 사실을 본능적으로 느끼고 있으며, 그래서 1960년대와 70년대, 80년대를 거치며 점점 많은 이들이 부모 세대를 향해 이렇게 말할 수 있게 된 겁니다. "저기요, 저는 거기에 동의 못 하겠습니다. 결혼은 안 할 거예요. 그런 식의 결혼은 받아들이지 않겠습니다."

그렇게 해서 젊은이들은 동거라는 생활을 하게 되었습니다. 물론 동거는 1960년대와 70년대에 곱지 않은 시선을 받았습니다다. 이런 식이었죠. "어떻게 그런 짓을 할 수 있나?" 50년대 후반, 1958년에 다른 사람과 함께 사는 행위는 하나의 스캔들이었습니다. 하지만 아이들은 곧 도처에서 동거 생활을 하며 이렇게 말했습니다. "결혼 생각 같은 건 내던져 버려도 돼요. 우린 거기에 동의 못 하니까요. 우린 사랑이 제한하지도 소유하지도 가두지도 않으며, 도리어 확장시키고 해방시키며 우리 모두의 가장 고귀한 부분을 드러내 준다는 관점을 받아들일 거예요."

이처럼 문명이 시작된 이래로 사회의 주된 변혁이 있을 때면 언제나 그랬듯이, 새로운 가능성을 보여 준 것은 아이들, 젊은이들이었습니다. 변화를 주도한 것은 머리가 희끗하고 보수적이 된 우리 나이 든 사람들이 아니라 대체로 더 젊고 어린 사람들이었어요. 그들은 이렇게 말합니다. "우리는 더 나은 길을 발견했고, 당신들에게 보여 줄 수 있어요. 이제 우리는 그렇게 해 보일 겁니다."

이십일 세기로의 커다란 전환을 맞이하고 있는 현 시점에서 우리는 십 대와 이십 대 초반의 젊은이들뿐 아니라, 이 점이 정말 재밌는데, 더 나이 든 사람들이 동거하는 모습도 보게 됩니다. 팔십 대와 칠십 대, 그리고 육십오 세 정도의 노인 분들이 서로를 보며 이렇게 말합니다. "저기 마르타, 애들도 하는데 우리도 한번 해 볼까? 그냥 같이 한번 살아 보자고." 그리고 많은 여성들이 실제로 이렇게 답합니다. "왜 안 되겠어요?"

그런데 지금 저는 결혼 제도를 반대하려고 이런 말을 하는 것이 아닙니다. 이 점을 분명히 해 둡시다. 이런 말을 하는 이유는 우리가 대부분의 결혼을 어떤 식으로 만들어 놓았는지 설명하기 위함입니다. 사랑을 중심으로 형성되어 어떤 조건이나 한계도 가해지지 않은 결혼도 많습니다. 아내와 저는 상대의 특정한 반응이나 행동에 의해, 서로 간의 사랑이 조건 지어지도록 허용하지 않을 겁니다. 저희가 서로에게 요구하는 바는 오직 하나뿐입니다. '진짜 삶을 살라. 당신의 진실대로 살라. 당신이 날 사랑한다면, 자신만의 고유한 삶을 사는 그 모습이 사랑의 이유가 되게 해 달라.' 무슨 말인지 아시겠어요? 당신의 관계가 축복받았음을 알게 되는 것은 이런 경우입니다.

언젠가 한번은 제 아내였던 한 멋진 여성을 마주보고 불현듯 떠오른 말을 건넨 적이 있습니다. 어느 날 저는 그녀를 보며 이렇게 말했습니다. "있잖아, 당신과 사는 건 혼자 사는 것 같아." 이 말은 대단한 의미를 지니고 있습니다. 아시다시피 우리는 주변에 아무도 없을 때, 가장 진실하고 자기 자신일 수 있기 때문입니다. 침대에서 일어나 십 분 동안 벌거벗고 돌아다닐 수도 있고, 아무 옷도 안 걸친 채 주방을 배회하거나 수영장에 뛰어들 수도 있습니다. 어떤 말을 중얼거릴 수도 있을 거예요. 노래를 부를 수도 있고, 저는 그저…… 그저 뭐든 할 수 있겠죠. 지금 완전히 혼자일 때 할 수 있는 일을 상상하는 것 같은 식으로 그냥 있을 수 있는 겁니다. 여러분이 정말로 매혹적인 사람과 함께 살아 보면, 그 사람과 함께 있는 것이 혼자 있는 것 같다는 느낌을 경험하게 될 겁니다.

그런 사람은 말 그대로 여러분을 되비춰 줄 수 있어요. 여러분은 상대가 이렇게 말할 때 그런 사람과 함께 있음을 알게 될 겁니다. "내가 당신을 어떻게 사랑하는 줄 알아?

여러분은 묻습니다. "몰라, 어떻게 사랑하는데?"

그러면 상대가 답하겠죠. "당신의 지금 이 모습 그대로를 사랑해."

"그러니까 살찐 거나 요란한 웃음 같은 거 전부?"

"당신의 웃음에도 불구하고 사랑하는 게 아니라, 그 웃음 때문에 당신을 사랑해. 당신이 자기 결점이라고 여기는 것들에도 불구하고 사랑하는 게 아니라, 그 결점들 때문에 당신을 사랑해."

이것이 사랑입니다. 그밖의 모두는 거짓 사랑이에요.

그런데 여러분 결점이 뭔지 아시나요?(나는 손수건을 어디다 잃어버렸다. 이 책에 대고 찾아 달라고 할 수도 없는 노릇이다.) 결점이 뭔지 아시나요?(누군가 휴지를 건넨다.) 예, 감사합니다. 진짜처럼 보이는 거짓 증거입니다. 아니 그건 불안(FEAR)이군요. 'False Evidence

Appearing Real'이니까요. 어쨌든 저는 제가 이 모든 결함을 지닌 사람이라고 여겨 왔습니다. 그래서 관계를 제대로 맺을 수 없었던 거죠.

저는 이렇게 생각하곤 했습니다. '나 자신을 바로잡을 수만 있다면, 상대가 즐기지는 못 하더라도 참을 수는 있게 나를 포장해서 내놓으련만.' 저 자신이 결점투성이라고 생각했고, 저와 함께했던 모든 사람들이, 가끔은 부모님조차도(신께서 은총을 내리시길.) 제 결함을 지적했기 때문에 자신을 그런 식으로 보게 된 거죠. 그러다 우연히 한 선생님을 만나게 되었는데, 그분이 제게 한 가지 놀랄 만한 사실을 일깨워 주셨어요. 이렇게 말씀하셨죠. "네 가장 큰 결함이 최고의 자산일 수도 있지 않을까? 음량이 좀 크게 맞춰져서 결점으로 보이는 자산 말이야. 또 사람들이 너를 사랑하도록 만드는 장점이, 그 음량을 조금 높이기만 하면, 때로는 그들을 떠나가도록 할 수도 있지 않을까? 그러니까 친구들이 '쟤는 도저히 감당할 수가 없어.'라며 참기 힘든 허풍으로 여기는 네 측면이 그 친구들이 찾아 헤매는 자질과 같은 것, 완전히 같은 것일 수도 있는 거야. 개네들이 '이 조를 누가 이끌지? 누가 이 난장판을 바로잡아 줄 수 있을까? 우리 반 리더는 널이야. 그밖에 없어. 그래서 우리가 널을 그토록 좋아하는 거야.'라고 말할 때 찾는 그 장점 말이야."

저는 매우 즉흥적인 사람입니다. 그래서 사람들이 무언가를 즉석에서 떠올려 순식간에 그 방에 던져 줄 사람을 찾을 때 저를 부릅니다. "야, 그건 닐이 잘해."

그런데 그 부분은 사람들이 "무책임하다"고 말하는 측면이기도 해요.(지금도 여전히) 그러니까 제 무책임함은 음량이 한두 눈금 정도 크게 맞춰진 즉흥성인 거예요. 결국 선생님이 하고자 했던 말은 이런 거죠. "닐아, 음량이 가끔 잘못 맞춰져서 문제가 된 것뿐이야. 하지만 그렇다고 그 측면을 지워 버리면 안 된다. 너의 그 부분을 바꾸려고 하지 말란 거야. **네가 누구인지** 나타내 주는 그 부분을 네 행동에서 없애 버리려 하지 마라. 그 측면을 버려선 안 돼. 다만 그 음량을 조금만 낮추고, **네가 누구인지**를 표현해 주는 그 부분에도 매 순간마다 받아들여질 수 있는 적당한 음량이란 게 있다는 점만 알아 두면 된다. 가끔은 음량을 높이기도 하고 낮추기도 해야 할 거야."

정말 매혹적인 사고방식 아닌가요? 이렇게 해서 저는 이제 결함 많은 사람이란 생각을 할 필요가 없게 되었습니다. 저는 그저 가끔씩 잘못 조절되기도 하는(그 후 자주 그러지는 않는다.) 이 훌륭한 자질들을 지닌 것뿐이니까요. 이해하시겠죠?

이처럼 진정한 관계는 이 모두를 알고 이해합니다. 진정한 관계는 다음과 같은 전적으로 새로운 패러다임에 *기반*을 두고 그

위에 세워집니다. "나는 내 안에서 보기로 선택하는 측면을 당신에게서 봅니다. 나는 내 스스로 받고자 선택한 바를 당신에게 줍니다." 진정한 관계는 또한 이렇게 말합니다. "내가 당신에게서 떼어 놓는 것, 다시 말해 당신이 지니도록 허용치 않는 것을 나는 나 자신으로부터도 떼어 놓습니다. 내가 당신에게 허용하지 않는 것은 스스로에게도 허용할 수 없기 때문입니다."

그리하여 우리는 다음과 같은 도전에 직면하게 됩니다. '우리는 조건을 요구하지 않는 관계를 맺으며 살 수 있는가?', '우리는 서로에게 결코 안 된다고 말하지 않으며 모든 것을 허용하는 관계를 맺을 수 있는가?', '우리는 상상할 수 있는 가장 고귀한 사랑의 표현 수단으로서 관계를 활용할 수 있는가?', '우리는 마술적 힘을 지닌 세 단어를 말해 줄 수 있을 정도로 상대를 충분히 사랑하는가?' 그런데 이 세 단어는 나는 당신을 사랑합니다가 아닙니다. 이 말은 솔직히 말해 너무 남용되고 있죠. 모든 관계에 적용될 수 있는 마법의 세 단어란 이런 겁니다. 당신이 바라는 대로.

당신이 바라는 대로입니다.

이 말을 할 준비가 될 때쯤이면 우리는 진정으로 상대방을 되비춰 줄 수 있게 될 겁니다. 우리가 이 말을 할 수 있게 되기 전까지는 그저 행복해지기 위해 필요하다고 생각하는 것들을 관계로부터 얻어 내기 위한 목적으로 사용한 것에 지나지 않을 거예요. 거기 질문하신 분······.

'힘겨루기'의 문제

❝예, 저기 질문하고 싶은 내용이야 무수히 많지만, 이 주제가 제 삶에서 특히 중심이 되는 문제여서요. 지금까지 수년간 관계에 대한 강좌를 진행해 왔거든요. 오랫동안 결혼 생활도 했고, 선생님이 성공적이라고 말하는 그런 관계도 오랫동안 유지했습니다. 그런데 지금은 그렇지가 못해요. 그러니까 관계가 좋아졌다 나빠졌다 계속 반복되었다고 해야겠네요. 제 결혼 생활은 아주 자유분방해요. 처음 결혼할 때 한 선언에 기반을 두고 결혼 생활이 유지되어 왔거든요. 그 선언은 "우리 관계는 만족스럽고 변화를 가져오며, 모든 것을 준다."는 거였어요. 그래서 저는 무슨 일이 일어나든 굳이 내 그림에 들어맞을 필요는 없다는 식으로 살아왔어요. 그러니까 발생하는 모든 일은 제가 바라던 결혼의 일부였던 거예요. 결혼 생활이 뜻대로 되지 않는 것처럼 보일 때조차도 사실은 만족스러웠으니까요. 그래서 결혼 생활의 문제에 대처하는 제 능력이 제가 세상에 기여할 수 있는 길이라고 생각하게 됐죠.❞

그렇다면 문제는 뭔가요?

❝힘겨루기에 말려들어 오도가도 못 하게 됐다는 게 문제예요. 정말 어떻게 해결해야 할지 모르겠어요. 무엇을 여쭤 봐야 할지조차 모르겠네요. 제가 아는 건 그저 가슴속 깊은 곳에서는 남편도 저도 서로를 깊이 사랑한다는 것뿐이에요……. ❞

힘겨루기 때문에 힘들단 말씀이시죠. 잘 알겠습니다. 그런데 그 점과 관련해 한 말씀 드려야겠습니다. 이렇게 말하면 다소 차갑게 들릴 수도 있지만, 그래서 어쨌다고요? 왜 그 부분은 허용 못 하시나요? 힘겨루기라는 그 상황이 만족스럽지 못한 이유는 뭔가요? 그 상황의 어떤 측면을 받아들이기 힘드신 건가요?

❝저는 최근에 관계에서 얻어 내지 못하는 것들 때문에 상당히 불만을 품어 왔어요. 그래서 관계에서 어떤 것도 얻으려 하지 말고 그 속에 부여해 넣을 수 있는 것에 중심을 두라는 대화 내용이 아침에 집에서 나오면서부터 품어 왔던 문제의 실마리예요. 선생님이 무슨 말씀을 하시는지는 알겠습니다. 지금 저희 관계에는 사랑의 경험이 부족해요. 하지만 근본적으로는 서로를 깊이 사랑하는걸요. 그래서 힘 싸움을 포기하는 순간에는 거의 서로의 정체성까

지도 내려놓고 함께하는 경우도 많아요. 그런 순간에는 마치 권투 링에서 드디어 내려온 것 같은 느낌이 듭니다. 저희는 마치 종이 울리면 서로 끌어안는 권투 선수들 같아요. 서로를 깊이 사랑하니 이런 순간도 있는 거겠죠. 그런데 남편과 저는 서로에게 대등한 상대예요. 그래서 힘겨루기가 시작되면 너무나도 막상막하로 부딪히고, 우리는 녹초가 되어 버려요. 하지만 서로 다투지 않는 순간에는 동반자 의식을 갖고 사랑하며 대단한 합일감을 느낍니다. 그런데 일상에서는 서로에게 너무 많은 상처를 줘요."

그러면 힘겨루기를 그만두세요.

"어떻게요? 그러려면 저 자신을 정말 안 맞는 조건에 그냥 맞춰야 하잖아요."

맞지 않는 조건엔 동조하지 마세요. 그저 당신이 동조하길 거부한다는 그 사실과 관련해서 논란거리를 만드는 일만 그만두시면 됩니다. 그냥 맞춰 주지 마세요. 간단한 예를 들어 보기로 하죠. 누군가 뭔가를 결심…… 제 배우자가 담배를 피우기로 결심했다고 해 봅시다. 지금 제 아내는 담배를 피우지 않고 저도 마찬가지지만, 모두 이해할 수 있는 아주 간단한 예를 들어 보려고 그래요.

❝좋아요, 어서 말씀해 보세요.❞

이제 아내가 담배 한 보루를 들고 집에 와서는 이렇게 말합니다. "아참, 당신한테 말한 줄 알았는데. 나 이제부터 담배 피워." 이런 말을 들으면 저는 아마 골치가 아파질 겁니다. 아내 자체가 문제라는 말은 아니에요. 그녀는 여전히 사랑스러운 제 아내니까요. 하지만 아내는 이제 담배를 피웁니다. 저는 아마 이런 행동에 적응하기가 힘들 거예요.

그런데 저는 그 행동에 동조하기를 간단히 거절할 수도 있습니다. 하지만 그러면서도 아내를 나쁘다고 판단하지 않고, 아내의 행동에 맞춰 주지 않는다는 사실로 문제를 일으키지도 않으며, 동조하기를 거절한 제 행동이 아내와 저 사이에 갈등을 유발하지 않게 할 수 있어요. 아내에게 그냥 이렇게 말하면 됩니다. "이런 여보, 언제나 그랬듯이 당신을 사랑해. 하지만 당신이 내 앞에서 담배를 피우는 건 내가 바라던 바가 아냐. 그래서 난 지금 방에서 나가려고 해. 담배는 잘 피워. 그리고 말이 난 김에 말인데, 당신이 집에서 계속 담배를 피우겠다고 하면 난 집을 떠나야 할지도 몰라. 담배 연기로 가득 찬 집에서 살기는 싫으니까.

하지만 난 당신을 사랑해. 언제나 그랬던 것처럼 지극히 사랑해. 그런데 지금은 집에서 나가야겠어. 당신을 사랑하긴 하지만."

그러면 제 아내는 만일 그다지 성숙하지 못했다면(아내는 실제로 성숙했지만 그렇지 못하다면), 이렇게 말할 겁니다. "담배 피우는 거 하나 때문에 집을 나가겠다고? 그러면서도 나를 나쁜 사람 취급 하는 게 아니라고 할 수 있는 거야?" 그러면 저는 이렇게 답하겠죠. "내가 당신을 나쁜 사람으로 만든다고 불평하는 건 이해할 수 있어. 하지만 난 그냥 내 진정한 삶을 방해받고 싶지 않을 뿐이야. 난 당신을 사랑하는데 당신은 지금 담배를 피우고 있잖아. 내가 바라는 삶은 담배 연기 없는 집에 사는 거야. 그러니 당신이 집에서 계속 담배를 피우겠다면 나는 어디 다른 데 가서 살아야 할지 몰라. 그러면 나는 어딘가 다른 곳에서 당신을 사랑해야 하겠네."

❝예, 무슨 뜻인지 알겠어요.❞

오래전부터 사람들은 대개 함께하는 시간과 상대방이 하는 행동이란 문제를 놓고 힘겨루기를 해 왔어요. 그러니까 상대방이 자기와 충분한 시간을 보내지 않는다든가, 동의할 수 없는 행동에 몰두하거나 하는 경우 말이에요. 우리는 이런 문제를 가지고 자주 다투죠. 이제 실제 삶에서 이런 힘겨루기가 어떻게 나타나는지 예를 하나 들어 봅시다. 여러분 배우자가 갑자기 일중독자가 된 상황을 생각해 보세요. 결혼 후 삼 년 동안은 당신과 많은 시간을 함께 나누었지만, 갑자기 함께하는 시간이 줄기 시작하더니 결혼 칠 년이나 팔 년, 또는 십 년째가 된 지금은 당신을 위해 시간을 거의 내지 않습니다. 그러면 당신은 이 문제로 힘겨루기를 하게 되겠죠. 남편의 시간을 조절해 보고 싶어질 테니까요.

그래서 당신은 남편에게 말합니다. "여보, 난 당신이 한 달에 네다섯 번 있는 주말 중 최소 세 번은 집에 있었으면 좋겠어. 계속 밖으로 놀러 다니거나, 현장에서 거창한 영화 촬영 같은 일에만 매달리거나, 그게 무엇이든 큰 프로젝트에 빠져 당신 일만 파고들지 말았으면 해. 나한테는 최소한의 관심도 안 주잖아." 아마 당신은 이런 말을 노골적으로 하지는 않을 겁니다. 아주 직설적인 사람이라면 모를까, 대부분의 사람들은 어떤 식으로든 돌려서 말하겠죠. 대놓고 이렇게 말하지는 않을 거란 말이에요. "사실 난 당신의 관심이 필요해. 그러니 시간 좀 내줘." 그래서 힘겨루기가 시작되는 겁니다.

이 상황에서 상대방은 내키지 않는 거래를 하려 할지도 모르죠. "그래 좋아, 한 달에 한 번이나 두 번만 나갈게." 남편은 이렇게 계약을 맺습니다. 그런데 어느 달이건 세 번의 주말을 밖에서 보내는 경우가 생기게 되면, 그는 죄책감을 느끼고 통제 당한다는 느낌을 갖기 시작할 겁니다. 그러면 화가 쌓이게 되고, 얼마 안 있어 당신과 힘겨루기를 하게 되겠죠. "당신이 무슨 권리로 내 시간을 조절하는데?"

저는 아내와 이런 식의 힘겨루기에는 절대 말려들지 않습니다. 제가 동의하지 못하거나 바라지 않는 무언가를 아내가 하려 한다면 저는 그저 이렇게 말할 겁니다. "당신은 물론 당신이 바라는 대로 할 수 있어. 하지만 당신이 세 번의 주말을 이 집 밖에서 보내면 내 입장에서 기분이 안 좋다는 점은 말해 둬야겠어. 당신이 원한다면 그렇게 해도 좋지만 오랜 기간 계속 그래야 한다면 나도 주말을 함께 보낼 누군가를 찾아야 할 거란 점도 알아줬으면 해. 이건 위협이 아니야. 이런 말로 당신을 겁주거나 하려는 건 아니라고. 그저 내가 바라는 삶이 어떤 건지 알려 주려는 것뿐이야. 난 누군가와 함께 있고 싶다고. 나는 사랑하는 사람과 내 삶의 순간들을 나누고 싶지만, 당신이 그 사랑하는 사람이 되기 싫다면 그렇게 해도 좋아. 당신은 그저 그렇게 바라는 대로, 소망하는 대로 하면 되는 거야. 하지만 거기에 한탄이나 화나 갈등, 그리고 잘못이라고 낙인찍는 어떤 행위도 끼어들 필요는 없어. 그냥 단순히 사실을 말하면 되는 거야. 이제 나의 사실을 말해 줄게. 만일 내가 사랑하는 상대를 고를 수 있다면 그건 당신이 될 거야. 그래서 내가 손에 이 반지를 끼고 있는 거 아니겠어? 당신도 지금 나와 같은 선택을 하라는 건 아니지만, 당신이 내 첫 번째 선택이 되리라는 점은 알아줬으면 해, 그렇지만 나는 두 번째와 세 번째, 네 번째 선택도 할 수 있다는 것 역시 알아줘야 해."

자, 보세요. 이것은 단순한 정보의 전달입니다. 이러한 정보 전달은 윽박지르며 할 필요가 없고, 상대방을 당황케 하는 것과도 다른 겁니다. 그냥 이렇게 말하는 것뿐이죠. "이건 이러이러해. 단지 그렇다는 사실을 말하는 거야. 나는 연인이라면 마땅히 그러해야 하듯이 당신과 이 사실을 터놓고 솔직하게, 그리고 애정을 담아 함께 나누려고 해. 이것이 솔직하고 숨김없는 내 진심이야. 이제 우리 둘 다 사실을 알았으니, 그 사실을 바탕으로 현명하게 선택할 수 있을 거야. 그런데 이 말은 당신이 조금이라도 실수할 경우 돌아설 사람을 대기시켜 놓고 있으니 언행에 신경 쓰라는 뜻이 아니야. 내가 지금 말하려는 것은 당신이 결국 나와 맞지 않고 내 삶을 위해서도 도움이 되지 않는 행동을 계속하기로 선택할 경우 내게도 다른 선택을 할 권리가 있다는 거야. 아, 그리고 이건 내가 당신의 삶에 맞지 않는 행동을 계속하기로 선택할 경우 당신의 권리이기도 해. 아무튼 나는 나 자신에게 해로운 행동에 맞춰 주면서 수동적으로 반응만 하는 삶을 살 필요가 없고, 거기에 제한받지도 않아. 그리고 숨김없이 솔직히 말하건대 당신이 결국 그 행동을 계속하기로 선택할 경우, 나도 내 삶의 경로를 조절해야 할지 모른다는 점도 알아주었으면 해. 거기에는 내가 당신과 함께하기를 원했던 많은 것들을 함께할 다른 누군가를 초대하는 것도 포함될 수 있다는 사실도."

보시다시피 주도권을 쥐려고 다투지 않는 상황에는 힘겨루기도 없습니다. 그저 상대를 나쁘다고 판단하지 않은 채, 그들이 선택하는 바대로 행하고 선택한 것을 지니고 선택한 대로 존재함으로써 갈등 상황에서 빠져나와 자신의 주체적 힘을 되찾는 두 사람, 또는 한 사람(싸움에는 두 사람이 필요하므로)이 있을 뿐입니다.

"당신이 바라는 것을 선택해. 그것이 담배이든 아니면 그 무엇이든 간에. 나도 내가 바라는 것을 선택할게." 이런 태도는 배우자가 가치 판단을 내릴 수 있도록 해 줍니다. 제가 더 이상 방에 머물지 않거나, 같은 집에 살지 않게 될 수도 있는데, 그 정도의 관계 변화를 감수할 만큼 아내에게 담배가 중요한 걸까요? 그 가치 판단은 아내가 내리겠죠. 담배를 계속 피워서 담배가 사실상 그 정도의 관계 변화를 감수하기에 충분히 중요하다는 의사 표시를 할 수도 있고, 담배를 끊을 수도 있을 겁니다. 그리고 담배를 끊는다면 아내는 행동을 바꾸게 되겠죠. 제가 강요하기 때문이 아니라, 자신의 행동을 조절함으로써 삶의 방향을 결정할 수 있다는 사실을 깨닫고는 스스로 자유의지를 행사하여 주체적인 선택을 했기 때문입니다. 무슨 차이가 있는지 아시겠어요?

"예, 무슨 말인지 알겠어요. 고맙습니다."

아닙니다. 천만에요. 하지만 그게 사랑이 작용하는 방식입니다. 사랑은 주도권을 놓고 다투지 않습니다. 절대로요.
예, 질문이 또 있군요…….

가장 큰 어려움

"닐 선생님, 관계의 어떤 측면이 선생님을 가장 힘들게 하나요?"

제가 관계에서 가장 힘들어하는 부분은 투명성입니다. 숨김 없는 상태를 유지하는 거 말예요. 훌륭한 아내와 수년을 함께 지냈음에도, 여전히 가끔씩 두려움이 찾아드는 때가 있습니다. 아내가 이걸 발견하면 어쩌지? 저걸 알아내면 어쩌나…… 그러면 날 더 이상 사랑하지 않을지도 모르는데. 이런 거 아시죠? 내가 5000달러를 주식에 투자했다가 몽땅 날리고는 말도 안 했는데 이걸 아내가 알면 어쩌나, 점심에 외출했다 차 한 대를 사 버렸는데 들키면 어쩌나 하는 걱정들 말예요.

전 아내와 살던 몇 년 전에 이 차 문제로 일을 낸 적이 있습니다. 도로를 따라 가다가 자동차 매장에 들르게 됐는데, 새로 생긴 매장이었어요, 거기서 제가 정말 사고 싶었던 차 한 대를 발견했습니다. 그래서 말했죠. "저 차 주세요." 그냥 그렇게 말하고는 정말로 이십 분 만에 차 한 대를 샀습니다. 그 차를 몰고 집에 오는 내내 생각했죠. '이건 말도 안 돼.' 운전하는 도중 이런 고민도 했습니다. '이 차를 어떻게 아내한테 숨기지?' 물론 아내가 곧 발견하게 되리란 것은 알고 있었죠. 아마도 저녁 식사 전에요. 아시죠. "차고에 있는 거 누구 차야?" 그런데도 저는 도리어 이런 생각을 하고 있었습니다.(난 다시 초등학생이 되어 있었다.) '어떻게 조금이라도 더 늦게 알게 할 수 있을까?' 그러다 다시 생각했죠. '말이 되냐. 이런 정신 나간.' 그래서 전 운전 도중 휴대전화를 집어 들고 아내에게 말했습니다. "나 지금 가는데 마중 나와 있어. 당신한테 보여 줄 게 있으니까." 아내가 묻더군요. "지금 무슨 말 하는 거야?" 그래서 말해 줬죠. "나 방금 차를 한 대 샀어."(꿀꺽)

이처럼 투명성이 제가 관계를 맺으며 겪는 가장 큰 어려움입니다. 전적으로 믿고 의지하는 사람과의 관계에서조차도요. 무슨 말이냐 하면, 저는 정말로 제 삶을 내맡길 정도로 아내를 신뢰합니다. 그녀가 저를 무조건적으로 사랑한다고 믿기도 하고요. 그런데도 저는 여전히 모든 느낌과 모든 생각과 모든 의견과 모든 이해와 오해, 그리고 제가 하는 모든 행동 하나하나에 대해 아내에게 완전히 솔직하지도 못하고 전적으로 개방적이지도 못하다는 겁니다. 아시겠어요? 이런 문제가 어디서 유래했는지 알 듯도 합니다. 제 생각에는 투명성에 대한 제 두려움이 신에 대한 매우 낡고 태곳적인 두려움으로까지 거슬러 올라가는 것 같아요. 물론 제가 지녔던 관념은 신이 저를 '심판'하실 거란 생각이었죠.

그런데 바로 이 순간까지도 제가 그 관념에서 여전히 자유롭지 못하다는 점을 말씀 드려야겠네요. 어딘가 마음속 한구석에는 여전히 그런 두려움을 느끼는 제 존재의 측면이 남아 있습니다. 저를 통해 나오는 말과 글에도 불구하고,『신과 나눈 이야기』라는 놀라운 책에 쓰인 내용에도 불구하고, 저는 여전히 밤에 베개를 싸매고 뒹굴며 이렇게 생각할 때가 있습니다. '이거 참, 내가 이 전부를 지어내고 있는 거면 어쩌지? 이 내용들이 전부 틀린 거면 어쩌나? 내가 무수한 사람들을 잘못된 길로 가게 하고 있는 건 아닐까? 그것도 신에 대한 문제에서? 아냐, 괜찮아. 만일 내가 잘못하고 있다면 신께서 이해해 주실 거야.'

그런 뒤 저는 신께 솔직히 고백해야 합니다. '신이시여 아시죠. 만일 제가 틀렸다면, 제가 고의로 그런 게 아니란 걸 아시리라 믿습니다. 그러니까 저는 그 누구도 그릇된 길로 가게 하려던 게 아니었다고요. 당신께 한 조각의 연민이라도 남아 있다면, 이 문제로 고심하지 않게 해 주세요.'

이해하시나요? 그런데 지금 말하는 신은 진실로 존재함을 제가 아는 그 신이 절대 아닙니다. 제 상상 속의 신이자 두려움의 대상으로서의 신이죠. 제 생각에는 신적인 존재에게 심판받고 오해받고 처벌받을지 모른다는 우리의 깊은 두려움이 삶에서 만나는 다른 사람들에게, 그러니까 배우자와 연인과 직장 상사와 같이 삶에서 중요한 지위를 차지하고 있는 누군가에게로 전이되어 나타나는 것 같습니다. 그래서 관계 상황에서 제가 당면하는 가장 큰 과제는 중요한 사람들을, 이제 신에 대해 제가 생각하기 바라는 대로, 즉 제 가장 절친한 친구로 여기는 것입니다. 저는 신과 우정을 나누고 싶고, 배우자를 비롯한 모든 사랑하는 사람들과도 우정을 나누고 싶습니다. 그들 앞에 신체적으로나 정신적으로 발가벗고 서서 이렇게 말할 수 있을 정도로요. "이게 답니다. 숨긴 건 하나도 없고, 비밀 같은 것도 없어요. 이게 제 전부입니다." 이 문제가 제 가장 큰 어려움이고, 저는 그 도전과 매일 직면합니다.

진실을 말하는 다섯 단계

❝저는 관계를 통한 되비쳐 주기에 대해서 짧게 여쭤 보려 합니다. 함께 있는 사람에게서 느끼는 반감은 사실 자기 자신에 대한 반감이라는 내용 말예요. 이 문제에 대해 간단히 보충 설명해 주실 수 있나요?❞

그러죠. 전 더 이상 다른 사람들에게 큰 반감을 갖지 않습니다. 제가 저쪽에서 보고 반감을 느낀 측면은 이쪽에서 보고 반감을 느낀 측면과 사실상 같다는 점을 오래전에 배웠기 때문이죠. 게다가 최근 몇 년 들어서는 저의 모든 측면을 좋아하게 되었습니다. 정말 놀랍지 않나요? 아마 여기 앉아 저를 보는 여러분은 믿기 힘드실지 모르겠네요. 하지만 전 정말로 스스로를 상당히 좋아하게 되었습니다. 제 외모가 좋고, 태도도 좋고 생각도 좋으며, 괴팍함도 좋습니다. 제 즉흥성도 좋고, 인습에서 완전히 해방된 점도 좋으며, 단점까지도 좋아합니다. 아시겠지만 저는 제 웃음조차 좋아합니다. 그러니까 제 모든 면이 좋다는 말입니다. 제가 이런 식으로 느껴 본 건 생애 처음이란 점도 말씀 드려야겠네요. 그리고 제가 이렇게 느껴서인지 다른 사람에게서도 싫은 점을 거의 발견하지 못하게 되었습니다. 참을성도 엄청나게 많아졌어요. 주변 사람들을 바라보며 그들 모두를 그저 사랑할 수 있다는 건 놀라운 경험입니다. 몇 년 전까지만 하더라도 당장 거절했을 행동과 성격과 인성도 이제는 받아들여져요. 저는 자기 사랑이 다른 사람들을 향한 엄청난 사랑을 불러일으킨다고 생각합니다. 스스로에게 이렇게 말하게 돼요. '거봐, 너도 알지. 스스로를 사랑할 수 있다면 뭐든 사랑할 수 있게 되는 거야.'

❝ 진실을 말하는 다섯 단계란 게 뭔가요? ❞

관계에서의 투명성에 대해 말할 때면 종종 진실 말하기에 대해 생각하게 됩니다. 진실을 말하는 게 사실 투명성의 전부니까요. 그리고 저는 진실을 말하는 데 정말로 다섯 단계가 있다는 사실을 점차로 이해하게 되었습니다.

진실을 말하는 첫 단계는 스스로에게 자신에 대한 진실을 말하는 겁니다. 이건 제게 엄청난 도전이었어요. 아주 오랜 세월 동안 전 스스로에게 거짓말을 해 왔으니까요. 말 그대로 자기 자신에게 거짓말을 하는 사람을 상상하기는 어렵겠지만 그렇게 하기는 쉽습니다. 그리고 전 오랜 세월 동안 그렇게 해 왔죠.

진실을 말하는 두 번째 단계는 스스로에게 다른 사람에 대한 진실을 말하는 겁니다. 전 이 점에 대해서도 아주 오랫동안 스스로에게 거짓말을 해 왔어요. 예를 하나 들자면 전 함께하던 연인을 사랑한다고 수년 동안 스스로에게 말했습니다. 사실 그렇지 않다는 생각이 들거나, '난 더 이상 그녀를 사랑하지 않는지도 모른다.'는 식으로 상상할 때마다 머릿속의 목소리는 이렇게 말했습니다. '바보 같은 생각 마. 넌 분명히 그녀를 사랑해.' 왜냐하면 전 그렇게 *생각해야* 했으니까요. 그게 제가 *취해야* 했던 태도였기에 그런 식으로 생각한 겁니다. 그렇게 저는 이 문제와 관련해 엄청난 세월 동안 스스로에게 거짓말을 하다가, 어느 날 드디어 상대방에 대한 진실을 저 자신에게 말하게 됐습니다. 크게 소리 낸 것도 아니고, 그저 혼잣말로 한 것이지만 그것조차 아주 힘들었어요.

진실을 말하는 다음 세 번째 단계는 자기 자신에 관한 진실을 다른 사람*에게* 말하는 거예요. 제가 지금 여러분 앞에서 하고 있는 것처럼요.

그리고 진실을 말하는 네 번째 단계는 다른 사람에 관한 진실을 그 사람에게 말하는 겁니다. 물론 *객관적인 진리* 말고 저의 진실 말이에요. *객관적인 진리*란 건 존재하지 않지만 다른 사람에 관해 제가 가장 깊은 곳에서 느끼는 진실을 그 사람과 함께 하는 거예요.

이제 마지막으로 도달하게 되는 다섯 번째 단계는 모든 것에 관한 진실을 모든 사람에게 말하는 거예요. 만일 여러분이 이 다섯 단계를 다 거칠 수 있다면 천국에 이르는 다섯 계단을 올라선 셈이 되는 거예요. 왜냐하면 천국이란 (멈춤) 더 이상 거짓말할 필요가 없는 상태니까요.

> **66** 전 고통이 가끔 더 큰 사랑을 할 수 있도록 가슴을 찢어서 열어 주는 것 같다고 말하는 것을 들은 적이 있어요. 왜 우리 가슴은 사랑을 느끼기 위해 가끔씩 찢어져야 하는 걸까요? **99**

전 그럴 필요가 없다고 생각해요. 더 큰 사랑을 하도록 고통이 가슴을 찢어서 열어 준다고 말한 사람은 아마 일어나는 사실을 묘사한 것이지, 꼭 그렇게 되어야 한다고 말한 건 아닐 겁니다. 저는 아무런 고통 없이도 더 큰 사랑을 느끼고 경험하는 것이 충분히 가능하다고 생각해요. 하지만 우리는 문화가 제공하는 신화대로 살아가죠. 이런 문화적 신화는 무수히 널려 있습니다. 사랑은 고통을 수반한다든가, 고통이 사랑에 이르는 길이라든가, 고통 없이는 얻음도 없다든가 하는 것들 말예요. 그렇지만 저는 지난 수년 동안 아무런 고통 없이도 사랑을 즐기고, 사람의 마음이 감당할 수 있는 그 모든 사랑을 느낄 수 있다는 사실을 발견해 왔고 지금도 발견하고 있습니다. 그래서 고통과 사랑은 붙어 다니기 마련이라든가, 사랑에 이르는 유일한 방법은 '고통'이라고 적힌 문을 통과하는 길뿐이라든가 하는 관념을 당장 거절하겠다고 말할 준비가 되어 있습니다. 고통이 필요하다는 관념은 문화적 신화일 뿐이에요. 따라서 우리는 단지 그것에 동의하지 않기로 선택함으로써 주도적으로 그 관념을 비켜 갈 수 있습니다.

이별의 고통에 대처하는 자세

❝ 그러면 연인이 떠날 때조차 고통이 없을 수 있단 말인가요? ❞

진정한 자신의 경이로운 아름다움을 발견했다면 연인이 떠나가도 고통은 없을 겁니다. 예전에 저는 사랑하는 사람이 떠나갈 때면 저 자신에 대한 관념과 존재 가치까지도 그녀와 함께 문밖으로 걸어 나간다고 생각했죠. 하지만 이제는 연인이 문밖으로 걸어 나가도 난 여전히 괜찮다는 사실을 알게 되었어요. 왜냐하면 이렇게 말하면 다소 터무니없게 들릴지 모르지만, 전 충분히 훌륭하니까요.

사랑은 '반응'이 아닌 '결정'

❝ 선생님의 경력과 관련해서 아내는 어떤 역할을 하고 계십니까? ❞

'신성한 이분법'처럼 들리는 답변을 해드려야겠네요. 아내는 모든 역할을 하면서 아무 역할도 하지 않습니다. 다시 말해 전 아내가 제 경력을 가능케 해 주는 삶의 원동력은 아니라는 사실을 아주 분명히 압니다. 그게 사실이라고 생각했다면 두려움에 사로잡혔겠죠. 아내를 잃으면 모든 걸 잃을 거란 두려움 말예요. 그래서 저는 제 삶의 동반자를 지금 이대로의 삶을 가능케 해 주는 요소로 바라보지 않습니다. 그럼에도 아내가 없다면 아주 신비스럽고 흥미롭게도, 제 삶은 불가능할 거예요. 그래서 '신성한 이분법'이라고 한 겁니다.

아내가 제 삶에서 하는 역할은 짐작컨대, 그 누구보다도 제가 스스로를 보는 대로 저를 봐 주는 사람이란 거예요. 아내는 제가 스스로에 대해 상상하는 대로 저를 봐 줍니다. 사랑이 하는 일이 그거예요. 사랑은 이렇게 말합니다. "나는 당신이 보는 스스로의 가장 고귀한 측면을 당신에게서 보려 합니다. 나는 그런 식으로 당신을 바라볼 거예요." 사실 사랑은 그 이상을 말합니다. 이렇게요. "나는 당신이 보는 스스로의 가장 고귀한 면을 보는 것은 물론, 당신이 스스로 발견하지 못한 면까지 보려 합니다. 난 당신이 스스로를 보는 그 이상으로 당신을 바라볼 거예요."

누군가는 이렇게 말했습니다. "신께서 우릴 보시는 대로 자기 자신을 본다면 우린 더 많이 미소 짓게 될 것이다." 저는 제 아내가 신께서 바라보듯 저를 봐 준다고 생각해요. 아내는 항상 제게 작은 사실들을 말해 주거든요. 예컨대 아내는 종종 절 보면서 잘생겼다고 말해 줍니다. 음, 이런 얘기를 집 밖에서 해서는 안 될 것 같네요. 하지만 제가 잠시라도 아내의 말이 사실이 아닐지 모른다고 생각한다면 아마도 저는 스스로에 대한 예전의 생각, 그러니까 내가 신체적으로 매력적이지 못하다는 생각으로 물러서고 싶어질 거예요. 제 아내처럼 저를 정말로 사랑해 주는 사람들이 여러분 자신에 관한 가장 과감한 생각들을 계속해서 재확인시켜 주는 거죠.

바로 그거예요! 이제야 명확해졌네요. 여러분을 정말로 사랑하는 사람들은 여러분 자신에 관한 가장 과감한 생각들을 계속해서 재확인시켜 줍니다. *그거야. 당신은 할 수 있어.* 이런 말들 있죠. 우리가 한밤중에 혼자 떠올리곤 하지만 사람들이 들으면 자만이라거나 무책임하다거나 하는 식으로, 이렇다 저렇다 비판할까 봐 남에게 함부로 말하지 못하는 대담한 생각들 말이에요. 하지만 당신을 깊이 사랑해 주는 누군가와 함께 있을 때는 '내가 자신을 감히 이렇게 봐도 되나?'라는 식의 생각은 할 필요가 없는 거예요. 그들이 당신을 위해 이런 말을 해 주거든요. "당신은 최고의 남자예요.", "당신처럼 자상한 사람은 처음 봐요.", "당신은 제가 아는 가장 친절하고 인내심 많은 사람이에요.", "당신은 정말 놀라워요, 세상을 변화시키고 있어요." 아내는 이런 말들을 매일같이 제게 해 줍니다. 아내가 제 삶에서 어떤 역할을 하느냐고요? 그건 말로 표현할 수가 없습니다.

66 선생님 책에 자신이 무엇을 원하는지 찾아내는 것에 관한 대화 내용이 있습니다. 무엇이 되고 싶은지, 무엇을 갖고 싶은지, 무엇을 하고 싶은지 등에 관해서 말이에요. 그런데 저는 관계 문제를 다루면서 그 내용을 문자 그대로 받아들였어요. 제가 어떤 사람을 만나고 싶은지를 실제 글로 적어 본 거예요. 그리고 제가 기대했던 것과는 다른 상대방이 제 삶에 나타나는 경험을 했습니다. 저로서는 다소 당황스러웠어요. 앉아서 그런 글 적는 일을 그만두고 그 사람을 우주가 제게 주는 일종의 선물로 보아야 하는 건지 확신이 안 섰거든요. 이 문제를 좀 더 자세히 설명해 주셨으면 합니다. 99

물론이죠. 감사합니다. 아주 좋은 질문이네요.

관계 문제든 뭐든 간에 저는 제가 선택하려는 것이 무엇인지에 관해 매우 상세히 구체화하기를 좋아합니다. 하지만 그렇게 아주 구체적으로 바라는 바를 그려 본 뒤에는 *제 앞에 주어지는 것을 받습니다.* 왜냐하면 저는 결코 신께서 스스로 계획하신 기적을 행하지 못하도록 방해하고 싶지 않으니까요. 그래서 저는 신께 무언가가 구체적으로 어떤 식이어야 한다고는 절대 말하지 않고, 단지 그 순간 그것에 대한 제 생각이 무엇인지를 말씀드릴 뿐입니다.

전 젊었을 때 완벽한 배우자는 어떤 모습이어야 하는지 분명한 생각을 갖고 있었습니다. 그래서 그 기준에 맞지 않는 사람은 즉시 거절하곤 했어요. 그러니까 말 그대로 그 사람 옆을 그냥 지나가면서 아무 관심도 안 줬단 말입니다. 마치 상대가 거기 없기라도 한 것처럼요.

파티에 가서도 바라던 기분이 들지 않으면 전 그냥 그곳을 나와 버렸습니다. 제가 기대했던 것이 아니었으니까요. 전 그렇게 삶 전체를, 그리고 무엇보다도 사람들과의 모든 관계를 제 기대에만 맞추며 살아왔습니다. 그렇게 전 삶의 엄청난 부분을 놓치고 있었던 겁니다.

어떤 사람은 당신이 결국 함께하게 되리라 생각했던 배우자상과 조금도 일치하지 않을 수도 있습니다. 그 이유는 엄청나게 다양할 수 있죠. 기대했던 것보다 더 민감할 수도 있고, 지금 제가 말하는 내용에 예를 바로 들어 줄 만큼 즉흥적이지 못할 수도 있고, 또 다른 많은 이유들도 있을 겁니다. 저는 이제 이 차이들이 생각만큼 크지 않을 수도 있고, 배우자가 될지도 모르는 사람을 '부적격'으로 만드는 특성은 아니라는 사실을 이해합니다. 그 차이는 도리어 당신의 인격에 완벽한 균형을 잡아 주는 상대방의 측면일 수도 있는 겁니다. 하지만 제가 미성숙했던 시절에는 이 사실을 깨닫지 못하고 있었습니다.

그래서 배우자를 찾거나, 또는 삶에서 무언가를 진실로 구하는 분께 제가 드릴 수 있는 최상의 조언은 찾고 있는 것에 대해 분명한 생각을 갖되, 행운은 기대했던 것과 완전히 다르게 오기도 하니 그 흘러드는 에너지를 거부하거나 부적절한 것으로 만들지 말라는 것입니다. 여러분이 찾고 있는 것이 바로 코앞에 있음에도 아직 눈이 안 뜨여서 보지 못하는 것일 수도 있기 때문입니다.

제 삶의 가장 멋진 경험 중 일부는 전혀 예상치 못했던 방식으로, 몇 년 전까지만 해도 받아들일 수 없었을 방식으로 일어났습니다. 바보 같은 예를 하나 들어 볼게요, 저는 요즘 얼마 전까지만 해도 달갑지 않게 여겼을 음식을 먹습니다. 무슨 말인지 아시겠어요? 그런 음식을 먹어도 이제 거부감을 느끼지 않는다는 말입니다. 어머니께서는 항상 말씀하셨죠. "먹어 봐(try it), 한 번 먹어 보라고." 저는 당시 이 말에 담긴 지혜를 절대 이해하지 못했습니다. 하지만 이는 음식을 대하는 지혜일 뿐 아니라 삶의 모든 측면을 대하는 현명한 태도이기도 합니다. 그러니 부디(for Heaven's sake) 한번 먹어 보세요, 시도해 보세요. 진짜 말 그대로 천국(Heaven)을 위해서요. 여러분은 바로 그곳에서 천국을 발견하게 될지도 모르니까요. 그리고 너무 얽매이지 마세요. 여러분의 기대에 너무 사로잡히지 말고, 대신 자신을 크게 열어 놓으세요. 그리하여 신께서 여러분을 위해 완벽을 창조할 여지를 좀 남겨 놓으세요.

> 저는 살면서—이 신사분이 방금 말씀하신 내용을 좀 부연해 보고 싶어 드리는 말씀인데요—내가 누구를 찾고 있고 그로부터 바라는 모든 자질도 안다고 생각하던 시절, 그 자질이란 게 저에게, 아니면 관계에 특정한 느낌을 불러일으켜 줄 거라 여기는 것들이었다는 점을 발견했어요. 그 뒤 누군가 제 삶에 나타나 제가 그 관계에서 바라던 자질과 같은 느낌을 느끼게 해 주었을 때, 그 느낌이 무엇보다도 중요하단 점도 알게 되었죠. 바라던 자질이 구체적으로 무엇이냐 하는 점은 정말 아무 문제도 안 되었어요. 중요한 건 느낌 자체가 일치한다는 사실뿐이었습니다.

예, 그거 정말 아주 통찰력 있고 직관적인 관찰입니다. 그 지혜를 이 방의 모든 분들과 함께 나누었으면 하네요. 저도 예전에는 바라는 것과 관련해, 그게 직업이든 사람이든 새 차든 간에, 되도록 구체적으로 그려 보려 노력했습니다. 하지만 나이가 들고 인생의 후반부로 접어들면서 그 구체적 요구 사항 전체를 그냥 내려놓는 법을 배우게 되었죠. 정말 그냥 내버려 두고 신께 내맡기는 법을 배운 거예요. 게다가 거의 어김없이 기대했던 것과 완전히 달라 보이는 형태로 찾아오는 기적을 그저 알아차리고 받아들이는 법도 배우게 되었어요. 그러면서 점차 내맡길 수 있게 된 거죠…… 이것이 기대 없이 삶을 살아가는 법입니다.

저는 사랑이 반응이 아니라 하나의 결정이라는 사실을 이해하는 것이 중요하다고 생각해요. 대부분의 사람들은 사랑이 반응이라고 생각하죠. 그러니까 제가 하려는 말은, 사랑에 대한 이러한 인식이 제 기대에 따라 살면서 요구 사항에 집착하던 시절과 기대를 내려놓고 다른 방식으로 사람들과 교감하던 시절 간의 주된 차이였단 말이에요. 사랑이 결정이란 사실을 배움으로써 제 태도도 변할 수 있었던 겁니다. 누군가를 사랑하기로, 혹은 사랑하지 않기로 결정하는 것은 정말 엄청나게 자율적이에요. 이렇게 반문하실 분도 있을지 모르죠. "뭐 그럴 수도 있어. 하지만 그 결정은 외모나 인격 등에 근거한 것 아닌가?"

하지만 그렇지 않은 경우도 있다는 점을 말씀드리려는 거예요. 사랑은 때론 그런 조건들보다 자율적인 무엇, 그러니까 단순한 선택을 통해 시작되기도 한다는 말입니다. 상대를 사랑하기로 스스로 선택하는 거예요. 그리고 제가 상대를 진정으로 사랑하고 그 사랑이 순수한 것일 때, 제 선택은 자율적인 것일 뿐 아니라 조건 없는 것이기도 합니다. 상대가 드러내는 성격이나 몸가짐, 또는 지갑 두께처럼 상대의 그 어떤 측면에 의해서도 조건 지워지지 않는 무조건적 사랑을 하게 되는 거예요. 그 사랑은 정말 조건이란 걸 모릅니다.

그렇게 누군가를 사랑하기로 선택하면 우리는 종종 매우 놀라운 경험을 하게 됩니다. 상대와 사랑에 빠지는 경험으로부터 받게 되리라 기대했던 그 느낌이 도리어 이쪽에서 생겨나 다시 우리에게 오는 현상을 발견하게 되는 거예요. 그 사랑이 우리로부터 일어나서, 마치 행성이 태양 주위를 돌듯이, 상대방을 한 바퀴 돈 뒤 다시 돌아와 하늘 반대편으로 되돌아가는 겁니다. 이게 보통 말하는 부메랑 효과예요. 이런 경험을 통해 우리의 엄청난 환상은 결국 부서지게 됩니다. 여기서 환상이란 물론 그 느낌, 관계 속에서 찾아 헤매던 그 마술적이고 놀라우며 특별한 느낌이 상대방으로부터 온다는 착각을 말하죠. 하지만 진실은 그 느낌이 항상 여기로부터 오고 있었다는 겁니다. 제가 그 느낌을 저편으로, 그것도 완전히 의도적으로, 보내면 다시 이쪽으로 되돌아올 수밖에 없게 되어 있습니다. 「발송자에게 반송(Return to Sender)」이라는 노래처럼요.

사람이든 사물이든 특정한 형태로 주어지길 원하던 시절, 저는 스스로에게 지금 여러분이 향해 가고 있는 그 질문들을 던져야 했습니다. '저 형태가 다른 형태보다 더 낫다는 관념을 왜 갖게 되었지? 날씬함이 뚱뚱함보다 낫다는 관념, 뚱뚱함이 날씬함보다 낫다는 관념, 검정색이 흰색보다 낫다는 관념 등…… 대상에 대한 이런 관념들은 대체 뭐지? 그 대상들 자체는 또 뭐고?'

저는 이 문제를 다루기 시작하던 그 순간, 제가 그 모두를 만들어 내고 있었다는 사실을 이해할 수 있었습니다. 그것들 전부를 그냥 제가 만들어 내고 있었던 겁니다. 그리고 스스로 만들어 내던 그 관념들을 내려놓은 순간, 모든 곳에서 보물을 발견할 수 있다는 사실을 갑작스럽게 깨닫게 되었습니다. 관계 맺으리라곤 상상도 못 했던 사람들 속에서, 좋아하게 될 거라고는 생각도 못 했던 대상들 속에서 말입니다. 그건 마치 어른이 되어 시금치가 생각보다 먹을 만하다는 사실을 알게 된 것과도 같았어요.

그런데 전 브로콜리조차 먹다 보면 맛있어진다는 사실도 알게 됐습니다. 지금은 브로콜리도 정말 맛있게 먹어요. 그게 언제 제 입속으로 걸어 들어갈지 모를 정도라니까요.

'Return to Sender'

자, 이제 관계에 대해 뭐 다른 거 질문하실 분 없으신가요? 여러분 모두 문제를 그럭저럭 만족스럽게 해결하신 건가요? 그렇다면 여러분은 이제 '나는 당신이 스스로 의지하는 바를, 당신을 위해 의지한다.'는 태도로 관계를 대할 준비가 되셨나요? 사랑하는 사람을 '사랑은 결코 안 된다는 말을 하지 않는다.'는 태도로 대할 준비가 되신 건가요? 그렇다고 생각하시는 분 어디 손 한번 들어 주세요. (사람들이 손을 든다.)

아주 좋습니다. 거의 모든 분이 손을 들어 주셨네요. 어떤 분 손은 다른 분들보다 조금 천천히 올라가는군요. 그래도 훌륭합니다. 하지만 오늘 대화가 여러분의 관계를 지금 상태대로 유지해 주리라 보장하는 것은 아니라는 점을 부디 이해해 주시기 바랍니다. 그러니 방을 나가면서 이런 식으로 생각하진 마세요. '난 방금 관계 문제를 해결하는 열쇠를 얻었고, 그에 따라 살 거야. 그러니 이제 내 관계는 지금 상태대로 영원히 유지될 수 있어.' 다른 분은 반대로 이렇게 생각하실 수도 있겠죠. '내가 스스로 의지하는 바를, 당신이 나를 위해 의지해 주겠다고? 거 참 고맙구먼. 내 의지는 여기서 당장 나가 버리는 거였으니까. 지금까지는 그냥 끝날 때까지 기다려 준 것 뿐이라고.' 거 있잖아요, 왜, 예의 차려 거절하기 같은 거요.

그러니 저는 여기 계신 분들이 오늘 제가 한 말을, '이렇게 살면 관계가 보장될 수 있다.'는 식의 의미로 받아들이지 않으셨으면 해요. 그런 보장은 여태껏 많이 찾아 봤잖아요. '어떻게 하면 관계가 영원히 유지될 수 있을까?' 하지만 우리는 관계가 영원히 유지되게 할 수 없습니다. 아니, 더 정확히 말하자면 관계는 유지될 것이고, 심지어는 영원히 유지될 수도 있겠지만, 그 관계가 유지되는 방식은 여러분이 생각했던 것과는 다를 거예요.

제가 맺고 있던 한 관계가 끝났을 때, 저는 그걸 비극이라 불렀습니다. 일이 제대로 안 풀리고 있는 것처럼 보였으니까요. 도무지 믿을 수가 없었죠. 하지만 그렇게 끝난 관계는 제가 살면서 경험하리라 상상했던 것보다 훨씬 더 풍요롭고 만족스러운 관계로 향하는 문을 열어 주었습니다. 제가 새로 다가오는 관계를 누릴 수 있었던 것은, 일어나는 일은 일어나도록 그냥 내버려 둔 채, 잘못되었다고 판단하거나 비극이라 부르기를 그만둠으로써만 가능했던 거예요. 이렇게 해서 저는 우주가 상상할 수 없는 방식으로 작용한다는 사실을 점차 발견하게 되었습니다. 일어나는 일을 판단하지 말고 삶이 원하는 대로 하도록, 그리고 되려는 대로 되도록 내버려 두기만 하면, 항상 제 안에 머물던 평화와 기쁨을 발견하게 된다는 사실을 이해하게 된 겁니다.

아, 그런데 다음 사실을 다시 한 번 말씀드리고 싶어요. 열쇠란 게 있다면 이거야말로 최상의 열쇠일 테니까요. 그 열쇠란 이런 겁니다. '우리는 오랫동안 찾아 헤매던 평화와 기쁨을 다른 사람에게서 구하길 그만두어야 한다. 그리고 우리가 찾던 그것이 사실은 자신 안에 머물고 있음을 깨달아야 한다.' '가장 고귀한 기쁨과 평화는 다른 사람에게 그것을 주는 순간 경험된다. 그 순간 우리는 역사상 가장 위대한 신비와 비밀을 푸는 것이다.'

앞서 말씀드렸듯이 여기에 가장 고귀한 아이러니가 내재해 있습니다. 우리가 스스로를 타인으로부터 받고자 했던 그것의 원천으로 여기는 순간, 그리고 우리가 삶을 통해 바라던 그것을 다른 사람에게 제공해 주기로 선택하는 바로 그 순간에 우리는 우리의 방이 비지 않으리란 보장을 받게 된다는 사실이 그거예요. 그 원천이 머무는 방에서 떠날 사람은 없거나 극히 적을 테니까요. 떠나는 사람은 어떻게 하느냐고요? 가게 내버려 두세요. 그들이 자신만의 길을 가도록 놓아주세요. 그들이 하려는 바를 하도록 내버려 두시면 됩니다.

사랑을 표현하는 형태

❝ 전 결혼 문제를 다시 다루었으면 해요. 최근 저는 한 쌍의 연인으로 이루어진 온갖 형태의 관계에 대해 많은 생각을 해 왔거든요.

『신과 나눈 이야기』세 권에 나오는 내용도 아주 흥미로웠습니다. 그런데 정말 현재 결혼 제도는 우리가 바라는 사랑을 이루어 줄 수 있는 걸까요? 제가 보기에는 우리가 이십일 세기로 더 깊숙이 접어듦에 따라 사랑과 연애 문제와 관련해 이전 시대 사람들과 상당히 다른 위치에 놓이게 된 것 같은데 말이죠. 그러니까 우리는 더 이상 사랑을, 인간이 태초 이래 관심을 두어 왔던 생존이나 출산에만 관련시킬 필요가 없어졌다는 말이에요. 그래서 저는 한 쌍의 부부로 이루어진 결혼의 전통적인 형태 이외의 유형을 알아내는 데 관심을 갖게 되었어요. 동거나 아이가 있든 없든 공동생활 같은 것들 있잖아요. 사랑하는 사람들 간의 관계에 자유와 헌신을 비롯한 최상의 것들을 불러일으켜 줄 어떤 다른 유형을 만들어 내거나 할 수는 없을까요?"

아주 훌륭한 질문입니다. 그리고 답변은 가능하다는 거예요. 현재로서도 전통적인 부부 관계에서 탈피한 많은 다른 유형들이 존재합니다. 우리는 지금도 많은 사람들로 구성되어, 서로 돌보고 공유하고 사랑하면서 함께 생활하는 실험적 집단들을 찾아볼 수 있습니다. 또한 막연히 집단 결혼, 이 표현은 어떤 지역에서는 저속한 것으로 받아들여지죠, 또는 확장 가족이라 불리는 형태도 찾아볼 수 있어요. 이런 유형의 관계에서도 사람들은 함께 돌봐 주고 공유하고 사랑하면서 살아갑니다.

그리고 함께 살면서 서로 나누고 배려해 주는 동성 연인들도 찾아볼 수 있죠. 그런데 이런 패러다임들을 나쁜 것이라고 판단하기를 그치지 않는다면, 우리는 인간 존재의 가장 풍요롭고 충만한 가능성을 절대 실현할 수 없을 겁니다. 와이오밍 주에서 일어난 매튜 셰퍼드 사건(동성애자였던 매튜 셰퍼드에게 가해진 폭행 살해 사건. 가해자들은 그를 동성애자라는 이유로 납치해 울타리에 묶고 고문한 뒤 죽도록 방치함—옮긴이)은 신념 체계가 어떠하든 자신들을 문명인이라 부르는 존재에게서는 일어날 수도 없었고 일어나서도 안 되는 일이었습니다. 저는 그런 행동이 일어날 수 있었다는 사실을 도무지 이해할 수가 없고, 더군다나 사회의 작은 집단에서나마 묵인될 수 있었다는 사실은 더더욱 믿을 수가 없습니다.

그런데 저는 한 쌍의 연인으로 이루어진 관계는 결코 사라질 수 없다고 생각합니다. 남녀 연인 관계가 계속해서 주된 관계 형태로 남을 것인지 제게 물으신다면, 전 그렇게 믿는다고 답할 거예요. 항상 그럴 겁니다. 그런 연인 관계에는 그밖의 다른 유형을 통해서는 재창조될 수 없는 고유한 무언가가 분명 있기 때문이죠. 그래서 저는 두 연인이 하나 되어 삶을 함께 창조해 나아가는 모습을 언제든, 영원히 보게 될 것이라 생각합니다. 이 유형의 관계는 사람들이 관계를 맺고 사랑하는 주된 유형으로 계속해서 남게 될 거예요. 하지만 저는 확장 가족을 포함하는 몇몇 다른 유형의 관계도 새로 만들어질 것이라 생각합니다. 여기에는 집단 결혼도 포함될 것이고, 실험적 공동체도 포함될 것이며, 사람들이 크든 작든 함께 모여 우리 모두가 동경하는 단 하나의 경험, 즉 제한하거나 속박하지 않으며 상대를 위하는 사랑을 추구하는 다양한 방식도 포함될 것입니다.

우리는 이 땅에서 오랜 세월 동안 위와 같은 관계 형태들을 실험해 왔습니다. 저는 사람들이 이런 형태를 나쁘다고 판단하기를 그만둘 때 이 새로운 관계들이 더욱 존중받게 될 거라고 생각해요. 그리고 이런 변화는 다음 세기로 접어든 현 시점에서 일어나기 시작할 겁니다.

타인의 행위를 놓고 서로 나쁘다고 비방하는 짓을 그만두기로 결심함으로써 우리는 사회적 진화의 거대한 전환점을 마련할 수 있을 거예요. 확신하건대 그런 전환은 십 년에서 십오 년 내에 일어날 겁니다. 사람들은 성생활 양식을 두고 서로 나쁘다고 판단하기를 그칠 것이고, 영적·철학적 관점 차이로 서로 비방하는 행위를 그만둘 것이며, 정치·사회적 선택들을 놓고 잘못이라고 서로 비난하기도 그칠 것입니다. 또한 사람들은 서로의 경제적 선택을 그릇된 것으로 판단하는 행위도 그만둘 거예요. 우리는 서로를 나쁘다고 판단하는 대신 그저 이렇게 말하게 될 겁니다. "우리가 서로 동의하지 않는다는 사실에 동의하는 걸로 충분하지 않을까?"

스스로에게 해악을 끼치는 것은 관점의 차이 자체가 아니라, 서로를 나쁘다고 판단하며 양자 간의 차이를 참지 못하는 우리의 태도라는 점을 인식함으로써 우리는 상대에 대한 비방을 그치게 될 것입니다. 이러한 관용의 부재는 이 땅에서 점차 설 자리를 잃어 왔죠. 저는 이런 비관용적 태도가 몇 년 내로 상당 부분 없어질 것이라 생각합니다.

이런 변혁은 우리가 함께 참여하고 있는 실험적 시도와 새로 형성하고 있는 관계 방식에 의해 촉발되고 있는 인간 종의 진화로 일어나게 될 겁니다. 이 새로운 관계 방식은 사회의 모든 부분으로 스며들게 될 거예요. 정치와 경제, 종교를 비롯한 모든 분야에서 새로운 관계가 형성될 것이고, 여기에는 물론 사랑하는 사람들 간의 새로운 관계 양식도 포함될 겁니다. 그 결과 한 남자와 두 여자, 혹은 한 여자와 두 남자가 보통 삼각관계라 부르는 관계를 맺으면서도 서로 손을 잡고 나란히 거리를 거닐며 몹시(hell out of) 만족스러워하는 모습을 보는 것도 이상하지 않게 될 거예요. 말 그대로 지옥(*Hell*)을 서로에게서 떨쳐내(*out*) 주면서 말이죠.

신은 순수하고 진실한 사랑을 표현하는 데 부적절한 형태란 없다고 말씀하셨습니다. 그리고 우리는 사랑하는 사람들이 서로에게 결코 해를 입히려 하지 않고, 그러도록 허용하지도 않는다는 사실을 확인함으로써 그 사랑의 순수함과 진실성을 알 수 있죠. 제가 이런 말을 하는 까닭은 극우파 매체에서 찾아와 이런 식으로 말하는 사람들이 꼭 있기 때문입니다. "닐이란 자는 도대체, 이 사람 정말…… 무수한 이들에게 무슨 짓이든 할 수 있는 면허증을 내주고 있어…… 성도착을 눈감아 주다니." 이렇게 저를 나쁜 사람으로 만들기 위해 극단으로 치닫고 싶어 하는 사람들이 항상 있습니다. 하지만 제가 하려는 말은 진실하고 순수한 사랑이라면 그것이 표현되는 데 있어 적절치 못한 형태란 없다는 사실뿐이에요. 그리고 순수하고 진정한 사랑은 서로를 해치거나 이용하거나 남용하는 어떤 행위도 용납하지 않습니다.

또 예, 그렇습니다. 사람들이 서로 만나 사랑의 가장 숭고한 이상을 표현하는 방식 또한 변하고 있습니다. 예전 방식만이 옳다고 생각하는 사람들은 이런 추세에 당혹해하고 있죠. 그들 중 일부는 이를 갈고 있고, 다른 일부는 그밖의 모든 유형들을 나쁘다고 심판하고 있습니다.

아시다시피 우리는 다른 인종의 상대와 연인 관계를 맺는 행위가 적절치 못하다는 말을 듣던 시절도 겪어 보았습니다. 이런 사고방식은 누군가의 엉뚱하고 괴상한 생각이 아니라, 우리 사회 구성원 중 상당수에 의해 진지하게 받아들여진 관념이었어요. 또 우리는 다른 종교를 가진 사람과 결혼하거나 사랑하는 것이 적절치 못하다는 말도 들었죠. 그런데 아직까지도 어떤 종교나 인종에 속한 사람들은 사랑하는 자식이 '우리들 것이 아닌' 종교나 인종에 속한 사람을 사랑한다는 이유만으로 자기 자식과의 관계를 끊으려 합니다. 어떻게 우리가 우리들 것이 아닐 수 있나요? 오직 *하나의* 우리만이 있고, 그래서 '인류 가족'이라 부르기도 하는데 말이죠.

새로운 사회의 창조자로서 우리의 임무는 성과 피부색과 종교, 그리고 그밖의 인위적 요소에 구애됨 없이, 그저 영혼 깊은 곳으로부터 느껴지는 순수한 사랑을 할 수 있도록 장려해 주는 패러다임과 체계, 그리고 원한다면 새로운 사회적, 영적, 정치적(이들 중 많은 부분이 정치와 연관되어 있으므로) 구조를 확립하는 것입니다. 서로를 사랑하는 게 어떻게 그릇된 일일 수 있나요? 서로를 결코 해치지도 상처 입히지도 않는 순수한 사랑을 표현하는 데 있어 잘못된 방법이란 게 어떻게 있을 수 있나요? 그런데도 우리가 오만하게도 신의 의지라 가정하는 것에 기반 한 완고함은…… 그러니까 제 말은, 여러분, 우리가 인종 간에는 결혼해서는 안 된다는 게 신의 법이라고 진지하게 선언하던 때를 기억하시나요? 인종 간 결혼이 신의 법을 거스른다고 하면서 말이죠.

지금 수세기 전 얘기를 하는 게 아니라 몇 세대 전에 실제 있었던 일을 말하는 겁니다. 뭐라고 말 좀 해 보세요. 그럼에도 우리는 그걸 정말로 믿었습니다.

그런데 그런 사고방식을 아직까지도 믿는 사람들이 있어요. 저는 자기 아들이 비유대인과 결혼했다고 하여 그와 관계를 끊은 유대인 부부를 알고 있습니다. 그들이 비유대인을 뭐라 부르는지 아시나요? '고임(goyim)' 즉 이교도입니다. 이 부부는 아들이 신앙을 버리고 결혼했다고 하여 그를 버린 겁니다. 이게 대체 뭡니까? 이런 태도는 '나는 너와 분리되어 있다'고 말하는 것일 뿐 아니라, 이것만으로도 충분히 그릇된 생각이죠, 나는 너와 분리되어 있을 뿐 아니라, 또 뭘까요? '내가 너보다 낫다'고 말하는 것이기도 합니다. 우리가 그들보다 낫다고 하는데 어떻게 그것과 결혼을 하겠습니까? 이런 사고방식이 수년간 세상을 뒤집어 놓았던 비극을 만들어 낸 겁니다.

하지만 새로운 경험을 창조하는 것은 우리 모두가 맞이하고 있는 새로운 날들과 시대를 향해 여러분이 부여해 넣는 새로운 이해입니다. 세상은 이 사랑이란 문제를 해결해 줄 구세주가 다시 와 주기를 오랜 세월 기다려 왔습니다. 그 구세주는 벌써 도착했어요. 그녀는 바로 저기에, 저기에(청중들을 가리키며) 이미 앉아 있죠. 그는 바로 저기에, 저기에 이미 와 있습니다.

여러분은 우리 자신에 관한 가장 질 낮은 관념으로부터 우릴 구해 주실 수 있나요? 그리하여 우리를 가장 고귀한 존재로 이끌어 주실 수 있나요? 우리는 스스로 오르고자 의지하는 만큼만 높아질 수 있습니다. 그리고 우리는 스스로 되고자 의지하는 만큼만 비범해질 수 있습니다. 또한 우리는 스스로 사랑하고자 의지하는 만큼만 충만한 사랑을 누릴 수 있습니다. 그런데 이렇게 하도록 이끌 수 있는 자는 바로 여러분입니다. 여러분이 그 구세주입니다. 현 상태대로의 세상만 보고 이렇게 묻는 분도 있겠죠, '내가 왜? 어떻게?' 반면 현 세상에 내재된 가능성을 보고 이렇게 답하는 분도 계실 겁니다. '좋아, 안 될 거 뭐 있어?'

들어 주셔서 감사합니다.

Part two

자기 자신과 관계 맺기

제가 삶을 통해 배운 것은 살아남기 위해 해야 할 일 같은 건 없다는 사실입니다. 저는 항상 과감하게 행동하며, 영혼에 가장 큰 기쁨을 가져다주는 일만 해 왔어요. 그리고 그 때문에 제 친구와 동료, 가족들로부터 가끔씩 무책임하단 소리를 듣곤 했죠. 하지만 **제가 정작 책임감을 느껴야 할 사람은 바로 저 자신 아닐까요? 밖이 아니라 안을 들여다보세요. 안으로 가지 못하면 밖으로 가게 되어 있으니까요.**

들어가며

당신이 일상의 풍요를 알아볼 때, 평화는 당신을 알아본다

우리가 다른 사람들과 의미 있는 관계를 맺으려면, **우리가 누구인지**에 대한 진실이 드러나도록 우리 자신 및 일상적 경험과의 관계부터 맺을 수 있어야 한다. 세상에는 우리가 원하는 아주 많은 것들이 있다. 그런데 삶의 가장 큰 역설은 우리가 원하는 것을 우리는 이미 지니고 있다는 사실이다.

풍부하게 지녔으면 하는 그것을 우리는 이미 풍부하게 지니고 있는 것이다.

이 말이 당신에게나 당신의 주변 사람에게는 해당하지 않는다고 믿을지도 모른다. 하지만 그것은 진실이며, 그것을 우리의 경험에서 진실이 아닌 것처럼 *보이게* 만드는 것은 그것이 진실이 *아니라는* 우리의 생각뿐이다.

관점은 우리가 삶을 경험하는 방식에 지대한 영향을 미친다.

한 사람이 '부족'이라 부르는 것을 다른 사람은 '풍요'라 부른다. 이처럼 우리의 개인적 정의는 개개인의 경험을 창조해 낸다. 그리고 우리의 정의, 또는 내가 대상에 대한 판단이라 부르는 것은 자가 증식하며 스스로를 확대한다. 우리가 그렇다고 말하는 것은 앞으로 그렇게 되기 마련인 것이다.

내가 이걸 어떻게 아는가? 그것은 내가 귀 기울여 들을 줄 알기 때문이다. 난 이 책에서 다루는 다른 주제들처럼 풍요와 풍부한 생활, 돈, 그리고 사람들이 올바른 생계라고 하는 것들에 관해 한동안 질문을 던져 왔고 주어지는 대답에 귀를 기울였다.

수년간의 탐구와 『신과 나눈 이야기』에서의 경험을 통해 내가 배운 바는 대부분의 사람들이 풍요의 진정한 의미를 모르고 그것을 돈과 혼동한다는 사실이다. 하지만 자신이 풍부하게 지니고 있는 것을 가만히 살펴보고, 살면서 만나는 모든 이들과 그것을 자유롭게 나누기로 선택한다면, 우리가 풍요라고 *생각했던* 것(돈)은 사실 풍요의 가장 작은 부분에 지나지 않는다는 사실을 발견하게 될 것이다. 그러고 나면 경제적 안정(나아가 부)은 신의 멋진 선물 모두가 그렇듯, 상상했던 것보다 훨씬 수월하게 얻을 수 있다.

하지만 많은 사람들이 이 사실을 받아들이지 못한다. 왜냐하면 돈에 대해 생각할 때, 우리는 그것이 신의 본질 밖에 있는 경힘이나 에너지라고 상상하기 때문이다. 어떤 사람들은 이 점을 너무 혼동한 나머지 좋은 것들은 대가 없이 주어져야 한다고, 혹은 아주 적은 비용에 주어져야 한다고 믿는다. 그래서 우리는 축구 선수나 영화배우나 기업체의 고층 건물 꼭대기에 앉아 있는 사람들에게는 엄청난 돈을 주면서 정작 간호사나 선생님, 목사, 집에 계시는 부모님에게는 최소한의 대가만을 지불한다.(부모님의 경우 뭔가 드리기라도 한다면 말이다.)

그렇지만 우리가 돈 역시 신적 본성의 일부임을 일단 이해하고 나면, 돈에 대한 우리의 태도는 변한다. 우리는 돈을 모든 악의 근원이 아닌, 신적 영광의 한 표현으로서 보게 된다. 우주에 신적 영광 밖에 있는 것, 즉 신의 한 부분이 아닌 것은 그 무엇도 존재하지 않는 것이다. 이런 인식은 돈과 관련된 문제에서 놀랄 만한 결과를 가져올 수 있다.

풍요를 경험하는 것은 *가능하며*, 『신과 나눈 이야기』에 담긴 비범한 통찰은 우리에게 그 방법을 보여 준다. 그래서 여기에 내가 받아 적고 이해한 그 통찰을 제시한다. 이 글은 나와 함께 이 주제를 탐색했던 청중들과 나눈 대화의 두 번째 부분으로, 텔레비전을 통해 생중계되었다.

모두 반갑습니다. 안녕들 하신가요.

음, 제가 왜 이 모임을 소집했는지 궁금하실 듯하네요. 사실 저도 그렇습니다. 그래서 여러분과 함께하는 이 아침 시간을 그냥 제 삶에 일어난 일에 관한 잡담으로 시작해 볼까 합니다. 지난 육 년에서 팔 년에 걸쳐 겪은 경험 속으로 들어가 여러분에게 정황을 다시 설명드린 뒤, 그 경험이 제게 어땠는지 말씀드리고 싶네요. 거기서부터 시작해서 오늘 함께 탐색해 봤으면 하는 구체적인 주제들로 대화를 이어 나아갈 수 있을 듯합니다.

오늘 여러분이 여기서 저와 함께하기로 선택해 주셔서 저는 정말 기쁩니다. 지금과 같은 시기에 이 땅에서 여러분과 함께할 수 있다는 건 얼마나 멋진 일인가요. 지금은 아주 중요한 시기니까요. 사람들은 수세기 동안, 항상 진심으로 "지금은 중요한 시기"라고 말해 왔지만 전 그 말이 바로 지금 시점만큼 잘 들어맞는 때는 없었다고 봅니다.

영혼의 계획에 대한 관심

우리는 스스로 내리는 결정과 선택을 통해, 집단적으로 창조하고 있는 우리 삶에 중대한 영향을 미치고 엄청난 효과를 일으킬 수 있는 시대로 접어들고 있습니다. 따라서 여기 모인 우리처럼 사람들이 크고 작은 집단으로 모여 서로의 현실을 함께 나누고 이해를 공유하면서, 서로의 공통점이 무엇인지 보다 명료하게 파악하는 일, 그리고 차이점이 발견될 경우 그 차이들을 축하해 줄 방법을 찾아보는 일은 아주 중요합니다. 우리가 서로의 다른 점을 축하해 주는 법을 배우지 못하면 세상을 다르게 변화시키는 것도 불가능할 테니까요. 세상을 변화시키는 것이 여러분이 세상에 태어난 이유입니다. 그것이 우리가 이 시기에 이 몸속으로 들어온 동기이며, 이 특정한 순간에 이 특정한 세상에 태어난 이유예요. 그것을 알든 모르든 우리는 매우 큰 계획을 지니고 이 세상에 온 겁니다. 게다가 여러분이 저와 같다면, 대부분의 사람들에게 있어 그 계획은 처음 생각하거나 상상했던 것보다 훨씬 더 큽니다. 다시 한 번 말씀드리죠. 여러분이 저와 같다면, 대부분의 사람들에게 있어 그 계획은 처음 생각하거나 상상했던 것보다 훨씬 더 큽니다.

  무엇보다도 여러분의 삶은 여러분 자신과는 아무 상관이 없습니다. 이런 인식은 여러분이 삶을 통해 하고 있는 일에 대한 관점을 전적으로 변화시킬 수도 있어요. 또한 여러분의 삶은 몸과도 아무런 상관이 없습니다. 이런 이해도 여러분이 삶을 통해 하고 있는 일에 대한 관점을 완전히 변화시킬 수 있을 겁니다. 대신 여러분의 삶은 우리 언어로 영혼이라고 하는 여러분의 측면에 의해 여러분 자신을 위해 설정된 계획과 관련되어 있습니다.

  그런데 제가 관찰해 온 바에 의하면 이 삶 동안 영혼의 계획에 충분한 관심을 기울이며 사는 사람은 아주 드뭅니다. 저도 그러지 못했죠. 저는 삶의 대부분을 자아와 마음과 몸의 계획, 말하자면 제가 실제로 저 자신이라고 생각했던 측면의 계획에만 신경 쓰며 살아왔습니다. 그러면서 제 영혼의 계획, 내가 여기에 있는 진짜 이유에는 거의 관심을 기울이지 않았어요. 하지만 우리가 여기 있는 진정한 이유에 관심을 기울이기 시작하는 사람들은 세상에도 엄청난 영향을 주게 됩니다. 이 영향력은 예상했던 모든 가능성을 뛰어넘을 정도로 대단한 것이죠. 이 경우 여러분은 자신이 갑자기 벼랑 끝에 서 있음을 발견하게 될 겁니다. 이건 영국 시인 크리스토퍼 로그(Christopher Logue)의 시 「벼랑 끝으로 오라(Come to the Edge)」에 묘사한 상황과 아주 유사하죠.

"벼랑 끝으로 오라"

"안 돼요. 무서워요."

"벼랑 끝으로 오라."

"싫어요. 떨어질 거예요."

"벼랑 끝으로 오라." 그들이 다가서자 그는 그들을 밀었고, 그들은 하늘을 날았습니다.

그런데 이처럼 하늘을 날 준비가 된 사람, 그리고 진 로덴베리(「스타트랙」시리즈의 제작자—옮긴이)가 말했던 것처럼, 인간의 발길이 닿지 않았던 곳에 갈 준비가 된 사람은 소수, 아주 극소수에 지나지 않습니다. 정말로 지금 당장 날 준비가 된 사람, 삶에서 만나는 사람들 모두에게 진정으로 세상을 변화킬 비전을 불어넣을 수 있는 사람은 극히 적습니다. 하지만 지금 같은 시기에는 여러분 모두 자신이 그 선택된 소수인지 아닌지를 결정할 기회를 갖게 될 겁니다. 그런데 선택하는 자는 다른 누군가가 아니라 여러분 자신이란 사실을 덧붙여 말씀드려야겠네요. 이건 자기 선택의 과정입니다. 그러므로 어느 날 아침 일어나 거울을 보며 이렇게 말할 수도 있습니다. '난 나를 선택했어. 내가 그거야.' 혼자서 하는 꼬리표 붙이기 놀이처럼 말이죠. '내가 그거야.'

그건 마치 아이들 놀이 같습니다. 함께 노는 아이들이 자유분

방하고 즐겁게 행하는 놀이와 아주 비슷한 겁니다. 놀이 참가자가 한 명뿐이라는 사실만 빼면 말이죠. 이제 여러분은 숨바꼭질 놀이를 그만두고 꼬리표 붙이기 놀이를 시작하는 겁니다. '내가 그거야.', '네가 그거야.', '선택해 줘서 고마워.'

이처럼 지금 같은 시기에는 여러분이 자신을 선택하거나 선택하지 않거나 할 수 있습니다. 여러분 마음대로요. 하지만 스스로 이 놀이를 하기로 선택하는 순간, 여러분은 삶을 통해 자신이 무엇을 하고 있는지, 이 시기와 장소에 몸을 지니고 태어난 까닭이 무엇인지에 관해 예전에 지녔던 모든 신념과 이해와 생각과 관념을 제쳐 놓도록 자초했음을 발견하게 될 겁니다. 여러분이 이런 문제에 대해 지녀 온 관점도 모두 변할 거예요. 그리고 삶이 정말로 여러분이나 여러분의 몸과는 아무 상관도 없음을 발견하게 될 겁니다.

그런데 아이러니는 여러분의 삶이 여러분 자신이나 몸과 아무 상관도 없다고 선언하는 그 순간, 자기 자신과 몸을 위해 추구하고 갈망하며 투쟁했던 모든 것이 여러분에게 *저절로* 찾아오게 된다는 점입니다. 그런데도 여러분은 별로 개의치 않을 거예요. 더 이상 그런 것들을 필요로 하지 않을 테니까요. 물론 그것들을 즐기기야 하겠죠. 그러나 더 이상 필요로 하지는 않을 겁니다. 그리고 투쟁은 결국 그렇게 끝날 거예요.

하지만 여러분이 만나게 될 수백에서 수천, 혹은 수만 명의 사람들은 그 투쟁을 막 시작하는 단계에 있을 겁니다. 여러분은 그 사람들, 그러니까 실제로 투쟁에 막 들어선 사람들과 집으로 가는 여정의 첫걸음을 내딛고 있는 사람들을 매일 보게 될 거예요. 그리고 그들은 여러분이 그랬던 것처럼 도움을 찾아 손을 내밀겠죠. 상징적으로 그럴 거란 말이지만 가끔은 정말 말 그대로 손을 내밀기도 할 거예요. 그들은 주위를 둘러보며 손을 건네줄 사람, "이쪽이에요. 저를 따라오세요."라고 말해 줄 사람, 또는 과감하게 "나는 길이요 생명이니 나를 따르라."고 말해 줄 사람을 찾아 헤맬 겁니다.

온 세상이 당신을 따르고 있다

어떤 분에게는 이 말이 지나치게 종교적으로 들릴지도 모르겠네요. 하지만 이것이 우리 내면의 아이들인 영혼이 하게 될 세 번째 놀이, 마지막 놀이 입니다. 이제부터는 숨바꼭질 놀이도, '네가 그거야' 놀이도 아닌 '인도자 따라 하기' 놀이를 하는 겁니다.

"인도자를 따르라. 그런데 네가 인도자다. 우리는 당신을 따르겠다. 당신의 발자취를 좇고, 당신이 하는 선택을 따라 선택하며, 당신이 내리는 결정대로 결정하겠다. 또한 당신이 하는 말대로 따라 말할 것이며, 당신이 세상을 대하는 방식대로 세상을 대하겠다. 우리는 당신의 인도를 따르겠다."

만일 오늘 온 세상이 여러분을 지켜보며 여러분의 생각과 말과 행위 모두를 따르고 있다고 생각한다면, 오늘을 살아가는 방식이 어떤 식으로든 바뀔까요? 아마 여러분 중 일부는 태도가 다소 변하게 될 겁니다.

그런데 여러분이 알든 모르든 온 세상은 여러분을 따르고 있습니다. 이것이 진실이며 이것이야말로 위대한 비밀이죠. 여러분과 만나는 사람들은 말할 것도 없고, 온 세상이 여러분을 따르고 있다는 사실 말입니다.

"우리는 당신을 바라보고 있다. 우리는 **당신이 진정 누구인지** 보고 있으며, 당신이 자신을 누구라고 생각하는지도 보고 있다. 우리는 당신으로부터 실마리를 얻고 있으며, 무대 위의 배우들처럼 당신을 모방하고 있다. 왜냐하면 따라 할 사람이 당신 말고는 아무도 없기 때문이다. 우리가 존재하는 전부이며 우리 말고는 여기 아무도 없다."

우리는 물론 더 나은 예를 찾아 우리 자신 밖을 내다볼 수도 있을 겁니다. 하늘 저편 어딘가를 찾아볼 수도 있고 심지어는 상상 속에서라도 다른 무언가를 찾아볼 수 있겠죠. 하지만 우리는 결국 서로를 모방하게 되어 있습니다. 아이들은 부모를 따라 하고, 부모들은 또 자기 부모를 모방하며, 국가는 다른 국가를 따라 하게 되어 있는 겁니다. 이처럼 우리는 결국 서로에게서 실마리를 얻어 냅니다. 우리 중 누군가가 앞으로 나서서 이렇게 말하기 전까지는 말이죠. "그쪽이 아냐. 이쪽으로 와."

너와 내가 아닌, 우리

그러므로 삶의 이 시점에서 내리는 여러분의 결정, 우리가 진정 새로운 시대로 이행해 가는 이 중대한 시기에 내리는 여러분의 결정은 매우 중요합니다. 그것은 작은 결정이 아니에요. 여러분은 그 결정을 자신만을 위해 내리는 것이 아니니까요. 지금 같은 시기에 여러분이 내리는 결정은 방 안에 있는 모든 사람을 위해 내리는 결정이나 다름없습니다. 그 이유는 아주 명백하죠. 방 안에는 당신 외에는 아무도 없으니까요. 여기 당신이 다른 무수한 형상으로 나타나 있습니다. 여기 있는 사람들은 전부 당신입니다. 따라서 여러분이 여러분 자신을 위해 내리는 결정은 결국 우리 모두를 위해 내리는 결정입니다. 여기에는 오직 우리 하나만이 있으니까요.

이런 말이 다소 비교(秘敎)적으로 들릴 수도 있을 겁니다. 처음엔 종교적이더니 이젠 비교적인 대화까지 나누게 되었군요. 하지만 집단적 인간 경험이라는 엔진을 추진하는 힘은 이런 생각과 개념, 관념이어야 합니다. 그렇지 않으면 집단적 인간 경험은 더 이상 집단적이기를 그치고, 대신 산산조각 나며 붕괴될 것입니다. 그러면 이 세상마저 그렇게 되겠죠.

돌이킬 수 없는 경계

우리는 지금 그 지점에 와 있습니다. 오랜 옛날 비행기가 대양을 건너기 시작했을 때, 항공사들이 한 지점을 돌이킬 수 없는 경계라고 불렀다는 사실 아시나요? 되돌아오기엔 너무 멀리 갔고, 반대편에 안전하게 도달할 수 있을 정도로 멀리 가진 못한 지점 말예요. 이 위험 지역은 정말 있습니다. 여러분이 여기에도 저기에도, 혹은 저기에도 여기에도 있지 못할 때 다름 아닌 바로 그곳에 있는 거죠. 그런데 지금 우리가 사는 세상이, 환경이나 세계 경제적인 관점에서 봤을 때, 그 위험 지역에 있는 것 같다는 느낌을 강하게 받습니다. 우리는 세상 곳곳에서 사회구조나 영적 이해, 자녀 교육과 관련된 모든 것이 와해되는 광경을 볼 수 있습니다. 또한 우리는 무수한 분야, 무수한 지역에서 그 어중간한 위험 구역에 와 있는 듯한 느낌도 받습니다. 우리는 여기에도 없고 저기에도 없는 거예요. 여기에도 저기에도 없으니 돌이킬 수 없는 경계 위에 있는 거죠. 이미 루비콘 강을 건넌 겁니다.

이 표현들로 제 나이가 들통 나는군요. 아직 서른다섯 살이 안 된 분들은 이렇게 물을지도 모르겠습니다. "루비콘 강을 건너다니 대체 무슨 말을 하는 거지?"

어쨌든 우리는 이미 루비콘 강을 건넜습니다.(마침내 어려운 결정이 내려졌을 때 사용하는 표현. 줄리어스 시저가 루비콘 강을 건너 로마로 진격한 것에서 유래.—옮긴이) 이제 문제는 우리는 무엇을 어떻게 해야 하는가, 나머지 사람들과 함께 저편에 이를 수 있는 방법은 무엇인가 하는 점입니다. 그리고 이 문제에 대한 해답은 여러분과 같은 사람들이 우리 인류에게 주어야 할 것입니다. 바로 여러분이요.

그런데 만일 이 말이 저처럼 어쩌다 이런 자리에 서게 된 영광을, 그것도 지금 같은 시기에, 누리게 된 사람들에게나 해당하는 소리라고 생각하시는 분이 있다면, 그 사람이 틀린 겁니다. 저는 이런 말이 저처럼 이 앞에 서 있는 사람들에게만 해당하지 않는다는 사실을 오늘 여기서 여러분께 확실히 인식시켜 드리고자 합니다. 저 같은 경우는 전혀 예상치 못했던 우연에 의해 지금 이 자리에 서게 된 것뿐이라고 분명히 말씀드리고 싶네요. 그건 얼마든지 여러분 중 다른 누구였을 수도 있습니다. 실은 여러분 중 누구라도 여기 올라와서 나머지 프로그램을 진행하실 수도 있어요.(웃음) 말이 그렇단 거죠.

하지만 그것이 진짜 시험입니다. 그게 진짜 문제라고요. 도전에 응하라는 부름을 받고, 선택되어 기회가 주어졌을 때 얼마나 많은 분들이 이렇게 답할 수 있을까요. "어이, 닐, 나 준비 됐어! 거기 내가 앉을게. 이제 내가 앞자리로 갈 거야." 왜냐하면 삶의 진정한 비밀은 여러분 모두가 어쨌든 방의 앞에 있다는 사실이니까요. 그걸 알든 모르든 말이죠. 바로 이게 제가 지금까지 전달하려던 말의 핵심입니다. 여러분은 안 그런 것처럼 보이겠지만, 어찌 되었건 방의 앞에 있습니다. 사실 정말 아이러니한 것은 방의 앞이 아닌 다른 자리는 없다는 사실입니다. 방의 뒤 같은 건 없어요. 그러니 여러분은 더 이상 숨어 있을 수 없습니다. '인도자 따라 하기' 놀이는 결국 피할 수 없는 거예요.

'신과 나눈 이야기'

이제 제가 어떻게 이 의자에 앉게 되었는지, 이 모든 게 어떻게 시작되었는지 정황 설명을 좀 하려고 합니다. 제 삶은 1992년에 참을 수 있는 한계점에 다다르고 있었어요. 그때 저는 소중한 사람과 맺은 헌신적인 관계가 또다시 무너지는 지경으로 내몰리고 있었죠. 직업적으로도 궁지에 처해 있었고, 건강마저 악화되고 있었습니다. 제대로 되는 일이 하나도 없었죠. 소중한 사람과 함께한 그 관계는 제가 영원하리라 믿었던 건데 말입니다. 그런데 그게 바로 제 눈앞에서, 바로 제 손 위에서 산산조각이 나 버린 겁니다.

물론 그런 관계가 눈앞에서 무너져 내린 건 처음이 아니었습니다. 두 번째도 아니었고, 세 번째도 아니었고, 네 번째도 아니었어요. 그래서 저는(웃음) 이 관계란 것에 내가 모르는 무언가가 있다는 걸 알게 되었죠. 그걸 알기만 하면 이 모든 상황을 변화시킬 그 무언가 말예요. 하지만 전 그게 뭔지는 모르고 있었습니다. 제 삶에서 관계 문제를 해결해 줄 그 비밀을 알아 낼 수 없었던 거예요.

직업 문제에 있어서도 저는 비슷한 도전에 직면해 있었습니다. 『사랑하는 일을 하면 돈은 저절로 생긴다』 같은 식의 온갖 책도 읽어 봤죠. 그런데 별로 그런 것 같지 않더군요. 물론 그런 경우만 빼고요. 하지만 제대로 된 해법은 찾을 수 없을 것 같았죠. 저는 정말 사랑하는 일을 하며 완전한 파산 상태에 빠지거나, 그럭저럭 살아가기에 충분한 돈을 버는 대신 영혼을 수천 번 죽게 만들거나 하는 두 상태를 오갔습니다. 그 두 측면을 어떻게 조화시켜야 하는지 알 수가 없었죠. 적어도 아주 오랫동안은요. 그 둘을 애써 조화시켰다 해도 육 개월에서 팔 개월을 넘기지 못하고 다시 무너져 내렸거든요. 그 두 조각을 한데 붙여 떨어지지 않게 하기가 힘들었어요.

건강에 있어서도 마찬가지였습니다. 아무 병도 걸리지 않고 한 해를 무사히 보내는 게 불가능해 보였어요. 게다가 가끔은 꽤나 큰 병에 걸리기도 했죠. 서른여섯 살밖에 안 됐는데 궤양에 걸렸다니까요. 그리고 다른 병들도 계속 발병했습니다. 만성 심장질환이나, 일일이 열거하기도 힘든 잔병 무더기 같은 거 말입니다. 그러다 보니 나이는 쉰 살인데 실제로는 마치 여든 살은 먹은 것 같았죠. 그것도 별로 건강하지 못한 팔십 세 노인처럼 관절염, 류머티즘 같은 병이 계속 찾아왔습니다. 무슨 말인지 아시겠어요? 이 몸이란 장치를 제대로 돌아가게 할 수가 없었단 말입니다. 게다가 이 모두가 한꺼번에 들이닥쳤어요.

자, 보세요. 평소 신은 이 정도로 가혹하시진 않았어요. 삶에 문제가 생겨도 보통 이거 아니면 저거, 하나씩 생겼죠. 그런데 이 때만큼은, 아직도 왜 그랬는지 잘 모르겠지만, 모든 문제가 한꺼번에 일어난 거예요. 신께서 이렇게 작심하신 것 같았어요. '어디, 저 녀석에게 재난을 삼중으로 퍼부어 보자. 직업, 관계, 건강 재앙이 한 주 내로 다 일어나게 해 보자.' 저는 그 지경에 처해 있었습니다. 그건 마치 트리플러츠(공중에서 삼 회전 후 착지하는 피겨스케이팅 기술—옮긴이), 그러니까 일종의 형이상학적인 트리플러츠 같았어요. 게다가 전 얇은 얼음판 위에서 스케이트를 타고 있었습니다. 어디로 가야 할지도 몰랐죠. 전 아주 아주 아주 화가 나서 만성 우울증 직전까지 갔습니다.

그러던 어느 날 전 엉망이 된 제 삶에 분개한 나머지 한밤중에 일어나 침대보를 확 걷어차 버렸습니다. 그러고는 해답을 찾아 거실로 뛰쳐나갔죠. 저는 한밤중에 해답을 찾을 때면 항상 가던 곳으로 향했습니다. 하지만 그날 밤에는 냉장고 안에 먹을 만한 게 아무것도 없었어요. 그래서 대신 소파로 가서 거기 앉았습니다.

한밤중, 새벽 4시에 소파에 앉아 흔히 말하듯, 자기가 벌여 놓은 일 때문에 괴로워하는 모습을 상상해 보세요. 그러고 나서 전 신께 호소했습니다. 물론 이런 생각도 해 봤죠. '그래, 난 지금 집 안을 뛰어다니며 다 부숴 놓을 수도 있어. 접시도 깨뜨리고 무슨 짓이든 할 수 있다고.' 하지만 전 그냥 거기 앉아서 이렇게 호소했습니다. "신이시여, 어떻게 해야 합니까? 어떻게 해야 이 놀이가 제대로 돌아가는 건가요? 누구라도 좋으니 제게 그 규칙을 알려 주세요. 그대로 하겠다고 약속할게요. 그냥 규칙만 알려 주세요. 그리고 규칙을 준 뒤엔 그걸 바꾸지 말아 주세요." 그런 뒤 저는 또 다른 질문들도 엄청나게 쏟아 놓았습니다.

그러다가 문득 앞의 탁자를 보니, 그 위에 노란 종이 철이 놓여 있는 게 눈에 들어왔습니다. 그 옆에 펜도 있더라고요. 그래서 그걸 집어 들고 등을 켠 뒤 제 분노를 휘갈겨 쓰기 시작했죠. 새벽 4시 14분에 화를 다루는 비교적 안전하고 조용한 방법으로 보였으니까요. 여러분이 화가 나서 글을 쓸 때는 어떤지 모르겠지만 저는 글씨를 진짜 크게 씁니다. 이렇게 써 댔죠. 어떻게 해야 되는데? 진짜 화가 나서. 삶이 제대로 좀 돌아가게 하려면. 내가 무슨 짓을 했기에 이처럼 끝없는 고생을 해야 돼? 느낌표, 느낌표, 느낌표.

그렇게 계속해서 한 이십 분 동안 계속 써 댔습니다. 글로 화를 풀어내느라 우주가 응답할 틈도 안 주면서 말이죠. 그리고 나니 마침내 마음을, 아주 조금이나마 가라앉힐 수 있었습니다. 기분도 좀 나아졌어요. 다시 괜찮아진 것 같아 이런 생각도 했죠. '이거 효과 있네. 친구들한테도 가르쳐 줘야겠어. 효과 괜찮네.'

그러곤 잠이 들었습니다. 그런데 작은 목소리가, 바로 이쪽, 제 오른 어깨 위에서 저를 깨웠습니다. 지금은 그 소리를 '소리 없는 목소리'라 부르죠. 처음 그 소리 없는 목소리를 들었을 때, 그건 마치 누군가가 제 오른쪽 귀에 속삭여 대는 것 같았습니다. 게다가 제게 전해져 오는 느낌은 지극한 고요 그 자체였어요. 저는, 이 말을 해야겠어요, 달램을 받은 느낌이었습니다. 크나큰 평화감에 잠기고, 형언할 수 없는 기쁨에 휩싸인 채로 말이죠.

제 삶에서 그런 기쁨을 누렸던 때가 또 있어요…… 결혼하던 그 순간, 결혼식 전체는 아니더라도 목사님이 마침내 이렇게 말하는 그 특별한 순간 있잖아요. "당신은…… 맞이하겠습니까?" 그 순간 사랑하는 사람의 눈을 들여다보며, 아마도 잠시 멈추었다 대답하죠. "예." 이처럼 아주 짧지만 온몸이 말로 표현할 수 없는 느낌에 휩싸인 채, 지금 엄청 중요한 결정, 어마어마한 선택을 하고 있으며, 그럴 수 있다는 게 너무나도 기쁜 나머지 일말의 의심도 없이 결심할 수 있는, 그 완전한 즐거움…… 순수한 기쁨의 순간이 있었습니다.

전 우리 모두가 살면서 그런 순간을 세 번에서 네 번, 어쩌면 다섯 번까지도 경험해 봤을 거라 생각합니다. 이건 완전히 옳고, 정말 기쁘다는 긍정에 찬 확신의 순간 말예요. 제가 그 소리 없는 목소리를 처음 들었을 때 느낌이 바로 그랬습니다. 오직…… 기쁨, 평화롭고 차분한 기쁨 말입니다.

그 소리 없는 목소리는 말했습니다. "이제 준비가 되었느냐?" 제가 일어나서 더 가까이 귀를 기울이자 목소리가 이렇게 말했죠. "닐, 넌 정말 그 모든 질문에 대한 해답을 원하느냐, 아니면 그저 화를 토해 내고 있었던 거냐?" 제가 답했습니다. "저기, 물론 화를 토해 내기도 했지만, 혹시 답을 알고 계시다면 그게 뭔지 진짜 알고 싶습니다." 그 대답과 동시에 답변이 퍼부어져 들어오기 시작했습니다. 지금까지 물어 온 모든 질문에 대한 대답이 쏟아져 들어왔어요. 그런데 속도가 너무 빨라 적어 놓지 않으면 잊어버릴 것 같았죠. 보시다시피 책을 쓰려던 게 결코 아니었어요. 전 그냥 이 모두를 글로 기록한 것 뿐이에요. 제게로 오는 이 모든 해답을 잊어버리고 싶지 않았으니까요.

그렇게 손이 닳도록 급속도로 퍼부어져 들어오는 해답을 적어 내려갔습니다. 그러면서 제가 적고 있는 것을 읽다 보니, 자연히 또 다른 질문들이 생겨났어요. 펜 끝에서 흘러나오는 그 글은 정말 놀랄 만한 것이었으니까요. 그래서 전 그 답변들이 불러일으킨 질문도 적어 내려가기 시작했습니다. 그러자 더 많은 해답들이 주어졌죠. 그렇게 질문을 받아 적기를 계속했습니다. 저는 미처 알아차리기도 전에, 신일 수밖에 없다고 나중에 확신하게 된 존재와 서면 대화를 나누고 있었던 겁니다.

이상이 제가 이 자리에 서게 되기까지 있었던 일입니다. 저는 그 서면 대화를 출판사에 보내 책으로 내게 됐죠. 사람들은 묻습니다. "책을 쓰려던 게 아니었다면 왜 출판사에 글을 보냈나요?" 제 생각은 이랬죠. '신을 한번 시험해 봐야겠어.' 전 실제로 신을 시험해 보고 있었습니다. 제가 이 글은 언젠가 책으로 나오게 되리라,는 문구를 처음 받아 적었을 때 이렇게 생각했으니까요. '다른 무수한 사람들이 한밤중에 적은 종작없는 글을 출판사에 보내도 출판업자가 당장 뛰어들어 읽어 보고는, "정말 대단하군요. 책을 당장 출간해 드리겠습니다."라고 말해 줄까? 그리고 전 세계 수백만의 사람들이 이걸 사서 볼까?'

그런데 정말, 바로 그대로 되었어요. 책은 출판되었고 수백만의 사람들이 책을 사 봤습니다. 게다가 세계 스물일곱 개의 언어로 번역되었어요. 자신이 적은 글이 일본어, 그리스어, 히브리어 등으로 출간되어 세상을 감동시키는 현상을 보는 건 정말 놀라운 경험이에요.

다른 얘기

제가 왜 여기, 방의 앞자리에 앉아 있을까요? 왜 방의 앞에 있기로 선택했는지 그 이유를 말씀드리고 싶네요. 이제 전 제가 사자(使者)가 되도록 부름 받았다는 사실을 아주 분명히 알고 있습니다. 아니 그보다, 사실 저는 제가 항상 사자였음을 분명히 이해하고 있습니다. 그래서 저는 제 자신이 방의 앞자리가 아닌 다른 곳에 있도록 절대 허용하지 않아요. 왜냐하면 제가 만나는 모든 사람들과 함께할 아주 중요한 메시지를 가지고 있으니까요. 제가 여러분과 함께하려는 그 중요한 메시지는 '여러분 모두가 사자이며, 따라서 방의 앞이 아닌 그 어떤 곳에도 있을 수 없다.'는 것입니다. 우리 모두는 살면서 만나게 되는 모든 사람들과 아주 중요한 메시지를 나누기 위해 세상에 태어났습니다. 여러분이 그 사람들과 함께 나누러 온 그 중요한 메시지는 '그들 모두,

그 한 사람 한 사람이 다 사자이며, 매우 중요한 메시지를 나누러 왔고, 따라서 방의 앞이 아닌 그 어떤 곳에도 있을 수 없다.'는 것입니다. 그들이 함께 나누러 온 그 중요한 메시지는 '모두가 다 사자다.'라는 것이죠.

폭풍우가 치는 어두운 밤에 산적 떼 한 무리가 모닥불 주변에 둘러앉아 있었습니다. 그때 산적 한 놈이 갑자기 말했죠. "두목, 옛날이야기 좀 해 줘요." 그러자 두목이 말하기 시작했습니다. "폭풍우가 치는 어두운 밤에 산적 떼 한 무리가 모닥불 주변에 둘러앉아 있었지. 그때 산적 한 놈이 갑자기 말했다네. '두목, 옛날이야기 좀 해 줘요.' 그러자 두목이 말하기 시작했어. '폭풍우가 치는 어두운 밤에…….'"

보시다시피 이야기는 끝없이 돌고 돕니다. 삶의 영원한 이야기는 같은 이야기이고, 제가 함께하러 온 영광스러운 메시지도 동일한 메시지예요. 그리고 그 메시지는 여러분도 메시지를 함께하러 왔다는 것입니다. 또한 여러분이 함께하러 온 메시지는 '그들도 메시지를 함께하러 왔다.'는 것이죠. 여기, 우리 모두가 서로 나누러 온 그 메시지가 있습니다. "저기, 일어나세요. **당신이 정말 누구인지** 당신은 아시나요? 일어나시라고요. 무슨 소린지 아시겠어요?"

우리가 서로 나누러 온 메시지가 또 있습니다. "당신과 나는 하나입니다. 방 안에 있는 사람은 우리 하나뿐이에요. 우리가 분리되어 있다고 생각하신다면, 그런 생각은 떨쳐 버리세요. 우리는 분리된 존재가 아닙니다. 방 안에 있는 사람은 우리 하나뿐이에요. 그리고 우리 사이에는 차이가 없습니다. 우리 사이에 차이점이 있다고 생각하신다면, 그런 생각은 떨쳐 버리세요. 우리들 사이에는 어떤 차이도 없으니까요. 있지도 않은 차이를 일부러 만들어 내는 일은 이제 그만두세요. 더 이상 차이를 만들어 내지 않게 될 때 당신과 나는 하나가 됩니다. 방 안에는 우리 하나만이 있게 되고, 온 세상과 모든 창조물 속에도 우리 하나만이 있게 됩니다. 그러면 여러분에게 고통과 비극과 괴로움, 투쟁과 비탄과 불화를 일으키던 모든 것이 사라지게 될 거예요. 그건 저절로 떨어져 나갈 겁니다."

그러니 여러분은 저쪽에 있고 저는 이쪽에 있다는 식의 생각은 그만두세요. 여러분이 끝나고 제가 시작되는 지점 같은 건 없습니다. 이건 모든 것을 변화시켜 주는 지극히 간단하면서도 우아한 메시지예요. 그런데 우리는 언제 이 메시지를 이해하게 될까요? 대체 언제 이 메시지를 이해하게 될까요? 그건 우리가 메시지를 보낼 때입니다. 무슨 말인지 아시겠어요? 우리는 메시지를 보낼 때 그 메시지를 이해하게 되는 겁니다.

어쨌든 오늘 우리는 여기서 자리를 함께하게 되었군요. 전 방에 걸어 들어오면서 이렇게 생각했습니다. '아니, 대체 내가 여기서 뭘 하는 거지? 조심하지 않으면 마치 다른 사람들이 모르는 무언가를 알고 있는 듯한 인상을 줄지 몰라. 안 그러도록 정말 조심해야겠어. 게다가 우리 모두 조심하지 않으면 청중들은 자신이 모르는 내용, 전에 한 번도 들어 본 적 없는 무언가를 듣게 될 것처럼 생각할지 몰라. 우리 모두 조심하지 않으면 우리가 진정 누구인지 잊어버리고 '나는 알고 너는 모른다' 놀이를 하게 될 거야. 난 그런 놀이는 결코 하고 싶지 않아. 내가 말하게 될 내용 중 청중들이 이미 알고 있지 않은 건 하나도 없다는 사실을 난 분명히 이해하고 있어.' 그러니 와 주셔서 감사하고, 안녕히들 가세요.

전 이 방에 들어온 이후 계속해서 방에서 나갈 방법을 찾아봤습니다. 그렇게 하는 것도 아주 효과가 좋을 테니까요. 아무튼 좋습니다. 이야기를 더 진행하기 전에, 이제부터 우리는 인생에서 가장 중요한 문제 중 하나인 풍요와 올바른 생계라는 주제에 대해 조금 이야기하게 될 텐데……. 그러기 전에 몇 분이 손을 들어 주셨어요. 그런데 한 십오 분 동안이나 모른 체해 버렸네요. 어디 질문부터 받아 봅시다.

❝ 선생님이 목소리를 들었다고 한 순간, 어깨 왼편으로부터…… ❞

사실 왼편이 아니라 오른편 어깨였어요. 하지만 누가 보나요?

❝그리고 그 후 글을 적고, 질문을 던지고, 책을 쓰고, 응답을 받던 때에 말예요. 그때 그 목소리나 글을 쓰고 싶은 충동과 연관해서 어떤 특별한 느낌 같은 게 있었나요? 그러니까 영감을 받거나 글을 쓰고 싶은 충동을 느꼈던 다른 경우와 확실히 구별되는 느낌 말이에요 그때는 무언가, 무언가 다른 느낌이라든가 현존 같은…… 그때 어땠는지 그 느낌을 묘사해 주실 수 있나요?❞

부드러운 느낌이었어요. 온몸이 젤리로 변한 것 같은 느낌이었죠. 그걸 어떻게 묘사해야 할지 도무지 모르겠네요. 그건 그냥 소파에 앉아 있는 동안 모든 근심이나 긴장, 또는 제 안의 부정성이라 할 만한 모든 것들이 누그러지고 경감되는 느낌이었습니다. 제가 기억할 수 있는 건 그저, 마치 제 편에서 아무 노력도 안 했는데, 그거 참 설명하기 힘드네요. 그건 그냥 일어났습니다. 전 그냥 갑자기…… 그러고 나서 그 부드러운 느낌에서 무언가…… 이건 좀 말로 하기가 힘든 것 같습니다. 그 상태로 되돌아가는 것 같네요.

❝평화가 밀려드는 듯한 느낌이었나요?❞

평화와 명료한 기쁨, 그리고 합일감이었습니다. 거의 눈물 나게 할 정도로 깊고 깊은 그런 기쁨이요. 소파에 앉은 첫 순간부터 눈물이 흘러내리기 시작했죠. 제가 채 열 단어를 쓰기도 전에 잉크 얼룩이 종이를 더럽히기 시작했어요. 제가 사용하던 펠트 펜 잉크가 눈물에 번져 흘러나온 거예요. 이제는 그런 경험에 익숙해졌습니다. 앞으로 무슨 일이 일어날지도 예상하고 있고, 느낌이 어떤지도 잘 알죠. 혹시 여러분 중 아기가 태어나는 순간 곁에 있어 보신 분 있나요? 아기를 손에 안고 삼 분에서 오 분가량 삶의 첫 순간을 함께해 본 분 말예요. 그런 경험을 해 보셨다면 제 느낌도 이해하실 거예요. 그 느낌은 제 아이가 막 태어난 몇 분 동안 아기를 안고 얼굴을 바라보던 때의 느낌과 아주 비슷했으니까요. 그 순간에는 합일감이나 완전한 일체성, 어떤 조건이나 한계도 없는 사랑 이외의 다른 느낌은 들어설 여지도 없었죠. 그저 어떤…… 그건 말로 표현할 수 있는 느낌이 아니에요. 막 태어난 아기를 손에 안고 있는 느낌, 그 느낌 같다고밖에는 말예요. 바로 그런 느낌이었죠. 그리고 그 순간 저는, 제가 갓 태어난 아기를 손에 안고 있다는 걸 알았습니다. 새로운 '나'가 태어난 사실을 안 거죠.

그런데 전에는 이런 말을 해 본 적이 한 번도 없어요. 그냥 질문에 답하려다 보니 그런 심상이 떠올랐네요. 아무튼 여러분은 자신이 다시 태어난 순간을 알게 되어 있습니다. 누군가 여러분이 다시 태어났다고 말해 줄 필요가 없는 거예요. 여러분은 그냥 그걸 압니다. 그리고 그 순간 후로는 여러분 자신이나 다른 누구에 대해서도 결코 예전과 같은 식으로는 느낄 수 없게 될 거예요.

여러분과 다른 사람 사이에 있었던 모든 장벽은 무너질 겁니다. 분리감도 모두 사라지게 되죠. 그러면 여러분은 아주 위험해집니다. 아무한테나 성큼성큼 걸어가 꼭 껴안아 주고 싶게 될 테니까요. 사람들한테 다가가 그냥 이렇게 말하고 싶어질 겁니다. "전 정말 당신을 사랑해요."(웃음) 그리고 그 사람들이 당신을 체포하지 않길 바랄 거예요…….

시간이 시작된 이래로 우리 모두가 바라 온 것은 사랑하고 사랑받는 것이었습니다. 그런데 그때부터 지금까지 우리가 해 온 것은 도덕적 제약과 종교적 금기와 사회적 윤리, 그리고 가족 전통과 철학적 구축물을 비롯한 온갖 형태의 규칙과 제약을 만들어 우리에게 누구를 언제 어디서 어떻게 사랑해야 하는지, 그리고 누구를 언제 어디서 어떻게 사랑하지 말아야 하는지 억압하도록 한 게 전부입니다. 불행히도 두 번째 목록이 첫 번째 것보다 더 길죠.

우리는 대체 뭘 하고 있는 걸까요? 뭘 하고 있는 걸까요? 제가 이 남자에게 걸어가, "제 안의 아름다움이 당신의 아름다움을 봅니다."라고 말하는 데 무슨 문제가 있나요? 또는 낯선 사람에게 걸어가서, "전 당신의 본모습을 봅니다."라고 하는 게 어떻게 문제될 수 있을까요?

전 우리가 어떻게 이런 식의 사고방식과 제도를 구축하게 되었는지 이해할 수가 없습니다. 하지만 만일 이 구조물을 바꾸지 않는다면, 우리는 우리가 누구인지를 진실로 체험할 수 없을 것이란 말만은 해야겠습니다. 이제 이 모두를 다시 짓고 재창조할 때가 된 겁니다. 아니 그보다는 우리 스스로를 새롭게 재창조할 때가 된 거예요. 우리가 누구인지에 대해 지금까지 지녔던 가장 장대한 비전의 가장 고귀한 표현으로서 말이에요.

'풍요'에 대하여

아이고, 여러분, 여러분, 여러분…… 저 혼자만 말하게 내버려두지 마세요. 사람들로 가득 찬 방에서 혼자 떠드니까 마치 신병 모집하는 교관이라도 된 기분이군요. 여러분을 입대시키려면 제가 뭘 해야 할까요? 어떻게 해야 저와 놀아 주실 건가요? 여러분 혹시 어릴 적 놀이터에서 이런 기분 느껴 본 적 있나요? 저는 어려서 이웃에 있는 놀이터까지 언덕을 넘어 다니곤 했습니다. 집에서 여덟 블록가량 떨어진 곳에 아주 큰 놀이터가 있었거든요.

그래서 놀이터가 가까워질 때마다 흥분하곤 했죠. '놀이터에 누가 있을까? 누가 있을까?' 놀이터가 가까워지면서 몇몇 아이들이 눈에 들어왔어요. 아는 애들도 있었고 다른 동네에서 온 모르는 아이들도 있었습니다. 매번 이런 생각을 한 기억이 나네요. '어떻게 해야 쟤들이 나랑 놀까?' 여러분도 놀이터에 갈 때 이런 느낌 경험해 보신 적 있나요?

아무튼 전 놀이터에 도착하고, 몇몇 애들이 저에게 말을 겁니다. "닐이다. 안녕 닐. 나랑 놀자." 이렇게 말하는 녀석들도 있었어요. "어우, 저 수다쟁이 월쉬 놈 또 왔네." 그러곤 거절당했죠. 혹시 여기 놀이터에서 거절당해 보신 분 있으신가요? 아무도 없다고요? 놀이터 불합격자는 저뿐인가요? 그런데 제가 이런 방에 걸어 들어올 때마다 느끼는 게 바로 그런 기분이에요. '이런, 저 사람들이 나랑 놀아 줄지 모르겠어. 그래 주면 재미있을 텐데 말이야.'

그러니 이제 좀 놀아 보기로 합시다. 어쩌다 이루어진 신과의 놀라운 대화에서 제가 들은 내용을 살펴보고 풍요에 대해 이야기해 보기로 합시다.

풍요는 제가 수년에 걸쳐 엄청난 관심을 갖고 있던 주제입니다. 많은 분들이 그렇죠. 그런데 그 주제를 깊이 들여다보고 보다 높은 곳으로부터 정보를 얻기 시작하면서 가장 먼저 이해하게 된 것은, 제가 풍요의 진정한 의미를 잘못 정의해 왔다는 사실이었습니다. 풍요를 물질적인 것으로 생각하고 얼마나 많이 갖느냐의 문제로 여겨 왔으니까요.

저는 이 문제를 지나치게 단순화하기 싫습니다. 그리고 제가 지금 말하는 내용을 너무 명백하게 밝히기도 싫어요. 왜냐하면 여러분이 이미 알고 있는 걸 저도 아는 것뿐이니까요. 하지만 자신이 안다는 사실을 잊어버리신 분들을 위해, 신과의 대화가 제게 상기시켜 준 내용을 여러분께 다시 상기시켜 드리고자 합니다. 그 내용은 이런 거예요. "진정한 풍요는 내가 지니고 있는 것과는 아무 상관이 없다. 진정한 풍요는 내가 되고 있는 것, 존재 상태와 깊이 연관된 것이다. 그러므로 내가 삶에서 만나는 모든 사람들과 자신이 가진 풍부한 존재성을 충만하게 나눌 때, 소유를 원했던 모든 것이 내게 저절로, 굳이 갖고자 노력하지 않아도 오게 된다."

제 경우에도 풍요라고 생각했던 모든 물질적 대상들, 예컨대 고급 유리그릇과 멋스러운 골동품, 좋은 옷과 같은 모든 것들이 아무 노력도 안 했는데 저절로 생겨났습니다. 그러니까 이미 지니고 있는 진정한 풍요는 사실상 무시하면서, 물질적 대상에 지나지 않는 것들을 풍요라고 착각한 채 추구해 온 거죠.

몇 주 전에 사람들로 가득 찬, 여기보다 좀 더 큰 방에 앉아 있었던 기억이 납니다. 그때 저는 콜로라도 에스티즈 파크에 있는 아름다운 산에서 은둔 모임을 이끌고 있었죠. 그런데 그 방에 있던 한 사람이 이렇게 말했습니다. "저도 풍요를 경험해 봤으면 합니다." 그게 이 사람의 문제였습니다. 계속해서 이런 식의 말을 하더군요. "아시다시피 저는 돈을 많이 벌지 못합니다. 그냥 간신히 살아갈 정도만 벌죠. 여기 오는 돈 마련하기도 힘들었다니까요." 그런 뒤 제게 말했어요. "전 평생토록 당신이 경험하는 것과 같은 풍요를 누려 보고 싶습니다." 그러면서 앞에 앉아 있는 저를 가리켰죠. 그래서 제가 말했습니다. "정말로 그토록 풍요를 원하신다면, 점심시간 동안 당신이 지닌 풍요를 다른 분들께 충만히 나눠 줘 보시는 건 어떨까요." 그 사람은 놀란 눈으로 저를 쳐다보며 말했습니다. "전 줄 게 아무것도 없어요."

그는 정말로 그렇게 생각했습니다. 구실을 대려는 게 아니었죠. 자신은 정말 줄 게 아무것도 없다고 생각하고 있었어요. 그래서 전 그를 보며 자명한 사실을 말해 줘야 했습니다. "나눠 줄 사랑이 조금은 있지 않을까요?"

"아, 그래요." 그는 이렇게 답했지만 별 확신은 없어 보였습니다. 하지만 나눠 줄 수 있는 사랑이 자신에게도 한 조각이나마 있다는 점은 인정하게 된 것 같았어요. 이렇게 말했으니까요. "예, 맞아요. 저도 사랑을 조금은 나눠 줄 수 있을 것 같아요."

그래서 제가 말했습니다. "연민도 지니고 있지 않을까요? 당신 내면 어디엔가 연민이 자리 잡고 있지 않을까요?"

"예, 뭐 연민도 조금은 있는 것 같아요. 저를 인정 많은 남자라고 불러 준 사람도 있으니까요."

그런데 그는 이 말을 하기까지 아주 애를 먹었습니다. '나'라는 단어가 들어간 문장에 '인정 많은'이란 표현을 같이 쓰는 걸 매우 힘들어했어요. 하지만 나눠 줄 연민이 자신에게 있다는 사실을 어찌되었건 인정하게 되었습니다.

그러면 유머 감각은 없을까요?

그가 이렇게 답하더군요. "아, 맞아요…… 농담이라면 평생이라도 할 만큼 많이 가지고 있어요."

그래서 제가 말했죠. "아주 좋습니다."

그 뒤 우리는 그 사람이 풍부하게 가지고 있는 것들의 목록을 만들었습니다. 하지만 그는 물론 그것들이 자신이 생각하는 풍요와는 아무 상관도 없다고 여기고 있었죠. 제가 말했습니다. "좋아요, 풍요가 무엇인지에 대해 우리가 서로 동의하지 못한다는 점에 동의하기로 합시다. 하지만 당신이 *이것들을* 풍부하게 지니고 있다는 사실에는 동의하기로 하죠." 우리는 그 점에 동의했습니다.

제가 말했죠. "훌륭합니다. 이제 제가 당신께 제안을 하나 하죠. 점심시간을 이용해서 당신이 풍부하게 지니고 있다고 인정한 이것들을 다른 분들께 나눠 주세요. 그것들을 넘치도록 나눠 주는 겁니다. 다음 점심시간 구십 분 동안, 만나는 모든 사람들에게 당신이 여태껏 주어 온 것보다 더 많은 것을 주세요. 이게 당신께 드리고자 하는 과제입니다." 그는 그 과제를 실행해 보겠다고 했습니다.

그래서 그는 점심시간에, 바로 몇 분 후였어요, 밖에 나가서 자신이 풍부하게 지니고 있는 그것을 YMCA 캠프촌에 있던 모든 사람들에게 퍼 주기 시작했습니다. 그런데 그곳에는 우리만 있는 게 아니었어요. 다른 곳에서 온 사람들도 각기 별장을 빌려 모임을 갖고 있었으니 사람이 한 600명은 있었을 겁니다. 200명은 우리 모임 사람들이었고 400명 정도는 다른 모임에 참여하던 사람들이었죠. 이 친구가 누구이고 뭘 할지 모르는 낯선 사람들도 아주 많았던 거예요. 그래도 그는 식당으로 걸어갔습니다. 이 상황은 그에게 엄청난 도전이었죠. 우리 집단 사람들이야 이미 상황을 알고 있지만, 나머지 사람들은 이제부터 하게 될 미치광이 같은 행동을 이해 못 할 테니까요.

여기서 보시다시피 우리가 스스로를 충만하게 드러낼 때 세상의 절반은 우릴 미쳤다고 합니다. 그들은 우리가 어딘가 이상하다고, 뭔가 잘못됐다고들 말하죠. 사람들은 보통 그런 식으로 행동하지 않으니까요. 여기에도 물론 문제가 있죠. 사람들이 평소 그렇게 행동하지 않는 거 말예요. 그런데 여기 이 사람은 식당에서 사람들에게 다가가 자신이 풍부히 지니고 있는 것들을 넉넉히 나누어 주고 있었습니다. 그는 자신의 사랑과 활력과 웃음을 다른 사람과 함께했어요. 식당 곳곳을 누비며 농담을 건넸죠. 어떤 사람들은 웃었습니다. "하하하하, 그거 참 웃기네요." 이렇게 반응한 사람들도 있었죠. "하하…… 그런데 이 친구 누구야?" 모두가 조금이라도 웃을 수밖에 없었습니다. 농담이 별로 재미없다고 생각한 사람들조차도 이 멋진 남자, 식당에 갑자기 나타난 '산타'에게 최소한 미소라도 지을 수밖에 없었던 거예요.

그는 이렇게 사람들에게 온갖 재미있는 이야기들을 하며 돌아다녔습니다. 그런데 한 사람은 기분이 별로 좋지 않은 상태였죠. 이제 그에게 연민을 보여 줄 기회가 온 겁니다. 그래서 그는 별로 안 웃기는 농담을 그만두는 연민을 보여 주었어요. 그것도 동정심의 표현이 될 수 있더군요. 대신 그는 그 사람 옆에 앉아 이렇게 말했습니다. "당신을 알지는 못하지만, 저는 저기 다른 별장에서 모임을 갖고 있는 사람입니다. 괜찮으신가요?" 자신이 알아차리기도 전에 그는 이미 신과의 대화에 참여하고 있었던 겁니다. 그리고 자신의 연민 어린 측면을 표현해 낼 수 있었죠.

이 친구는 구십 분의 점심시간이 끝난 후 아주 자신감 넘치는 모습으로 돌아와 이렇게 말했습니다. "지금 제 느낌을 어떻게 표현해야 할지 모르겠어요." 그래서 제가 말했죠. "이제 풍요로움을 느끼실 수 있나요?" 그가 답했습니다. "예, 그래요. 아주 부자가 된 느낌이에요. 지금까지 스스로 억누르고 있던 제 훌륭하고 좋은 면을 발견하게 되었으니까요. 전 여태껏 그런 표현을 자신에게 허용하지 않았어요."

그런데 정말 재미있었던 것은 우리가 그 친구에게 장난을 좀 쳤는데…… 그가 점심시간에 나간 사이 몇몇 사람들이 모자를 가져와 모임에 참여한 모두로부터 돈을 거둬 넣어 둔 거예요. 그래서 그가 모임에 돌아왔을 때, 모자에 담긴 많은 돈을 가질 수 있게 했죠. 우리는 그 친구에게, 가는 것은 오기 마련이라는 사실을 증명해 주고 싶었던 거예요. 진리가 즉각 체험되는 놀라운 상황을 연출한 겁니다. 혹시 진리가 즉시 체험되는 경험을 해 보신 분 있으신가요? 머릿속에서 종이 '둥!' 하고 울리고 손바닥을 이마에 대며, '네네' 하게 되죠. 진리가 너무 명백하고 너무나 명료하게 드러나니까요.

그렇게 그가 의자에 앉아 모두에게 자신의 느낌을 말하고 난 뒤, 우리는 그 친구에게 이 돈 꾸러미를 건넸습니다. 그러자 그는 잠시 가만히 있더니…… 눈물을 흘리기 시작했습니다. 그는 영원히 그러한 사실, 즉 다른 사람에게 주는 것은 곧 자기 자신에게 주는 것이란 진리를 직접 경험한 거예요. 상대방에게 특정 형태로 준 것이 때론 형태를 바꾸어 되돌아오기도 합니다. 하지만 형태가 어떻든 그것은 여러분에게 돌아올 수밖에 없죠. 왜냐하면 방 안에 있는 사람은 우리 하나뿐이니까요. 어쨌든 그 남자는 그렇게 풍요의 진정한 의미를 이해함으로써 삶을 변화시킬 수 있었습니다.

풍요로운 정신 상태는 거리에서 살아가는 사람들조차도 계발시킬 수 있어요. 무엇보다도 그들은 스스로 경험하기로 선택한 것을 다른 사람들이 가질 수 있게 해 줌으로써 그렇게 할 수 있습니다. 가지고 있는 것이 적은 만큼 더 적게 가진 사람을 발견할 수 있는 거죠. 그러고 보니 조라는 사람 이야기가 생각나네요. 조는 실제로 샌프란시스코 거리에서 살던 사람입니다. 그는 가진 것이 적었던 만큼, 매일 자신보다 더 적게 가진 사람들을 찾는 것을 일거리로 삼았죠. 거리에서 그럭저럭 두세 통을 구걸하고 나서는, 자신보다 더 적게 구걸한 다른 사람들에게 그중 일부를 나눠 주곤 했습니다. 조는 사실 아주 풍요로운 친구였어요. 거리의 왕이라고 알려지기도 했으니까요. 그는 거리에 살던 모든 사람들에게 풍요의 원천이었던 겁니다.

만일 거리에 사는 사람들이 살면서 만나는 누군가에게 풍요를 경험하도록 할 의향이 있다면 그들도 즉시 풍요를 경험할 수 있을 겁니다. 제가 화려한 자리에 앉아서 말로만 하니, '말이야 쉽지 행하기는 어려워.'라고 생각하실지도 모르겠네요. 하지만 전 경박해 보이고 싶지도 않고, 근거 없이 말만 하는 걸로 보이기도 싫습니다. 저도 거리에서 거의 일 년가량 살아 봤으니까요. 그리고 전 거기서 절 벗어나게 해 준 게 무엇인지 기억하고 있습니다.

그래서 제가 풍요에 대해 여러분께 말씀드리고 싶은 첫 번째는, 풍요란 게 무엇인지 먼저 분명히 알아야 한다는 점입니다. 여러분이 **내가 누구인지**를 나타내 주는 가장 고귀한 부분을 살면서 만나는 사람들에게 풍부히 나눠 주기로 결심한다면, 그렇게 하기로 마음먹는다면, 여러분의 삶은 구십 일 내로 변하게 될 겁니다. 어쩌면 구십 분이 될 수도 있겠네요. 그러니 조심하세요. 사람들은 여러분이 진정 누구인지 갑자기 알아차리게 될 테니까요.

그러면 이제 변호사 A와 변호사 B의 차이점에 대해 설명해드리려 합니다. 자, 여기 변호사 두 명이 있습니다. 그들은 같은 도시, 같은 구역에 사무실을 갖고 있고, 둘 다 같은 대학을 최고 성적으로 졸업했습니다. 그래서 이 두 사람의 실력은 같습니다. 지금 문제되는 것은 입지가 아니에요. 그들 모두 같은 도시, 같은 구역에서 일하고 있으니까요. 그런데도 변호사 A는 엄청난 성공을 거두고 있는 반면, 같은 구역에서 몇 걸음 떨어진 곳에 있는 변호사 B는 그다지 성공적이지 못합니다. 왜 이럴까요? 무슨 일이 벌어지고 있는 걸까요? 다른 모든 조건이 동등한데도 한 사람은 성공하고 다른 사람은 그렇지 못한 이유는 대체 뭘까요?

모든 조건이 동등하다고 가정했으니, 변호사 A가 더 부자로 태어났다거나 이런저런 이점을 가졌기 때문이라고 할 수도 없죠. 다른 모든 조건이 동등한 이 두 사람의 경우는 대체 어떻게 된 걸까요? 여기서 무슨 일이 벌어지고 있는 걸까요? 변호사 A는 분명히 압니다. 배관공 A는 분명히 압니다. 의사 A는 분명히 압니다. 자신이 무엇을 하느냐 하는 것은 중요하지 않다는 사실을요. 성공은 무엇을 하는가 하는 문제와는 아무 상관도 없다는 사실을 그들은 분명히 이해하고 있는 거예요.

그러니 여러분이 행한 것의 결과로 풍요가(혹은 당신이 성공이라 부르는 것이) 오게 될 것이란 식의 사고방식에 사로잡히지 않도록 조심하세요. 그렇게 되는 것이 아닙니다. 여러분이 이 사실을 배우지 못했다면, 삶이 여러분에게 가르쳐 줄 거예요. 일단 여러분은 이 모든 행위를 하겠죠. 여러분은 이것도 하고, 저것도 하고, 이것도 하고, 저것도 하고, 이것도 하고, 저것도 하면서 하고 또 해야 하는 엄청나게 큰 일 더미를 떠안게 됩니다. 그리고 여러분은 이렇게 자문할 거예요. '어쩌다 이 일 더미를 떠맡게 됐지?

난 해야 할 일을 했을 뿐인데.'

그러고 나면 이런 사실이 점차 드러나게 될 겁니다. '아, 알 것 같아. 풍요는 내가 무엇을 하는가 하는 문제와 관련된 게 아냐. 연결 고리를 잘못 생각하고 있었어. 나에게 흘러들어 오리라 생각했던 이 모든 좋은 것들은 그런 식으로 주어지는 게 아냐.' 그런 뒤 우리는 길 아래쪽에서 아무것도 안 하고 있는 것처럼 보이는 다른 사람을 보게 됩니다. 그에게는 풍요가 마구 흘러들고 있어요. 쏟아지는 풍요를 감당할 수 없을 정도로 빠르게 흘러들고 있습니다. 이건 공평하지 못해요.

'저 사람은 어떻게 저걸 다 가지게 됐지? 아무것도 안 하는데 말이야.' 물론 비밀은 바로 여기에 있습니다. 그는 그 망할 놈의 행위를 안 하고 있는 거예요. 전 의도적으로, 표현을 아주 신중히 선택해서 이렇게 말했습니다. 그는 그 망할 놈의 행위를 안 하고 있다고요. 그런데 우리는 그놈의 행위를 하느라 여기저기 뛰어다니며 삶을 허비해 왔죠. 하지만 그는 대신 무언가인 채로 있습니다. 관계에 임할 때 그는 비범한 그 무엇으로 존재해요. 그는 사랑인 채로 있고, 연민과 지혜와 유머와 관능으로 존재합니다. 그는 또한 기쁨으로 존재하고 하나인 채로 있죠. 하나로 존재하는 것이야말로 존재의 최고 단계입니다.

우리가 의사나 변호사나 배관공이나 치과의사, 그게 누구든지 간에, 우체국 직원이나, 누구라도 상관없이, 그러한 존재 상태에 머물고 있는 사람에게 갈 때, 여러분은 그들의 눈을 들여다보고 이렇게 말하게 됩니다. '저 사람은 나를 받아들이는군. 나를 보고 존중해 주고 있어. 저 사람은……' 아마 실제 이런 식으로 말하지는 않겠지만 그래도 '저 사람은 나와 하나인 느낌이야. 이건 마치……' 우린 걸어 나오며 말합니다. '정말 좋은 사람이야. 아주 친절한 녀석이군. 어쩌면, 어쩌면 저렇게 상냥할 수 있을까……?'

그래서 전 항상 그 사람 줄에 서려고 합니다. 지금 제가 무슨 말을 하는지 아시겠어요? 이런 경험 해 보신 적 있나요? 제가 우체국에 갈 때마다 어떤 친구 줄에만 서려고 한단 말이에요. 왜냐하면 그와 저는 무언가 통하는 게 있으니까요. 제가 그 친구 줄에만 서게 만드는 그 무언가가 있는 거예요. 그 줄에 설 때면 저는 교감, 그 특별한 무언가가 일어나는 느낌을 받습니다.

전 결국 우체국장에게 편지까지 쓰게 됐어요. 그 첫 번째 줄에 있는 친구가 어떤 상황에 있는지 전 잘 모르지만, 아무튼 그에게는 마법 같은 힘이 있습니다. 그는 로비에 있는 모든 사람들이 자기가 있는 곳으로 이끌려 오도록 만들죠.

저는 이 친구에게 풍요로움을 느끼는지 물어보기도 했습니다. 전 그가 풍요를 느낀다는 걸 알아요. 그리고 그의 풍요는 월

급과는 아무 상관도 없습니다. 이해하시겠어요? 이렇게 차이를 만드는 것은 바로 그 태도입니다. 그게 변호사 A와 변호사 B, 배관공 A와 배관공 B의 차이에요. 저기 길을 걸어가는 사람 A와 사람 B의 차이가 그겁니다. 그러므로 여러분은 이제 B와 같은 사람이 될지 A와 같은 사람이 될지를 선택할 수 있어요. A와 같은 사람, 사람 A가 되기로 선택한다면, 여러분 안에 내재한 그 모든 마법을 풍부히 나눠 주기로 선택한다면, 밖에 놓여 있던 마법도 여러분에게 끌려와 여러분이 받아들이는 만큼 여러분의 일부가 될 것입니다. 이해하셨나요? 이 모든 게 어떤 식으로 일어나는지 좀 더 이야기해 보기로 하죠.

이처럼 우리가 올바른 생계를 추구할 때 기억해야 할 가장 중요한 사항은, 해야 할 일을 찾아다니기보다는 무엇이 될지를 찾기 시작하는 겁니다. **내가 진정 누구인지**를 아는, 여러분 내면 깊이 내재한 그 부분과의 접촉을 시도하는 거예요. 그리고 그 부분을 불러일으켜 그 상태로 *존재하기* 위해 어떻게 해야 할지를 알아봐야 합니다.

그러므로 내면을 들여다보세요. 완벽히 만족스럽고 자기 자신을 완전히 표현하고 있다고 느낄 때, 여러분은 무엇으로 존재하고 있나요? 그런 느낌이 일어날 때 여러분은 무엇인 채로 있나요? 그때 여러분은 치유자일 수도 있고, 관능적인 사람일 수도 있고, 창의적인 사람일 수도 있을 겁니다. 혹은 한두 단어로 여러분을 드러내 주는, 여러분을 표현하는 그 부분의 본질을 묘사해 주는 다른 존재의 단계, 혹은 상태가 있을 거예요. 올바른 행위는 이런 식으로 찾아내는 겁니다. 그러면 존재에 도달하기 *위해* 행위를 이용하는 대신, 존재로부터 행위가 흘러나오도록 할 수 있을 것입니다.

이 모든 내용은 나중에 다시 설명할 거예요. 하지만 그러기 전에, 이 내용을 보다 자세히 설명하기 전에, 좀 전에 말씀드렸듯이 다른 사고방식들, 무엇보다도 사람들이 풍요를 경험하지 못하도록 막는 생각들에 대해 말해 보려 합니다. 이런 사고방식은 제가 풍요를 경험하는 것도 막아 왔죠. 그리고 여기서는 달러나 센트, 그리고 물질적 사물과 관련된 풍요에 대해 이야기할 겁니다. 그런 것들도 역시 풍요라 부르는 데 아무 문제가 없으니까요.

그러니까 저는 조금 전까지 말해 온 것들만 풍요이며, 이런 물리적 대상들은 풍요가 아닌 것처럼 말하고 싶지 않은 거예요. 우리가 이것들, 이 물리적 사물(돈과 현금, 장신구, 멋진 유리그릇과 골동품, 그리고 삶이 제공해 주는 아름다운 물리적 대상)을…… 풍요라 부르는 데에는 아무 문제도 없습니다. 그러므로 우리는 이것들을 풍요라 부르는 경험 목록에서 삭제하지 않을 거예요. 그런데 바로 이게 제가 해 온 또 다른 실수였죠. 제 말은, 제가 어떤 의미에서는…… 그것들을 풍요라 부르긴 했지만 좋아하지는 않았단 겁니다. 한번 설명해 볼게요.

많은 사람들은 돈 그 자체가 나쁜 것이라는 생각을 지니고 있습니다. 여러분도 그런지 모르겠네요. 그리고 어떤 사람들은 그런 생각을 거의 무의식적으로 지니고 있어요. 다시 말해 여러분이 그 사람들에게 직접, "당신은 돈을 나쁜 것으로 경험합니까? 돈은 나쁘다는 게 당신 생각인가요?"라고 물으면 그들은 이렇게 답할 겁니다. "아뇨, 돈은 좋은 거예요." 많은 사람이 이렇게 답하죠. 하지만 그들은 마치 돈이 나쁜 것처럼 행동합니다.

예를 들어 보기로 하죠. 저는 자신이 돈을 나쁘게 생각한다고 절대 인정하지 않는 한 사람을 알고 있습니다. 그녀에게 돈은 오히려 좋은 것이죠. 하지만 그녀가 당신에게 호의를 베풀었을 때, 예컨대 피닉스에 있는 공항까지 두 시간씩 왕복으로 데려다 주었을 때, 당신이 "가스 값으로 몇 달러만 드릴게요."라고 말하면 그녀는 이렇게 답합니다. "아뇨, 안 돼요. 안 돼, 안 돼. 받을 수 없어요. 받을 수 없어요."

여러분도 누군가 당신에게 호의를 베풀었을 때, 그냥 그들이 쓴 비용을 생각해서 얼마라도 주려고 했다가 거절당한 경험 있나요? 왜 그러는 걸까요? 여러분의 감사는 기쁘게 받으면서 여러분의 돈은 받으려 하지 않습니다. 그건 아마 그들이 베푼 호의를 돈으로 보상하는 게 어떤 측면에서는 그 교류의 질을 다소간 손상하기 때문일 거예요. 보시다시피 그 행위는 관계를 불쾌하고 역한 것으로 만들어 버립니다.

그런데 그것이 제게는 절대 역하게 느껴지지 않아요. 그러니 누군가 좋은 일을 한 대가로 제게 돈을 주고 싶어 한다면, 언제든 알려 주세요. 저는 제 방으로 들어오는 돈을 모두 받을 겁니다. 가끔씩은 이런 말을 하기 힘들 때가 있어요. 사람들은 이런 식으로 생각하고 싶어 하니까요. '이런, 닐은 정말로 영적인 친구잖아. 저런 소리는 하면 안 되지.' 그래도 전 이런 말을 계속할 겁니다.

제가 한때 알고 지내던 아이크라는 목사 친구는 이렇게 말했습니다. "나는 돈을 *사랑하고* 돈도 *나를* 사랑한다." 그런데 이건 훌륭한 메시지예요. 나는 돈을 사랑하고 돈도 나를 사랑한다는 것 말예요. 그래서 전 제 우주에 대고 '신은 돈을 제외한 모든 것이시다'라고 선언하지 않습니다. 그보다는 '신은 모든 것이시다. 돈도 포함해서'라고 선언하죠. 돈은 우리가 신이라 부르는 그 에너지의 또 다른 형태일 뿐인 거예요.

여러분이 세계 뉴스에 관심이 있으신지 잘 모르겠지만, 공산국가였던 중국에서 놀라운 의식 변혁이 일어나고 있습니다. 현재 중국 지도층은 국민들에게 돈을 벌어 소유하고, 자기 몫을 다하며, 자립하여 자급자족하는 삶의 미덕과 영예에 대해 말하고 있습니다. 이런 일이 중국에서 일어난다는 게 상상이나 가십니까? 그런데 중국은 『신과 나눈 이야기』가 번역 출간된 서른일곱 개의 나라 중 하나죠. 아무튼 다른 곳도 아니고 중화인민공화국에서 말이에요.

보시다시피 세계는 하룻밤 사이에 변하고 있습니다. 이처럼 그 사람들, 중국에 있는 농부들도 돈의, 말을 '만들어 내야(coin)' 겠네요, 올바름과 영예를 인식해서 갖기 시작했다면, 우리도 마땅히 그래야 하지 않겠어요? 그러니 우리는 어쨌든 돈이 나쁜 것이라는 관념을 떨쳐 버릴 필요가 있습니다.

아시다시피 우리는 돈을 더러운 이익(filthy lucre)이라 부르고 대단히 부유한 것을 더럽게 부유하다(filthy rich)라고 부릅니다. 우리가 사용하는 표현들은 우리가 돈을 내심 어떻게 생각하는지, 혹은 적어도 사회 전체가 돈을 어떻게 여기고 있는지 드러내 줍니다. 우리 사회에는 아직도 이런 사고방식이 뿌리 깊게 박혀 있어요. 제가 사람들과 청중으로부터, 그리고 주요 방송국 관계자와 인터뷰할 때 가장 많이 받는 질문은 이런 겁니다. "영성에 관해 이야기하며 전국을 돌아다니면서, 그걸로 그토록 많은 돈을 버시니 기분이 어떤가요?" 마치 제가 어떤 식으로든 잘못된 일을 하고 있는 것처럼요. 마치 대중에게 경고를…… 큰 경고를 주려는 것처럼 말이죠. "보세요…… 이 사람이 이걸로 얼마나 많은 돈을 버는지."

그리고 전 가끔 누군가로부터 이런 메일도 받습니다. "당신이 정말 그렇게 영적이라면 모든 저작권료를 가난한 사람들에게 나누어 주지 그래요? 그리고 말이 난 김에, 그 책을 그냥 인터넷에 올려서 사람들이 무료로 볼 수 있게 하는 건 어때요?" 그런데 그렇게 하지 않는 이유는 만일 우리가 그렇게 한다면 출판업자들이 폐업하게 될 것이고, 그러면 애초부터 책이 만들어져 나올 수 없게 될 것이기 때문이에요.

누군가는 어떤 형태로든 '책을 출판한다.'라고 불리는 행위를 해야 하는 겁니다. 그리고 그 글을 그냥 인터넷에 올리지 않는 두 번째 이유도 있어요. 만일 그랬다면 그 글을 누가 읽었겠어요? 그 글은 웹에 매일같이 올라오는 수백 수천의 논평과 발언, 의견 속에 묻혀서 잊혔을 겁니다. 출판사를 통해 책을 출간하는 행위는 그 작업에 합법적 권위를 실어 주고, 그냥 인터넷상에 아무렇게나 올린 책 한 권 길이의 단어 파일과는 완전히 다른 품격을 부여해 주는 거예요.

그래서 전 정말로 영적인 사람이라면 책을 포기해야 한다는 식의 입장을 거부합니다. 또한 책을 내서 번 저작권료를 전부 가난한 사람들에게 나누어 주어야 한다는 식의 입장도 받아들이지 않아요. 여러분이라도 그런 견해는 수용할 수 없을 겁니다. 그리고 말이 난 김에, 단지 사실의 기술로서 말씀드리건대, 저는 개인적으로, 그리고 제가 세운 기관에서도 매년마다 가치 있는 사회운동 단체들에 후원금을 보냅니다. 하지만 이건 중요한 게 아니에요. 그냥 사실이 그렇단 말입니다.

그렇지만 아시다시피 저는 돈을 많이 버는 것도 좋아합니다. 왜냐하면 그를 통해 많은 것들을 할 수 있고, 게다가 세상을 살면서 제가 하고자 하는 일이 무엇인지도 분명히 인식할 수 있기 때문이죠. 전 제가 일으키고 싶은 변화가 무엇인지 명백하게 알고 있어요. 그리고 말씀드렸다시피 우리 사회에서 그런 변화가 일어나도록 하기 위해서는 돈이라는 윤활제가 필요합니다.

저는 우리가 지금까지 돈에 대해 배워 온 것들을 모두 잊어버려야 한다고 생각해요. 전 정말 그 칠판을 닦아서 모든 내용을 깨끗이 지울 필요가 있다고 생각합니다. 우리 중 돈을 여유 있게 지니는 축복을 받은 사람들조차도 가끔씩 돈을 대하면서 어려움을 겪고, 죄책감 없이 부를 누리는 것을 힘들어해요. 우리가 돈과 관련해 받아 온 모든 메시지는 사실상 돈을 나쁜 놈으로, 악당으로 만들고, 나아가서는 돈을 지닌 사람조차 나쁜 사람 취급하는 것이니까요. 많은 돈을 가진 사람이 악한이 아닌 경우라도 상관없이 말이에요. 우리는 돈에 대해 이런 식의 태도를 갖게 되었습니다. 그래서 돈을 모든 악의 근원이라고 하고, 더러운 이익이라고 부르며, 그것을 많이 가진 사람을 더러운 부자라고 칭해 왔습니다. 돈에는 어딘가 더럽고 부정한 면이 있다는 식이었죠. 마치 돈을 여유 있게 가진 사람들은 그것을 어떤 식으로든 부당하게 취했을 것이고, 따라서 부를 누릴 자격이 없는 것처럼 여겨 온 거예요. 이처럼 우리 사회에는 돈에 관한 엄청난 허상적 신념이 있습니다…… 전 그걸 돈의 신화라고 부르죠. 우리 사회의 돈에 대한 신화는 돈이 부정하다는 것인데, 흥미로운 점은 모든 사람들이 돈을 원한다는 겁니다. 그래서 이 신화는 모든 사람들이 별로 정당치 못한 무언가를 원하는 처지에 놓이게 만들죠.

이건 어느 정도 섹스하고 비슷해요. 결국 같은 식이죠. 제가 아는 한 충분한 섹스, 즐거운 섹스를 원하지 않는 사람은 드뭅니다. 하지만 우리 사회 대부분의 지역에서 섹스는 별로 좋은 취급을 받지 못하죠. 전 지금 이 문제에 대해 농담하고 있는 게 아니에요. 꽤나 진지하게 말하고 있는 겁니다. 우리 사회에서 많은 섹스를 원하는 것은 문제가 있는 것으로 여겨진단 말예요. 누군가 앞으로 나서서 "나는 섹스를 많이 하고 싶다."고 하면 사람들은 그가 미쳤거나, 정상이 아니라고 생각할 겁니다. 이건 돈에 있어서도 마찬가지예요. 돈의 경우 더 심하죠.

실제로 여러분이 거리를 걷다가 사람들에게 성생활에 대해 물어보면 그들은 아마 답을 해 줄 겁니다. 하지만 그들에게 은행에 돈을 얼마나 갖고 있는지 물어보면 그들의 얼굴은 일그러질 거예요. "뭘 알고 싶다고요? 은행에 돈이 얼마나 있냐고 물으셨나요? 죄송하지만 말씀드릴 수가 없네요. 그건 아주 사적인 문제라서요." 어젯밤 누구와 잤는지는 사적이지 않지만, 뭐 어느 정도 사적이긴 하죠, 이건 *진짜*로 사적인 문제라고들 합니다. 지금 돈에 대해 말하고 있는 거예요. 그러니 사람들은 돈에 대해 섹스보다도 더 부정적인 인식을 갖고 있다고 할 수 있죠. 흥미롭지 않나요? 이런 상황은 우리가 살면서 돈에 관해 들어 온 그 모든 메시지들과 관련 있습니다. 이 메시지의 구십 퍼센트는 아주 부정적이죠.

그렇다면 어떻게 해야 돈과 친구가 될 수 있을까요? 우선 여러분은 돈에 대해 지금까지 들어 온 모든 것을 잊어버려야 합니다. 그런 뒤 그 자리에 다음과 같은 새로운 메시지를 집어넣으세요. "우주에 신 아닌 것은 아무것도 없다. 그러므로 신은, 그 에너지는, 모든 곳에서 발견된다. 돈도 포함해서." 신이 여러분의 지갑을 제외한 모든 곳에 있는 게 아닙니다. 신은 모든 곳에 존재해요.

우리는 돈이 생명 에너지의 또 다른 형태일 뿐이라는 사실을 이해해야 합니다. 그것은 아주 강력한 형태의 에너지이며, 그 자체로 강력한 것이 아니라 우리가 그것에 힘을 부여했기 때문에 강력하게 된 에너지예요. 우리는 집단적으로 이렇게 말해 왔죠. "우리는 이 교환 매체에 엄청난 힘을 부여하겠다." 이 선언은 돈을 굉장히 좋은 것으로 만듭니다. 우리가 그것을 축복했으니까요. 이런 식으로 우리는 이것을 저것보다 더 가치 있게 여기겠다는 선언을 해 왔습니다. 예컨대 우리는 금을 흙보다 더 가치 있게 여기죠. 그 흙이 순식간에 금으로 바뀔 수 있는 곳, 보통 부동산이라 불리는 곳에 있지 않다면 말이에요. 그런데 돈의 경우는 그걸 축복해 놓고 나서는 바로 다시 부정해 버렸습니다. 동시에요. 보시다시피 이건 흥미로운 모순입니다. 우린 섹스에 대해서도 그렇게 했죠. 성적 반응으로 표현되는 인간의 사랑 행위를 축복한 동시에 부정한 거예요. 이건 참 별난 일입니다. 이런 모든 행위는 훨씬 더 큰 문화적 신화에서 비롯되었죠. 많은 종교가 우리에게 부과한 그 문화적 신화란, 이런 말 하게 되어 유감이지만, "기뻐하지 말지어다."입니다. 그런데 섹스와 돈은 우리가 기뻐할 수 있는 두 가지 수단이므로, 우리는 그들을 잘못된 것으로, 아주 끔찍이도 잘못된 것으로 만들었고, 그 결과 세상과 자신의 삶에 엄청난 기능 장애를 초래하게 된 겁니다.

그렇다면 어떻게 해야 돈과 친해질 수 있을까요? 돈을 우주로부터 주어진 선물, 여러분 자신과 다른 사람들을 위해 원해 온 모든 일을 행할 수 있도록 주어진 선물이라고 여기시면 됩니다. 그런데 아직 넘어야 할 장애가 또 하나 있어요. '이런, 내게 돈만 많았다면 나 자신에게 선을 베풀 수 있으련만. 밖에 나가 비싼 옷도 사고, 아니면 550달러짜리 이탈리아산 구두도 신어 볼 수 있을 텐데 말이야.' 제가 550달러짜리 이탈리아산 구두를 신고 있다는 말을 감히 해도 될까요? 그런데 사실 그렇습니다. 제가 550달러짜리 이탈리아산 구두를 신고도 죄책감을 안 느끼게 되기까지 얼마나 오랜 세월이 걸렸는지 아시나요? 여기서 구두가 중요한 게 아닙니다. 이런 태도 변화가 제 삶에서 의미하는 바가 중요한 거죠. 그리고 그 의미는 돈을 지불할 여유가 생겼다는 게 아니라, 제가 이런 걸 가져도 괜찮다는 마음가짐을 지니게 되었다는 겁니다. 이게 얼마나 큰 성취인지 이해하실 수 있나요?

전 이런 성취를 할 수 있도록 해 준 그것을 여러분과 함께하고 싶습니다. 왜냐하면 그건 이 구두 바닥(sole) 이상의 것과 관련된 문제니까요…… 그건 이 영혼(soul)과 관련된 문제입니다. 그것도 우리 모두의 영혼과 관련된 문제죠. 그러니 이 문제를 해결하면 결국에 가서는 모든 사람들이 이런 구두를 신고 다닐 수 있게 될 겁니다. 상징적으로나 실제적으로나 모든 사람은 같은 구두를 신을 수 있죠…… 이런 교훈을 배우기만 한다면 말이에요. "신의 일부가 아닌 삶의 측면은 그 어디에도 없으며, 모든 생명 에너지는 성스럽고 신성하다. 따라서 아무것도 악하지 않다. 생각이 그렇게 만들지 않는 한." 그러므로 돈을 악한 것으로 만들기를 그만둡시다. 또한 섹스를 악한 것으로 만드는 행위도 그만두자고요. 그리고 무엇보다도 서로를 악하다고 판단하기를 그만두기로 합시다.

우리는 여기서 뭘 하고 있는 건가요? 그리고 왜 그런 일을 하고 있는 걸까요? 우리는 왜 삶의 모든 구석에서 악과 부정성을 보겠다고 고집하는 걸까요? 왜 그런 태도를 지닐까요? 이것이 문제입니다. 이게 더 커다란 문제이자 핵심 질문입니다. 인간으로서 우리는 지금 문제의 근원과 마주하고 있습니다. 이 커다란 질문으로 우리는 중대한 접점, 문제의 첨단에 도달하게 된 겁니다. 그리고 이건 돈과는 아무 상관도 없습니다. 그건 삶 자체와 관련된 문제입니다.

우리가 삶과 삶의 모든 구성 요소를 본질적으로 악한 것으로 보느냐, 아니면 본질적으로 선한 것으로 보느냐, 이게 문제인 겁니다. 우리가 삶을 본질적으로 선한 것으로 본다면, 돈과 관련된 문제를 풀 수 있을 것이고, 돈을 우리 친구로 만들 수 있을 거예요. 그러고 나면 우리는 그 돈을 가지고 좋은 일을, 우리 스스로를 위해 좋은 일을 할 수 있을 겁니다. 우리는 그럴 자격이 있으니까요. 저는 이 구두를 신을 자격이 있고, 여러분 역시 그렇습니다. 또한 그러고 나면 우리는 다른 사람들을 위해서도 좋은 일을 하게 될 겁니다. 우리는 우리 자신의 것이고, 신으로부터 우리에게 주어진 그 풍요를 살면서 만나게 되는 모든 사람들과 함께하게 될 것입니다. 그렇게 되면 그 누구도 아무것도 없는 채로 지내지 않게 될 거예요. 우리 모두가 누릴 수 있는 풍요는 이미 거기 있습니다. 그리고 우리가 그런 관점을 취하기로 선택할 때, 우리는 돈과 자신과 다른 모든 사람들, 그리고 신과 친구가 될 수 있을 겁니다.

그러므로 이제 우리가 해야 할 일은 돈에 대해 거부감을 없애는 것입니다. 우리 몸에 대해서 그리고 서로에 대해서 거부감을 갖지 않아야 하는 것처럼 말이죠. 우리는 삶을 이루는 모든 것을 편하게 대하는 법을 배워서 이렇게 말할 수 있어야 합니다. "삶의 모든 것을, 나를 둘러싼 모든 것을 내게 가져다 달라, 난 그 모두를 받아들이겠다." 그리고 그 어떤 부분에 대해서도 부끄러워하지 말아야 해요. 신은 그 어떤 것도 부끄러움의 관점에서 보지 않으시니까요.

지금 여러분 앞에 돈이 부정하다든가 좋지 못하다는 관념을 떨쳐 버릴 기회가 놓여 있습니다. 바로 이런 관념이 사람들을 커다란 좌절 속에 살아가게 만드는 주범이죠. 왜냐하면 그들은 돈이 나쁘다고 생각하는데, 좋은 행위를 한 대가로 나쁜 것을 얻고 싶어 하지는 않으니, 좋아하지 않고 따라서 그걸로 돈을 버는 행위를 정당화할 수 있는 일을 하게 되기 때문이에요. 그래서 그들은 싫어하는 일을 하며 하루 여덟 시간을 보내고, 자신이 좋아하는 일은 무보수로 해 주죠. 그 사람들은 병원에서 봉사하거나 보이스카우트를 이끄는 등의 자원 활동을 합니다. 이처럼 그들은 자신이 사랑하는 일은 대가 없이 해 주면서, 돈을 받기 위해서는 싫어하는 일도 해야 하죠. 결국 그런 일을 무보수로 해 줄 사람은 아무도 없을 테니까요. 누가 싫어하는 일을 무보수로 해 주겠습니까?

하지만 이 모든 것은 여러분이 용기 있는 사람이 되기를 선택할 때, 생계보다는 삶을 추구하는 사람이 되기를 선택할 때 변할 것입니다. 그리고 그때 여러분의 모든 경험도 바뀌게 될 거예요. 여기 태어난 이유가 무엇인지에 대한 생각을 바꿀 때, 생계보다는 삶을 추구하기로 결심할 때, 여러분은 믿을 수 없을 정도의 변혁을 창조해 낼 수 있는 겁니다. 그리고 그 변혁은 돈과 관련된 경험을 포함한 여러분의 모든 경험을 뒤바꿔 놓을 정도로 엄청난 것이 될 거예요. 게다가 이런 변화를 일으키면서도 아무런 실수도 저지르지 않을 수 있을 겁니다. 전 그런 변화가 정말 일어난다고 장담할 수 있어요. 예, 저기 질문하신 분…….

> 저, 제가 돈과 관련해 느끼는 문제에 대한 건데요…… 저도 돈을 감사히 여기고 좋아하기는 하지만, 돈을 벌려면 하고 싶지 않은 일을 해야 하는 것으로 생각해 왔습니다. 이제는 그렇지 않다는 점을 이해하겠어요. 그런데 아직도 해결하지 못한 문제는 제가 돈을 많이 가지면, 마치 세상의 대다수를 빈곤 상태에 남겨 두는 체제에 가담하는 것 같은 느낌이 든다는 점이에요. 만일 세상의 모든 사람들이 먹을거리와 집과 옷 등을 가지고 의료 서비스를 받을 수 있었다면 돈을 많이 갖는 데 대해 부담을 훨씬 적게 가질 수 있을 것 같아요. 그래서 돈이 그저 즐기기 위한 수단이었다면 말이에요, 좀 더 '불필요한' 수단이요…….

무슨 말씀 하시는 건지 잘 알겠습니다. 하지만 고결한 생각을 오용하지 않도록 조심하세요. 당신이 그런 세상이 만들 수 있도록 힘을 부여해 주는 바로 그 도구를 자기 자신으로부터 박탈하게 될 수도 있으니까요. 올바른 생각을 오용해서, 그런 세상을 실현하는 한 사람이 될 수도 있었던 당신 자신으로부터 그 힘을 스스로 박탈하지 않도록 조심하셔야 합니다.

'자기 정당성'에 대하여

저는 바로 당신이 묘사한 것과 같은 세상을 만드는 데 삶을 헌신해 왔습니다. 그런데 전 지금 그런 변화를 일으키도록 해 주는 그 힘을 거절했을 때보다 훨씬 더 효과적으로 그 일을 수행하고 있다고 분명히 말씀드릴 수 있어요.

인간이 경험하는 가장 큰 함정 중 하나가 올바름, 고결함입니다. 그런데 우리는 가끔 올바를 권리(right to be righteous)가 있다고 느끼곤 하죠. 무슨 말이냐 하면 우리가 특정 상황에서 무엇이 옳고 그른지를 분명히 아는 듯이 느낀다는 말입니다. 그리고 상대적 사고 체계라는 이 틀 안에서는 무언가에 대해 우리가 완벽히 옳다고 생각할 수도 있을 겁니다. 아주 위험천만한 입장이긴 하지만요. 왜냐하면 올바름은 효과적인 행동을 그 어떤 다른 태도나 경험보다도 더욱 즉각적으로 가로막을 수 있기 때문입니다. 그건 우리의 이해하려는 시도를 막아 버리죠.

자기가 무언가에 대해 옳다고 생각할 때는 다른 사람은 왜 다른 입장을 취하게 되었는지, 혹은 특정 상황이 어떻게 계속 허용되었는지 이해조차 할 수 없습니다. 그때 저는 반대 입장을 취하는 사람들에 대한 연민을 잃게 되죠. 그리고 연민을 잃어버리면 저는 진정으로 효과적인 변화를 일으킬 수 있는 능력도 잃어버리게 됩니다. 왜냐하면 아무도 틀렸다는 소리를 듣고 싶어 하지 않을 테니까요.

세상에서 행해지고 있는 모든 부정에 대해 자신이 옳다는 태도를 취하는 것은 특히나 위험하다고 생각합니다. 잘못 돌아가는 세상에 대해 자신이 지극히도 옳다는 태도를 취하는 것은, 그 문제를 일어나게 한 게 사실 우리 자신이라는 점을 이해하지 못한다는 엄청난 선언이 되기 때문이죠.

예를 하나 들어 볼게요. 훌륭한 외과 의사나 내과 의사가 세상의 모든 질병에 대해 자기 정당성의 입장을 취한다면 어떻게 될까요? 탁월한 법률가나 비상한 변호사가 세상에서 벌어지는 모든 갈등에 대해 자기 정당성의 입장을 취한다면 또 어떻게 될까요? 그러니까 제 말은 그 갈등 상황을 줄이고 해결하고자 하겠지만, 그 상황에 대해 취하는 자기 정당성의 입장과 세상에 그 많은 문제가 있는 것이 잘못되었다는 판단 자체는, 진정한 자신을 체험하기 위해 스스로가 자신의 현실에 창조하고 있는 상황에 위배될 거란 말입니다.

보시다시피 인간으로서 우리가 하고 있는 일은 편을 세워 놓은 뒤 그것을 다시 쓰러뜨리는 것입니다. 우리가 인간으로서 하는 일은 내가 진정 누구인지를 표명해 주는 우리의 측면을 표현해 낼 수 있도록, 틀림없고 확실하며 완벽한 환경을 창조해 내는 것입니다. 예컨대 **내가 진정 누구인지**를 나타내 주는 것이 치유자라면, 저는 '치유하는 사람'이라는 저 자신을 표현할 수 있도록 해 주는 완벽한 환경을, 형이상학적으로 말해서, 만들어 낼 것입니다. 그러므로 저는 제 경험 상황 속으로 병을 끌어들이고 심지어는 제 외적 현실 속에, 어떤 점에 있어서는, 병을 만들어 낼 것입니다. 내가 누구인지를 표현하고 경험할 수 있도록 나인 것의 정반대를 만들어 내는 것입니다.

목사님들에게 일어날 수 있는 최악의 상황은 모든 사람이 내일 당장 개종하는 것일 겁니다. 그러면 더 이상 아무에게도 설교할 수 없을 테니까요. 그래서 목사님들은, 남자 목사든 여자 목사든, 내가 누구인지 경험하고 표현할 수 있도록 삶의 나머지 시간들을, 깊은 형이상학적 차원에서는, 영적으로 치유 받을 필요가 있는 상황을 만들어 내면서 보낼 겁니다. 진정한 스승들이 판단도, 비난도 하지 않는 이유가 바로 이거예요. 그들은 자신이 경험하는 세상의 외적 상황을 변화시키며 돌아다니지만 그것을 비난하지는 않습니다. 그 상황을 비난하는 것은 자신이 누구인지를 선언하고 표명함으로써 그들 자신의 영광스러운 면을 드러낼 수 있도록 해 주는 바로 그 과정을 비난하는 셈이 될 테니까요. 이것은 깊고 형이상학적인 비밀이지만 스승들은 그걸 완전히 이해하고 있습니다.

다시 한 번 반복하건대 이게 바로 스승들이 그 무엇에 대해서도 결코 비난하거나 판단하지 않고, 대신 외적 환경이 개선되고 변화하도록 자신의 일부를 표현하는 데만 헌신하는 이유예요.

실제적인 문제에 있어서도, 그러니까 현실 정치나 실질적인 사회 교류의 견지에서 봤을 때에도 자기 정당성의 입장을 취하는 것은 누구에게도 도움이 되지 않습니다.

제 생각에 우리 시대의 가장 비범한 유명 인사 중 한 명은 지미 카터입니다. 그는 자기 정당성의 태도를 버리고 일촉즉발의 정치 상황 속으로 뛰어든 인물이에요. 그리고 그 결과 그 상황의 많은 측면을 개선할 수 있었죠. 자기 정당성을 고수한 채 상황에 임한 사람이라면 결코 해낼 수 없었을 방식으로 말이에요.

> **❝**그러면 세상의 상황에 대한 자기 정당성이나 화가 여러 모로 주된 장애 요인이 된다는 거군요……**❞**

두말할 필요도 없습니다. 정당성의 입장을 취하거나 판단을 내리는 매 순간마다 당신은 가장 고귀한 관념을 표현해 내지 못하도록 스스로를 막는 것이나 다름없습니다. 왜냐하면 어쨌든 아무도 당신의 말을 수용할 수 없을 테니까요. 당신이 자기 정당성이나 판단에 입각해 말할 때, 아무도 당신 말을 받아들이지 않을 겁니다. 그런데 이 경우 당신은 창조를 일으킬 수 있는 그 힘을 밀어낼 뿐만 아니라, 당신에게 그 힘을 부여해 줄 사람들마저도 밀쳐 버릴 수 있습니다. 왜냐하면 아무도 자기 정당성을 인정해 주지 않을 것이고, 당신이 돕고자 하는 그 사람들마저도 그럴 것이기 때문입니다.

아까 다른 흥미로운 질문도 하셨죠. 예전에 이 주제에 관해 숙고해 봤을 때, 당신이 원하지 않는 일을 하고 있다는 사실을 깨달았다, 혹은 '돈과 타협하지' 않기 위해 원하지 않는 일을 해야 한다고 생각했다고 말씀하셨어요. 그런데 원치 않는 일을 하는 사람은 아무도 없습니다. 이 문제를 분명히 하고 넘어갑시다. 자신이 원하지 않는 일을 하는 사람은 아무도, 단 한 사람도 없어요. 그 일이 가져다줄 것으로 기대하는 결과를 감안하면 우리는 스스로 원하는 일을 하고 있는 겁니다. 하지만 그 뒤 우리는 선택의 여지가 없었던 체하면서 우리가 내린 선택에 대해 유감스럽게 느끼도록 스스로를 설득하죠. 아시겠어요?

자신이 원하지 않는 일을 하는 사람은 없습니다. 아무도요. 여기 있는 분들 중 원하지 않은 일을 한 적이 있다고 말씀하실 수 있는 분 있으신가요? 한 분이라도…… 지금 손 한번 들어 보세요. 아니, 그러니까 정말로 그렇게 생각하시는 분…… 살면서 원하지 않은 일을 해야 했던 적이 있으신 분 손 한번 들어 주세요. 좋습니다, 저 분 이야길 들어 보죠.

'선택'에 대하여

> ❝우리가 무언가 하기를 원치 않거나 한 건 아닌 것 같아요. 그보다도 제가 주변 사람들에게 많이 들어 왔고, 또 책을 통해 배워서 더 이상 하지 않게 된 말은 이거예요. "난 선택의 여지가 없어."❞

제가 보기에는 사람들이 선택의 여지가 없다고 생각하는 것 같습니다. 저도 오랫동안 그랬으니까요. 전 자주 "다른 방도가 없어."라고 말하곤 했어요. 왜냐하면 그 당시에는 다른 대안이 보이지 않았으니까요. 하지만 그 책을 읽고, 당신이 말하듯, 선택 없이 하는 일은 없다는 사실을 이해하게 되었습니다. 그래서 지금은 의식적으로 선택한 뒤 행하고, '선택하기'로 선택하기도 해요. 저 자신에게 크게 이렇게 말하기도 합니다. "난 그 일을 하기로 선택했다."

그래서 우선 저는 선택하고 나서 행합니다. 그리고 "선택의 여지가 없어."라는 말을 들을 때면 항상 가서 이렇게 말해 주고 싶어요. "아시다시피 그 선택은 당신이 한 겁니다." 하지만 저는 이런 사고방식이 우리 사회에서 받아들여지기 힘들다고 생각합니다. 돈을 갖는 것처럼요. 사람들은 마치 이렇게 생각하는 것 같아요. '난 스스로 선택을 할 수 없어. 그건 너무 좋잖아. 내게 그럴 자격이 있는지 모르겠네······.' 그러니까 제 말은 세상에 '그렇게 하기로 선택'하는 사람들보다 '선택의 여지가 없는' 사람들이 더 많다는 거예요. 저도 이걸 바꾸느라 아주 고생했거든요.

　삶에서 선택의 여지가 없는 때는 단 한순간도 없습니다. 사실상 삶의 모든 상황은 우리가 만들어 낸 거예요. 선택의 여지가 없다고 하는 이 상황도 바로 선택이란 경험을 해 볼 수 있도록 하기 위해 우리 스스로 만들어 낸 겁니다. 장애물이 애초부터 없었다는 사실을 스스로 깨닫도록 하기 위해 눈앞에 명백한 장애물을 만들어 내는 거죠. 여러분 중 일부는 이 사실을 알아차릴 것이고 대다수는 이해하지 못할 겁니다. 그러고는 나머지 삶을 선택의 여지가 없다는 상상에 사로잡혀 살아갈 거예요.

　우리가 하고 싶은 일을 하는 데 대한 근거로 가장 자주 사용하는 말은 "난 선택의 여지가 없었어."입니다. 하지만 어떤 결과를 *피하거나* 특정한 결과를 *창조해 내기* 위해, 이 둘은 사실 하나이며 같은 거예요, 앞으로 나서서 우리가 원하는 바대로 행하죠.

　그러므로 우리 앞에 놓인 상황, 어떤 결과를 피하거나 창조해 내고자 하는 우리의 의도를 감안하면 우리는 스스로 원하는 대로 행한다고 할 수 있는 겁니다. 그런데도 우리는 말하죠. "난 선택의 여지가 없었어." 하지만 우리에게는 선택권이 분명히 있습니다. 그리고 우리가 하는 모든 선택과 우리가 내리는 모든 결정과 우리가 품는 모든 생각과 우리가 말하는 모든 말은 자신이 누구라고 생각하는지, 그리고 스스로 무엇이 되기로 선택하는지에 대한 선언이자 표명입니다. 우리의 모든 행위가 자신을 규정해 주는 거죠. 그러므로 우리에게는 항상 선택권이 있습니다. 하지만 이 점을 기억하세요. 세상을 보는 그들의 관점을 전제로 했을 때 부적절한 일을 하는 사람은 아무도 없다는 사실 말이에요.

이처럼 우리는 선택권을 항상 지니고 있을 뿐만 아니라 선택을 항상 내리고 있습니다. 그것도 어떤 결과를 가장 효과적으로 만들어 내거나 피하도록 해 준다고 여기는 선택을 내리고 있는 거죠. 그리고 우리가 추구하는 결과는 **내가 진정 누구인지**를 규정하도록 도와주는 것입니다. 이게 우리가 살면서 하고 있는 일이에요. 물론 여러분은 이런 식으로 표현하지 않으실 수도 있지만, 저는 이게 인간 영혼의 과업이라고 분명히 말씀드릴 수 있습니다. 그리고 여러분이 삶을 이런 식으로 보기 시작할 때, 이 틀에 따라 삶을 재구성하기 시작할 때, 삶을 대하는 태도가 완전히 바뀌게 될 것입니다. 그러면 여러분은 삶을 장대한 모험으로 여기게 될 거예요. 삶이 갑자기 엄청난 모험, 자기 창조를 향한 놀라운 모험으로 변할 테니까요.

어떤 사람들은 돈과 관련된 문제에서 희생자가 된 느낌을 받습니다. 그 사람들은 삶의 모든 문제에 있어서, 특히 돈에 관련된 문제에 있어서 자신이 항상 선택권을 지닌다는 사실을 정말로 이해하지 못해요. 그들은 마치 변덕스러운 행운의 바람, 경우에 따라서는 불운의 바람에 휘둘리는 것처럼 보이죠. 이거 꽤나 적절한 표현 같네요. 그러면서 그들은 자신의 금전적 상황과 자신의 의식…… 의식성 사이의 연관성을 전혀 보지 못합니다. 그 사람들은 경제적인 면에서 자신에게 일어나고 있는 일과 스스로 취하고 있는 태도 사이의 연관성을 이해하지 못해요……. 하지만 분명히 말씀드리건대 삶의 모든 상황을 창조해 내는 것은 우리 자신입니다.

그래서 어떤 이들은 말하죠. "닐, 당신은 이해 못 해요. 저는 다른 사람들과 같은 기회를 얻지 못했다고요." 이처럼 그들은 불우했다거나, 기술이 없었다거나 하면서 자신과 돈 사이에 가로놓인 무언가가 있다고 상상합니다. 하지만 전 그들에게 해 줄 말이 많아요. 우선 돈은 행위의 결과로 오는 것이 아닙니다. 만일 돈이 행한 것의 결과로 주어지는 것이라고 생각한다면, 여러분은 물론 행위와 관련된 많은 알리바이들을 지니게 될 거예요. "전 대학을 졸업하지 못했어요.", "불우한 환경에서 자랐어요.",

"전 당신과 같은 기회를 얻지 못했어요." 같은 거 말이죠. 여러분은 자신이 머물고 있는 존재 상태가 아니라 스스로 행한 것의 결과로 돈이 흘러든다고 상상할 테니까요.

존재성은 교육 정도나 삶의 상황, 문화 인종적 배경과 사회적 지위 등과는 아무 상관없이 모든 사람들이 지니는 겁니다. 누구라도 자애로울 수 있고, 재미있을 수 있으며, 관대할 수 있고, 베풀 수 있으며, 친근하고 온정 어릴 수 있는 거예요. 모든 사람은, 그들이 무엇을 하건 상관없이, 우리가 큰돈을 기꺼이 건네주는 그 모든 존재 상태에 머물 수 있습니다. 무슨 일을 하느냐 하는 것은 정말로 문제가 안 돼요. 돈을 가장 많이 버는 변호사, 의사, 목사, 신문 배달 소년은 모두 얼굴에 미소를 가득 머금고 살면서 만나는 모든 사람에게 크고 활짝 열린 가슴으로 다가가는 사람들입니다. 이런 신문 배달 소년이라면 신문을 돌리면서 들르는 집 사람들에게 많은 팁을 받게 되겠죠. 다른 친구들은 그가 어떻게 그 많은 팁을 받는지 의아해하면서 추측을 늘어놓을 겁니다. "봐, 쟨 자전거가 더 좋아.", "가정환경이 더 좋아서 그래.", "좋은 사람들이 사는 지역을 도는군.", "배달 경로가 좋아서 그럴 거야."

하지만 삶에서 더 좋은 경로를 도는 사람은 없습니다. 우리가 해야 할 일은 그저 다른 사람들이 접하고 싶어 하는 존재성의 차원을 계속해서 함께 나누는 것뿐이죠. 그리고 우리가 그렇게 하기로 결심하면, 살면서 하는 우리의 행위가 무엇인지는 별 상관이 없게 됩니다. 배관공이든 신문 배달 소년이든 청소부이든 회사 사장이든 말이죠. 우리가 가슴을 열고 존재의 깊은 차원으로부터 우리 내면의 보물, 사랑이나 막연히 친근함이라 불리는 보물을 함께 나누고자 한다면 삶이 선사하는 모든 좋은 것들이 우리 삶 속으로 들어오게 될 겁니다. 여러분도 아시다시피 한 번의 미소는 상상 이상의 평판과 신뢰를 가져다주는 법입니다.

그러므로 저는 금전적 상황의 희생자로 자처하는 분들께 경제적으로 성공한 사람들을 한번 보라고 말씀드리고 싶습니다. 아주아주 부유해진 사람들, 백만장자가 된 사람들은 어떤 부류인지 확인해 보시면 매우 놀라운 사실을 알게 되실 거예요. 그 중에는 물론 모든 특권을 지니고 온갖 종류의 사회 문화적 기회를 얻을 수 있었던 사람들도 있겠지만, 그렇지 못했던 사람들도 많이 찾아볼 수 있을 겁니다. 이처럼 지금 여러분이 처한 것보다 상황이 좋지 못했던 사람들을 찾아서 어떻게 그 자리에 도달했는지 한번 물어보세요. 여러분과 그들의 차이점이 무엇일까요? 그 사람들에게 그걸 말로 표현할 수 있는 능력이 있다면 그 차이점을 이렇게 설명해 줄 겁니다. "전 자신을 표현하려고 노력했어요. 짜잔! 그저 제 안에 지니고 있던 것을 나누어 주고자 노력했을 뿐입니다. 그게 무엇이든지 간에요."

언제 한번 기회가 된다면 바브라 스트라이샌드하고 이야기를 나눠 보세요. 그냥 채팅 한번 해 보시라고요. 그녀에게 문화 인종적 배경, 그리고 불우한 환경이나 혜택 등에 대해 물어보세요. 어떻게 해서 그 자리에까지 가게 되었는지도요. 어떤 이들은 그녀의 성공이 뻔뻔스러움 덕이라고 합니다. 기적이라 부르는 사람들도 있고, 삶의 환희를 즐기는 어떤 능력 때문이라고 하는 사람들도 있죠. 하지만 이런 모든 태도는 궁극적으로 *세상에 자신이 지닌 훌륭한 점을 표현해 내려는 의지*로 귀착됩니다. 과거 삶이 어땠는지는 상관없어요. 여러분도 그렇게 한번 해 보시면, *행복한 삶을 살게 되실 겁니다. 여러분이 돈을 많이 가졌든 아니든 상관없이 삶이 행복해질 거예요.*

'삶을 위해' 살다

❝닐, 왜 그토록 많은 영적 구도자들이나 소위 말하는 빛의 일꾼들이 경제적 어려움을 겪는지 설명해 주실 수 있나요? 그러니까 직장을 떠나서 올바른 생계를 꾸린다고 여겨지는 사람들 말이에요. 그들 앞에는 마치 이런 시험이 놓여 있는 것 같거든요. '너는 이 경제 문제라는 불길을 건너갈 수 있느냐?' 많은 사람들이 이런 경

험을 하게 되는 이유가 뭘까요?"

그건 스스로를 무엇이라고 선언하는 순간, 그것과 다른 모든 것이 당신 앞에 나타나게 되기 때문이에요. 다시 한 번 말씀드리죠. 당신이 자신을 무엇, 무엇이라고 선언하는 순간, 그것과 다른 모든 것이 당신 앞에 나타나게 됩니다. 사실 그럴 수밖에 없어요. 그게 우주의 법칙이니까요.

왜냐고 물으시는군요. 우주가 작용하는 방식이 그렇다니까요. 우주의 법칙이란 이런 겁니다. '당신 아닌 것이 없는 한 당신인 것도 존재할 수 없다.'

무슨 말인지 아시겠어요? 고개를 내저으시는군요, 사랑스러운 아가씨, 이렇게 말하는 것 같아요. "이 인간 대체 무슨 말을 하려는 거야?" 저는 "당신 아닌 것이 없는 한 당신인 것도 존재할 수 없다."고 말했습니다. 이제 예를 하나 들어 보기로 하죠. 당신은 몸집이 크고 뚱뚱하신가요? 아니죠. 그러면 자신이 몸집이 크고 뚱뚱하지 않다는 사실을 어떻게 아시나요?

"다른 사람들과 비교해 봤을 때, 전 그냥 중간 정도인 것 같아서요."

Part two 자기 자신과 관계 맺기

그럼 몸집이 크고 뚱뚱한 사람이 없었다면 당신이 그렇지 않다는 사실을 어떻게 알 수 있을까요? 모든 사람이 당신 같다면 말이에요. 와, 그랬다면 정말 좋지 않았을까요? 아니, 사실 여러분 모두는 지금 모습 그대로 아주 훌륭합니다. 그냥 이런 농담을 안 할 수가 없어서요. 그런데 이름이 어떻게 되죠?

" 카렌이요. **"**

카렌. 지금 다루는 내용과 관련해서 모든 사람이 당신과 똑같은 모습을 하고 있다고 상상해 보세요. 그렇다면 당신이 어떤 모습인지 어떻게 알 수 있을까요? 스스로를 뭐라고 묘사해야 할지 어떻게 아시겠어요? 아마 이렇게 말하게 될 거예요. "난 길고 검은 머리를 하고…… 이런, 모든 사람이 길고 검은 머리를 하고 있네. 좋아, 난 비교적 날씬하고 키가 다소 작은 사람이야. 흠, 그러고 보니 모든 사람이 작고 날씬……." 상황이 이렇다면 당신이 누구인지조차 알 수 없을 겁니다. 그렇죠? 이 상대적인 존재 상태에서는 말이에요.

" 외관상으로는 그럴 거예요. **"**

예, 외관상으로 자신을 알 수 없겠죠. 그런데 만일 모든 사람이 내적으로도 똑같다면 당신은 자신의 내면조차 알 수 없을 겁니다. 모든 사람의 내면이 다 같을 테니까요. 그렇죠? 그러므로 자신이 누구이고 무엇인지에 대한 직접적 경험을 하고자 할 때, 당신은 당신 아닌 모든 것을, 마치 자석처럼, 끌어들이게 될 거라고 약속드릴 수 있어요. 왜냐하면 당신 아닌 것이 없는 한 당신인 것도 존재할 수 없으니까요. 이해하셨나요? 빙고.

그렇다면 이제 비밀은, 일단 이 사실을 이해했다면, 비밀은 당신 아닌 그것에 저항하지 않는 것입니다. 왜냐하면 저항하는 것은 지속되는 반면, 바라보는 것은 사라지기 마련이니까요. 당신이 지니고 끌어안고 자신의 것으로 만드는 것, 자신의 것으로 만드는 그것은 더 이상 당신에게 저항하지 않는 거예요.

> 닐 씨, 세상에는 생계수단을 잃을까 봐 직장에서 떠나는 것을 두려워하는 사람들이 아주 많습니다. 지금까지 누려 온 모든 안정을 잃을까 봐서요. 그들에게 하실 말씀 있으신가요?

어떤 사람들은 직장에서 떠나는 것을 정말로 두려워합니다. 그들은 스스로 만든 감옥에 갇힌 것과 같아요. 회사라는 환경이나 지위를 버리면 모든 것을 잃게 될 거라는 생각을 갖고 있으니까요. 하지만 그들은 이미 모든 것을 잃어버렸습니다. 그렇지 않다면 직장에서 떠나고 싶어 하지 않을 테니까요. 그러므로 핵심적인 질문은 '그 지위를 포기하면 무엇을 잃게 되나?'가 아니라, '그러면 무엇을 얻게 될까?'입니다. 그리고 직장을 떠날 생각을 하게 만드는 것이 대체 무엇인지 자문해 보는 것, 이게 질문의 핵심이에요.

그 사람들이 왜 떠날 생각을 하는지 관찰해 보면 현재 상황에 무언가 만족스럽지 못한 점이 있음을 알게 될 것입니다. 뭐가 빠진 걸까요? 이건 괄호 채워 넣기 문제입니다.

그러므로 제가 이런 딜레마에 처한 분들께 해 드릴 수 있는 말은 평소 사람들에게 자주 해 왔던 말입니다. 그 말은 아시다시피 생계보다는 삶을 위해 살라는 것이죠. 여러분이 영혼에 기쁨을 가져다주는 존재성에 중심을 잡고 살아간다면, 전에 벌던 것의 삼 분의 일밖에 못 벌더라도 훨씬 더 행복한 삶을 살 수 있을 겁니다.

보시다시피 이것이 모든 사람에게 있어 핵심적인 질문입니다. '우리 영혼이 기뻐하는 때는 언제인가?' 하는 거 말이죠. 그러니 우리가 생계를 위해 하는 일이 영혼에 기쁨을 가져다준다면 그보다 더 좋을 순 없을 거예요. 하지만 세상에 그런 일을 하는 사람은 극소수입니다. 대부분의 사람들은 살아남기 위해 해야 한다고 생각하는 일을 하며 아주 맥없는 삶을 살죠.

제가 삶을 통해 배운 것은 살아남기 위해 해야 할 일 같은 건 없다는 사실입니다. 저는 항상 대담하게 행동하며, 영혼에 가장 큰 기쁨을 가져다주는 일만 해 왔어요. 그리고 그 때문에 제 친구와 동료, 가족에게 가끔씩 무책임하단 소리를 듣곤 했죠. 하지만 제가 정작 책임감을 느껴야 할 사람은 바로 저 자신 아닐까요?

그래서 저는 어떤 일이나 지위에서도 행복하지 못한 상태에 오래 머무는 것은 거부해 왔습니다. 생계를 유지하기 위해 해야 한다고 생각했던 일이 무엇이든지 간에 말이죠. 그리고 저는 현재 하고 있는 일이 행복을 가져다주지 못한다면 지금에라도 다시 그렇게 할 겁니다. 다른 사람들의 행복이 제 책임이라는 상상에 빠져 있다 해도 그렇게 하느라 저 자신이 끔찍이도 불행한 상황에 빠져 있다면 어떻게 다른 사람을 행복하게 해 줄 수 있겠어요?

그래서 제가 함정에 빠졌다고 느끼는 사람들에게 종종 해 주는 말은 약간의 테스트를 해 보라는 겁니다. 우선 종이 위에 이렇게 적으세요. *"내가 빠져 있는 함정들"* 그리고 나서 여러분이 빠져 있는 함정에 대해 묘사해 보세요. '난 지금 정말 좋아하지 않는 일을 하고 있는데, 이 일을 그만두면 지금 버는 것만큼 돈을 벌 수 없을 것이고, 그러면 나 자신과 내게 의지하고 있는 사람들을 위해 가지고 있던 그 모든 것들을 더 이상 갖지 못하게 될 거야.' 아시겠죠? 이게 함정입니다. 그런 뒤에는 이렇게 자문해 보세요. '내가 이 함정에서 빠져나간다면 무슨 일이 벌어질까?' 그다음에는, 함정에서 빠져나올 때 벌어질 일들을 살펴본 후에는, 세 번째 단계를 확인해 보세요. '그래도 어쨌든 함정에서 빠져나온다면 어떤 일이 생길까?' 알았나요? 여러분은 아마 세상이 여러분 없이도 계속 돌아가리란 사실을 발견하게 될 거예요.

저는 오래전에 한 비범한 여성으로부터 훌륭한 교훈 하나를 얻었습니다. 그녀의 이름은 엘리자베스 퀴블러 로스예요. 전 그녀와 개인적으로도 잘 알게 되었죠. 그래서 하루는 엘리자베스와 함께 차를 타고 가다가 질문을 하나 했습니다. "내게 정말로 하고 싶은 일이 하나 있는데, 그 일을 하려면 직업을 그만둬야 하고, 이런저런 이유들 때문에 그렇게 할 수는 없을 것 같다. 그런데 그 이유들 중 아주 중요한 것 하나는 내게 의지하고 있는 사람이 많다는 사실이다."라고요.

엘리자베스는 저를 차분하게 바라보다가, 그녀 특유의 격한 스위스 식 억양으로, 눈을 아주 천천히 깜박이면서 이렇게 말했습니다. "알겠어요. 그런데 당신이 내일 그냥 죽는다면 그 사람들은 어떻게 할 거라고 생각하시나요?"

전 답했죠. "그건 말도 안 되는 질문이에요. 아마도 전 내일 안 죽을 테니까요."

그러자 그녀가 저를 보면서 말했어요. "아뇨, 당신은 지금 죽어 가고 있어요."

바로 그 순간 저는 살기로 결심했습니다. 전 제 삶을 살기로 결심했어요. 그리고 그건 제가 살면서 내린 것 중 가장 훌륭한 결정이었죠. 그래서 저는 이 말을 함정에 빠졌다고 느끼는 사람을 볼 때마다 해 줍니다. 그 함정이 회사든 아니면 그 어디든 간에요. 여러분은 얼마나 많은 삶을 포기하실 겁니까? 얼마나 많은 삶을 되찾으실 겁니까? 그리고 일단 자신의 삶을 되찾는다면, 다른 사람들에게 줄 수 있는 것들을 얼마나 더 많이 갖게 될 거라고 생각하십니까? 그저 물질적인 것들만이 아니라, 지금 여러분 영혼에 내재해 있는 기쁨과 행복도 포함해서 말이에요.

이게 스승들이 자신과 반대되는 측면들에 절대 저항하지 않고, 대신 그것들을 가장 고귀한 축복으로 보는 이유입니다. 그들의 태도는 이런 거예요. "그 반대되는 것들을 가져다 달라, 나 아닌 것들을 가져다 달라. 나는 나 아닌 것들을 환영할 것임은 물론, 그것들과 융합하여 완전히 그것과 하나가 되려 하기 때문이다. 그리하여 그 반대되는 것이 나인 것을 축복하고, 나의 본질이 고귀하게 표현되도록 할 것이다." 아시겠어요?

전 우주는 하나의 장입니다. 장(場)이요. 어떤 사람들은 그걸 무정형의 장이라고 부르죠. 하지만 저는 경험의 장, 표현의 장이라고 부릅니다. 삶이 삶 그 *자체*를 표현하는 장 말이에요. 그것은 대조의 장, 원한다면, 반대되는 요소들의 장이라고도 할 수 있을 거예요. 그리고 어떤 특정한 요소는 이 대비되는 요소들의 장 안에서만 자신이 진정 무엇인지 알고 규정할 수 있습니다. 상대적인 우주에서는 이것이 진실이에요.

그런데 우리 언어로 절대계라고 부르는 영역에서는 그런 대조의 장이 필요 없습니다. 그것은 가능하지도 않아요. 왜냐하면 절대계는 정의상 무조건적으로, 스스로 존재하는 영역이니까요. 이해하시겠어요? 그리고 거기에는 그밖의 다른 것은 아무것도 없습니다. 우리는 그것을 신이라고 부르죠. 제 언어와 표현 방식, 발음으로는 그것을 신이라고 불러요.

태초에 **존재하는 모든 것**이 있었고, **존재하는 모든 것**이 거기 있는 전부였습니다. 그밖의 다른 아무것도 없었어요. **존재하는 모든 것** 외에는 아무것도 없었습니다. 그건 아주 좋았어요. 그게 존재했던 **전부였고 그 밖에는 아무것도 없었죠.**

그런데도 그것은 자기 자신을 스스로의 경험을 통해 알고 싶어 했습니다. 그래서 자기 자신이 아닌 다른 무언가를 찾아 밖을 내다봤어요. 그래야 그 자신을 경험적으로 알 수 있을 테니까요. 하지만 자기 밖에서 자신이 아닌 것은 단 하나도 발견할 수 없었습니다. 그 자신 외에는 아무것도 없었고, 그것만이 **존재하는 모든 것**이었으니까요.

그렇다면 어떻게 해야 그것이 스스로의 완전한 장대함을 알 수 있을까요? 우리가 신이라 부르는 그것은 자신의 밖을 내다보았지만 그 자신에게는 밖이란 게 없었습니다. 그래서 그것은 스스로를 알기 위해 안을 들여다보게 되었죠. 그러고 보니 이건 여러분이 스스로를 알고자 선택할 경우에도 꽤나 좋은 방법이 될 수 있겠네요. 밖이 아니라 안을 들여다보세요. 안으로 가지 못하면 밖으로 가게 되어 있으니까요.

아무튼 그렇게 해서 신은 안을 들여다보게 되었고, 신 자신의 내면에서 찾아왔던 그 모든 장대함을 볼 수 있었습니다. 그러고는 말 그대로 안으로 폭발하게 되었죠. 다시 말해 신은 우리를 위해 그녀 자신의 안팎을 뒤집어 안으로 폭발하며 수천, 수억, 수조의 다른 부분들로 나누어져, 여기와 저기로, 위와 아래로, 왼쪽과 오른쪽으로 퍼져 나가게 된 겁니다. 그렇게 순식간에 여기와 저기, 위와 아래, 왼쪽과 오른쪽이 *창조되었죠.* 빠름과 느림, 큼과 작음이 그 영광스러운 순간에, 수조의 요소들로 이루어진 신을 형성해 낸 그 첫 번째 생각의 결과로 갑자스럽게 창조

된 거예요. 이 요소들 각각은 '속도'라 불리게 된 그 무엇으로 중심으로부터 방출되어 나아가며 '시간'이라 부르는 환상도 창조해 냈습니다. 그래서 각각의 요소들은 신을 이루는 나머지 부분을 돌아보며 이렇게 말할 수 있게 되었죠. "정말 당신은 경이롭기 그지없습니다."

그리고 신을 이루는 나머지 요소들도 이 같은 찬탄을 보내는 개인적 요소를 돌아보며 완전히 같은 찬사를 보낼 수 있었습니다. 하지만 이 개인적 요소는 그 찬사를 들을 수 없었죠. 신의 개인적 요소들만이 신의 집합체가 "정말 당신은 경이롭기 그지없습니다."라고 하는 소리를 들을 수 없었던 것입니다. 그래서 신이라 불리는 총체는 자신을 구성하는 개개의 요소에 서로를 상기시키며 이렇게 말해 주는 과업을 남겼습니다. "당신은 자신이 얼마나 놀라운 존재인지 아시나요? 정말이지 당신은 경이롭기 그지없습니다."

그러므로 여러분이 서로에게 이런 말을 해 주지 못한다면, 이 메시지를 서로에게 주지 못한다면, 우리는 가장 장대한 임무를 수행하지 못하게 되는 겁니다. 우리는 스스로를 알기 위해 여기 온 거니까요. 우리는 우리 자신을 알기 위해 세상에 태어난 겁니다. 그런데 우리가 스스로를 인식할 수 있는 건 오직 상대방을 통해서만 가능합니다. 왜냐하면 궁극적으로 말해 이 방 안에는 오직 우리 하나만이 존재하니까요.

하지만 만일 여러분이 <u>스스로를 풍요의 화신</u>, 다시 말해 돈을 포함한 우주의 모든 풍요를 끌어들이는 자라고 선언한다면, 제가 보증하건대 가장 먼저 무일푼의 처지에 놓이게 되는 경험을 하게 될 거예요. 혹시 이런 경험을 해 보신 분 있으신가요? 여러분이 "주께서 말씀하시길 풍요는 나의 것이라."라고 선언하는 순간 '복수'가 아니라…… 새로운 범퍼 스티커(자기표현, 농담, 광고 등을 목적으로 차 뒤에 붙이는 스티커―옮긴이) 아이디어가 하나 떠올랐네요, "주께서 말씀하시길 풍요는 나의 것이라." 재미있지 않을까요? 어쨌든 그렇게 선언하는 순간 마치 여러분의 삶에서 돈이 몽땅 사라져 버린 것처럼 느껴질 겁니다. 그러면 여러분은 여행을 시작하게 될 거예요. 하지만 돈을 가진 사람이 아무도 없는 곳만 돌아다니며 헛수고를 반복하다가, 엄청나게 부유한 누군가를 만나고 나서야 여행을 마치게 될 겁니다. 그러면 모든 것이 변하게 되겠죠.

'십일조' 또는 기부에 대하여

❝ 십일조에 대해 어떻게 생각하시나요? 수입의 십 퍼센트를 기부하는 거 말예요. 그리고 총 수익의 십 퍼센트를 기부하는 회사들은

어떻게 될까요? 십일조를 하면 이 나라의 경제체제를 바꿀 수도 있지 않을까요?"

『신과 나눈 이야기』에는 십일조에 관한 상당히 놀라운 진술이 담겨 있습니다. 이 책에서는 우리가 자발적으로 재원을 공유하며 스스로를 표현하는 날이 올 것이라고 말하죠. 그리고 모든 사람들은 수입의 십 퍼센트를 자발적으로 기부하는 식으로 그 표현을 하게 될 것이라고 합니다. 회사나 개인 모두 십 퍼센트를 떼어 공공 기금에 기부하면, 이 기구에서는 도움이 필요한 사람들과 그런 사람들을 도와주는 사회단체에 그 금액을 재분배하게 될 것이라고 말이죠. 우리가 그렇게 하는 날에는 지구상의 모든 세금이 사라질 것입니다. 왜냐하면 사람들에게 수입의 십 퍼센트를 자발적으로 기부해 달라고 요청하는 것만으로도 세금을 통해 거두어들이는 것보다 더 많은 돈을 모금할 수 있을 테니까요. 권리가 침해받는다고 느끼는 사람은 단 한 명도 없게 될 것이고, 모든 사람들은 그들의 수입이 많든 적든, 주당 1000달러를 벌든, 시간당 1000달러를 벌든, 아니면 년당 1000달러를 벌든 상관없이 수입의 십 퍼센트를 기부할 것입니다. 그저 수입의 십 퍼센트를 '공공 기금'에 맡기기만 하면 되는 거예요. 그리고 특정 수입 수준 이하에 처한 사람들은 십일조를 요구받지 않을 겁니다. 예컨대 일 년에 일 달러밖에 벌지 못하는 사람에게는 십일조를 적용하지 않는 거죠.

그런데 이 체제, 이러한 경제 구조는 단순한 하나의 사고방식에 기초한 것입니다. 그 사고방식이란 우리에게 돌아오는 몫의 일부를 그 '전 체체'에 환원할 때, 우리는 물론 그 체제 자체를 크고 풍요롭게 만들 수 있으며, 그렇게 되면 더 많은 몫이 우리에게 돌아오게 되리란 것이죠. 그 '알기 쉬움성', 말을 만들어 내도 된다면…… 단어 같아 보이지도 않긴 하지만…… 그래도 이 사고방식의 알기 쉬움성은 너무나도 명백해서 우리가 지금까지 생각해 내지 못했다는 사실이 놀라울 정도입니다. 그런데 우리가 십일조를 실천할 때 일어날 수 있는 훨씬 더 중요한 무언가가 있어요. 십일조를 교회에 하든, 유대교회당에 하든, 다른 종교적 예배 장소에 하든, 자선단체에 하든, 아니면 좀 다른 방식으로 수입의 일부, 보통 십 퍼센트를 모아 두었다가 정기적으로 다른 누군가를 위해 기부하든 상관없이 말이죠.

정기적으로 십일조를 할 때 우리는 우주를 향해 엄청난 진술을 하게 되는 겁니다. 그 진술이란 '이것이 온 곳에는 더 많이 있다'는 것이죠. 그곳에는 이게 너무나도 풍족하게 있어서, 나는 정기적으로 수입의 십 퍼센트를 말 그대로 거저 주면서도 아까워하지 않는다는 거예요. 우리가 우주에 하는 이 진술은 충분함에 대한 진술, '모자라지 않음'에 대한 진술이 되죠. 그리고 그 진술은 사실상 그와 같은 상태를 우리 경험 속에 만들어 내게 됩니다. 그토록 많은 영성 운동 단체들이 십일조, 십일조, 십일조 하는 이유가 그거예요. 그 단체에서 여러분의 돈을 받고 싶어서 그러는 것도 아니고, 여러분의 돈을 필요로 해서 그러는 것도 아닙니다. 다만 당신이 그 충분함의 진술을 할 필요가 있으니까 그러는 거예요. 그리고 그 진술은 여러분 자신과 우주에 내리는 무선 명령이 되죠. 여러분은 실제로 그런 행동이 나올 수밖에 없는 반응을 만들어 내도록 우주에 명령을 내릴 수 있는 겁니다. 그러므로 십일조는 우주를 지시하여 우리의 본질에 맞게 작용하도록 하는 도구가 될 수 있는 거죠.

21세기 전망

> 제 다음 질문과 바로 연관되는 말씀을 해 주셨네요. 제가 여쭤 보고 싶은 건, 미국 경제가 앞으로 어떻게 될까 하는 것입니다. 선생님은 이십일 세기에 대한 어떤 예견을 갖고 계신가요? 이십일 세기에는 무엇이 변하게 될까요? 그리고 바터 무역 제도는 어떻게 될까요?

음, 저는 이십일 세기에 대한 개인적 전망 같은 건 갖고 있지 않습니다. 제가 아는 건 그저 내일은 우리의 선택에 의해 창조된다는 사실뿐이죠. 제 임무는 바로 오늘, 지금 여기에서 사람들에게 영향을 주는 것입니다.

당신 질문에 답하기 위해 이십일 세기를 내다봐야 한다면, 저는 제가 지닐 수 있는 이십일 세기에 대한 가장 장대한 비전을, 무엇보다도 우리 모두가 경제적, 영적, 정치적, 사회적 차원에서 두 가지 원리에 중심을 두게 되는 것이라고 말하겠습니다. 우리는 두 가지 원리를 근본으로 하게 될 거예요. 그리고 그중 첫 번째 원리는 우리 모두가 하나라는 사실입니다. 그런 원리, 우리 모두가 하나라는 것과 같은 원리의 실행이 경제적으로…… 정치적으로 영적으로 우리에게 어떤 영향을 줄지 상상하실 수 있나요? 그건 어떻게 묘사할 수도 없을 정도로 대단한 격변과 전환과 변화를 가져올 겁니다. 그리고 그 모든 변화는 물론 더 나은 방향, 좋은 쪽으로의 변화가 될 거예요. 전쟁은 내일 당장 끝나게 될 것이고, 불일치라는 것 자체가 사실상 불가능하게 될 것입니다. 특히 폭력으로 이어지는 불일치는 유지되기가 아주 힘들 거예요. 우리 모두가 하나라는 사고방식을 전제로 한다면 말이죠.

그리고 우리는 다음 세기 언젠가, 바라건대 되도록이면 이른 시점에 '존재하는 것은 우리 하나뿐'이라는 기본적인 영적 진실을 중심으로 경제체제를 구축하게 될 거라고 예견해 볼 수 있습니다. 그렇게 하는 것은 정말 가능해요. 그리고 그 경제체제는 소유에 관한 모든 관념을 없앨 겁니다. 『신과 나눈 이야기』도 이 문제를 조금 다루는데, 거기서는 모든 사람이 정말로 아무것도 소유하지 않고, 단지 특정한 사물의 관리인 노릇만 하게 되는 미래에 대해 이야기합니다. 아시다시피 옛날에 우리는 사물뿐만 아니라 사람조차도 소유 대상으로 삼았었죠. 그러니까 남편은 자신이 아내를 소유한다고 생각했고, 부모는 아이들이 자기 것이라고 생각하는 식이었단 말이에요. 그러니 농작물 같은 것들을 자신의 소유물로 삼는 것은 너무나도 쉬운 일이었죠.

하지만 미래에는 우리가 자식을 소유하지 않는 것과 마찬가지로 이 지구도 소유하지 않는다는 사실을 분명히 인식하게 될 거예요. 현재 우리는 서로가 소유의 대상이 아니라는 점을 분명히 인식할 정도로까지 성장했습니다. 남편은 더 이상 아내를 소유하지 않고, 아내도 남편을 소유하지 않죠. 그런데 이런 인식의 변화는 겨우 지난 오십 년 동안 일어난 일이에요. 아주 오래된 어느 시대의 일이 아니란 말이죠. 이건 아마도 지난 삼십 년을 거치며 마침내 분명해진 사실일 거예요. 이런 사고방식은 대부분의 구석기인들에게는 새로운 것이죠. 그런데 우리는 그 사고방식으로부터 마침내 아이들이 자신의 소유라는 느낌을 놓아버리는 지점, 배우자를 소유할 수 없는 것과 마찬가지로 아이들도 소유 대상이 될 수 없다는 사실을 깨닫는 지점으로까지 나아갔습니다.

그리고 지금 우리는 또 하나의 새로운 사고방식을 배워 가고 있어요. 그 사고방식이란 발밑의 땅조차 우리 소유가 아니라는 겁니다. 그 땅에다 어떤 작업을 수행했다는 이유만으로 우리 소유가 되는 것이 아니며, 머리 위의 하늘에 대해선 더더욱 그렇다는 거죠. 어떤 사람들은 마치 한 나라의 정부와도 같은 사고방식을 지니고 이렇게 말합니다. "이건 우리 하늘이야…… 그런데 어느 높이까지가 우리 것이지?"

아시다시피 우리는 오래전에 위성이 어떤 나라 영공을 침범했다는 이유로 유엔에서 엄청난 대질 심문을 받았습니다. 그 후 유엔에서는 다음과 같은 터무니없는 문제들이 논의되었죠. '영공의 높이는 어디까지인가?', '땅 주인은 땅으로부터 얼마만큼의 높이까지를 소유하나? 우주 끝까지인가? 아니면 다른 기준이 있나?' 그때 우리는 소유에 대한 우리의 생각이 얼마나 우스꽝스러운 것인지 깨닫기 시작했습니다. 그런데 아래로는 어디까지가 자기 소유일까요? 땅속에 묻혀 있는 광물이 우리 것인가요? 사우디아라비아는, 특정 국가에 대해 비난하고자 하는 의도는 전혀 없지만, 땅 아래 묻힌 자원인 석유를 정말로 소유하는 것일까요? 만일 그렇다면 소유권이 미치는 깊이는 어디까지인가요? 아마 지구 끝까지라고 주장하실 분도 있을지 모르겠네요. 반대편으로 뚫고 나올 때까지 말이죠. 그런데 그런 경우라면 모든 사람이 모든 것을 소유하는 셈이 됩니다. 발밑의 땅을 정말로 끝까지 소유할 수 있다면, 그 땅의 지구 반대편 땅도 소유한다는 의미가 될 테니까요. 저는 이 질문이나 답변을 우스꽝스러운 것으로 만들고 싶지는 않습니다. 다만 지금 하는 말의 요점은 사람들이 조만간 자신의 소유물은 아무것도 없으며, 우리는 관리자일 뿐이라는 사실을 이해하는 수준으로까지 진화하게 되리란 거예요. 그리고 그 지점에 도달하게 될 때 우리는 땅을 파헤쳐 자원을 강탈하고 환경을 파괴하는 행위와 같이 이 지구, 가이아에 해를 끼치는 일을 그만두게 될 겁니다. 우리는 지금까지 그럴 권리가 있다고 여기고, 그것이 결국 우리 것이란 생각에 이 지구 환경을 남용해 왔죠. 이런 식이었습니다. '이건 내 소유이니 내가 하고 싶은 대로 할 거야.'

저는 또한 이십일 세기에는 우리가 돈을 주고 무언가를 샀다는 이유만으로 그것을 마음대로 파괴하면서, 그 행위가 다른 사람들에게 미칠 영향은 완전히 무시하는 식의 소유 관념은 불가능해질 것으로 예견합니다.

그리고 이십일 세기 경제의 또 다른 측면도 예상해 볼 수 있어요. 저는 우리가 충분하다는 사실, 다시 말해 행복해지기 위해 필요하다고 여기는 것들이 충분해서 함께 나눠도 된다는 것을 분명히 이해하는 지점에 결국 도달하리라 생각합니다.

그런데 세상에는 충분한 자원이 이미 갖추어져 있어요. 이렇게 말하면 많은 사람들이 논쟁하려 들겠지만요. 그들은 이렇게 말하겠죠. "닐, 당신은 거기 앉아 충분함과 풍요에 대해 말할 수 있을지 모르지만 밖에서는 굶주리고 있어요. 우리는 음식도 집도 충분치 못한 데다, 입을 옷도 넉넉지 않고, 충분한 돈도 가지고 있지 못해요. 당신은 아마도 충분히 가지고 있을지 모를 그것들이 우리에겐 충분치 못하다고요."

예, 물론 그들이 충분히 갖고 있지 못하다는 건 사실입니다. 하지만 세상에 그것들이 충분치 못해서가 아니라, 충분히 가지고 있는 사람들이 그걸 함께 나누려고 하지 않기 때문에 그 사람들이 굶주리게 되는 거예요. 전 세계 인구의 십 분의 일이 부의 십 분의 구를 차지하고 있다는 건 누구나 다 아는 사실이죠. 그런데 이게 정당할까요? 이대로 괜찮은 겁니까? 이게 스스로 고등하고 깨어 있으며 고도로 진화되었다고 선언하는 사회에 어울리는 현상일까요?

대체 어떤 방식으로 어떤 근거로 인해, 진화된 존재들의 사회에서 십 분의 일의 사람들이 십 분의 구에 해당하는 부를 소유하는 것이 정당화될 수 있는 걸까요? 공정하게 나눠 갖는 것을 거절하며 "당신은 이해 못 해. 이건 내 거야. 내가 샀고, 내가 일해서 얻은 거야. 그러니 당신은 가질 수 없어."라고 말하는 사람들이 어떻게 정당하다고 인정될 수 있는 걸까요? 그 부의 혜택을 누리지 못하는 세계 십 분의 구의 인구가 현재보다 더 큰 반감을 갖지도 않고 엄청난 폭동을 일으키지도 않는 것이 신기할 정도입니다.

그건 정말 놀라워요. 그리고 그럴 수 있는 유일한 이유는 한편으로는 인간이 근본적으로 선하기 때문이고, 또 한편으로는 대부분의 사람들이 무지 속에 살아가고 있기 때문일 겁니다. 지배층에서 전 세계의 혜택 받지 못한 사람들에게 교육 기회를 줘야 하는지 그토록 망설이는 것도 이 때문이에요. 아시다시피 지식은 힘이고, 그들이 더 많이 알게 될수록 이 세상의 경제 분배 체제와 자원 배분 방식이 얼마나 불공정한지도 더 잘 파악하게 될 테니까요.

그래서 저는 이십일 세기에 이 모든 사실들을 분명히 파악하고 그것이 불공정하다는 사실을 이해해서, 마침내 그 상황을 바꾸기 위해 노력하는 경제체제가 들어설 것으로 예상합니다. 그런데 제가 단정 지어도 된다면 여기서 흥미로운 점이 뭔지 아시나요? 그건 우리가 이 상황을 개선하기 위해 무언가 할 수 있다는 점입니다. 부의 십 분의 구를 소유한 사람들에게 지나친 요구를 해서 박탈감을 느끼게 하지 않으면서 말이지요. 저도 부를 얼마만큼 기부해야 박탈감을 느끼기 시작할지 감도 못 잡겠네요.

저는 한때 거리에서 살았습니다. 거리에서 거의 일 년을 보내며, 공원에서 빈 캔을 줍고, 오 센트짜리 동전 모은 걸로 살아갔죠. 저도 그 상황에 있어 봤고, 그래서 그때와 지금 뭐가 다른지도 잘 압니다. 제가 지금 가진 것의 십 분의 구를 포기한다 해도 그때 상황처럼 되지는 않을 것이고, 그 근처에도 미치지 못할 거예요. 그렇다면 얼마나 분배하는 것이 적당할까요? 이게 전 세계 부의 십 분의 구를 소유한 십 분의 일의 사람들 앞에 놓인 문제입니다. 얼마나 분배해야 할까요? 그리고 여러분이 충분히 가졌다고 느끼게 해 주기 위해 다른 사람들은 얼마나 많은 고통을 감내해야 하는 걸까요? 그런데 이건 경제적인 문제가 아니라 영적인 문제입니다.

'창조 과정'에 대하여

66 앞의 여성분이 풍요에 관해 질문하신 내용과 관련된 건데요. 『신과 나눈 이야기』 일 권에 보면 창조 과정이란 개념을 설명하면서

생각에서부터 말을 거쳐 행동으로 나아가야 한다고 쓰인 부분이 있습니다. 그리고 거기 창조 과정을 진척하고 싶다면 그 과정을 뒤집을 필요가 있다는 식의 권고 사항도 하나 있었어요. 실현된 듯이 행동하라는…… 이 부분에 대해 추가로 보충 설명을 좀 해 주실 수 있는지요. **"**

예, 창조에 세 단계가, 감사합니다, 창조에 세 단계가 있는 것처럼 우리 개개인들도 몸과 마음과 영혼으로 이루어진 삼중의 존재들입니다. 신이 몸과 마음과 영혼으로 이루어진 것과 마찬가지로요. 그러니 우리 개개인은 신이라 불리는 그 삼중 에너지의 개별적 복제물이라 할 수 있는 거죠. 저는 그 삼위 성을 우리 언어로 몸과 마음과 영혼이라 부릅니다. 그러니까 우리 각각은 창조의 세 중심, 혹은 창조의 세 도구인 몸과 마음과 영혼을 지니고 있는 거예요.

그런데 여러분의 생각은 우주에 에너지를 생산해 냅니다. 그러므로 어떤 것을 충분히 자주, 충분히 오래 생각하면 그 생각이 실제로 삶에 물리적 결과를 산출해 내게 되는 거죠. 이런 경험을 해 본 사람이 있을까요? 물론이죠. 우리 대부분이 해 봤을 거예요. 사실 1946년에 한 친구가 『긍정적 사고의 힘』(원제는 'The Amazing Results of Positive Thinking', 국내에는 '적극적 사고의 힘'이라는 제

목으로 번역 출간되었다.―옮긴이)이란 책에서 이 문제를 다뤄 엄청난 베스트셀러가 된 적이 있어요. 그 뉴에이지 저자는 노먼 빈센트 필 박사였습니다.

창조의 두 번째 단계는 말이에요. 이를테면 말하는 대로 실현된다는 거죠. 그러므로 우리가 하는 말은 정말로 에너지의 한 형태입니다. 우리가 말하는 내용이 여러분의 방 안에 실제로 에너지를 생산해 내는 거예요. 그리고 그 에너지는 창조력을 지니고 있습니다. 그러므로 만일 여러분이 무언가를 충분히 자주, 충분히 크게 말한다면, 정말 그렇게 실현될 거라고 약속드릴 수 있어요. 둘이나 그 이상의 사람들이 같은 말을 하기 시작한다면, 제가 보증하건대 그대로 이루어질 겁니다. 또한 한 집단의 사람이 모두 같은 말을 하기 시작하면 그대로 이루어질 수밖에 없게 되어 있어요. 이걸 집단의식이라 부르는데 세상이 지금 이 모습 대로인 것도 다 그 때문입니다. 우리의 집단의식은 높은 의식성을 지닌 사람들의 수준으로까지 의식성이 고양되지 못하도록 막아 왔으니까요.

세상에 집단의식보다 강력한 건 아무것도 없어요. 세상에 있는 모든 영적 전통의 스승들은 어떤 식으로든 이 사실을 말해 왔습니다. "주의 이름으로 두 사람 이상이 모이면……." 그리고 이건 진실이에요. 우리가 보는 대로의 세상, 그리고 그 안에 있는 모든 것은 한때 하나의 생각에 지나지 않았습니다. 우리가 보는 대부분의 것들이 한 사람 이상, 아니 많은 사람들에 의해 공유된 생각의 결과인 거예요. 우리의 정치, 경제, 종교 체제와 경제구조 등과 같은 대부분의 사회제도에 있어서 이건 전적으로 진실입니다. 그러므로 만일 우리가 집단의식을 개선하고 바꿀 수 있다면, 우리 경험 전체의 패러다임도 변화시킬 수 있어요. 그래서 모든 사람들이 그걸 시도하는 겁니다. 매스미디어의 목적이 그것이고, 정치의 목적도 그것이죠. 집단의식을 변화시키고 재창조하는 것 말이에요.

그런데 이제는 집단의식을 *변화시키려는* 노력의 방식 자체를 변화시킬 필요가 있습니다. 우리는 이미 정치에는 진력이 난 상태이고, 사회적 영향력으로 집단의식을 변화시키는 데에도 한계가 있습니다. 그렇다면 영적인 영향력을 가해 보는 건 어떨까요? 우리가 스스로의 영적 진실에 대한 새로운 집단의식을 창조해 낼 수 있다면, 우리 모두의 내면 깊이 내재한 가장 고차원적 진실로 집단의식을 갱신할 수 있다면, 여러분은 세상을 말 그대로 하룻밤 새에 바꿀 수도 있을 겁니다. 하룻밤 만에요!

이 세상에 『신과 나눈 이야기』 같은 책이 그토록 중요한 이유도, 기존 체제의 어떤 부분에 그토록 위협이 되는 이유도 그거예요. 그런 책들은 집단의식에 직접 가닿는 통로를 만들어 내니까요.

집단의식이 중요할까요? 두말할 필요도 없죠. 우리가 텔레비전에 방송되는 내용을 주의 깊게 선정해서 보고 영화를 보거나 책을 살 때 신중을 기해야 하는 이유도 여기 있습니다. 우리는 우리의 마음이 노출되는 대상에 주의를 기울이고, 다른 사람의 마음이 노출되도록 선택하는 대상에도 관심을 가질 필요가 있어요.

우리의 노력은 새로운 집단의식과 집단성에 대한 인식을 창조하고 재창조하는 것이어야 합니다. 여기서 집단성을 인식한다는 건 우리가 집단 경험에 대해 집단적으로 인식할 수 있어야 한다는 말이에요. 그러니까 제가 드리려는 말씀은 우리의 일체성에 대한 보편적 인식이 현 시점에서 요구된다는 겁니다. 정말로 단일한 집합체가 존재하고 우리 모두가 거기에 속한다는 사실, 그리고 그 집합체 밖에 있는 사람은 아무도 없으며, 그 안에 있는 그 누구도 다른 사람보다 더 낫지 않다는 사실 말이에요. 얼마나 엄청난 사고방식입니까.

자, 다시 본론으로 돌아가서, 행위는 물론 창조의 세 번째 단계입니다. 우리가 몸이라 부르는 이 엄청나고도 엄청난 에너지의 집합체를 통해 수행하는 것 말이죠. 이건 매우 거친 창조 단계예요. 아주 거칠고 육중합니다. 그러니까 전 지금 공기를 움직이고 있습니다. 공기를 가로질러 손을 움직이는 것만으로도 아주 엄청난 에너지의 운동을 만들어 내게 되는 거예요. 여러분은 에너지를 말 그대로 누군가를 향해 밀어 넣을 수도 있을 겁니다.

혹시 여러분 기분이 안 좋은 걸 알고 누군가 옆으로 와서 손을 머리에 얹은 채 가만히 있어 준 적 있나요? 그런 때는 단 오 분 만에, 때로는 오 초 만에, 그 따뜻함과 진동을 느낄 수 있습니다. 그 사람에게 가끔은 도리어 화를 내기도 하지만 이렇게 말할 때도 있죠. "제게 뭘 해 주신 건진 모르겠지만 이제 기분이 좀 나아졌네요."

그리고 거기서 더 나아간다면, 물론…… 여기 이 여성분에게 한번 해 볼게요. 여러분이 거기서 더 나아가 실제 서로 접촉한다면, 믿을 수 없을 정도로 놀라운 일들이 일어날 수 있습니다. 그건 에너지이므로…… 믿을 수 없을 정도로 놀라운 일들이 일어나게 되는 거예요. 그 에너지는 아주 거칠고 육중하며 매우 실제적입니다.

그런데 여기서 문제는 사람들이 대부분 하나를 생각한 뒤 다른 걸 말하고, 행위는 또 다르게 한다는 사실입니다. 사람들은 아이들이 말하듯 "그 모두를 한데 통합하지(have it all together, 훌륭히 해낸다는 뜻—옮긴이)" 못해요. 그래서 사람들은 하나를 생각한 뒤 다른 행위를 합니다. 또는 하나를 말하고는 다른 생각을 하죠. 아니면 자신이 생각하는 대로 말하지 않거나 자신이 말하는 대로 행동하지 않아요. 여기 계신 분들은 살아오면서 그런 실수를 결코 하지 않으셨을 줄로 압니다. 하지만 저는 이 창조의 세 중심 간에 일어난 갈등과 몇 차례 직면해 본 경험이 있어요. 그래서 전 제가 생각하는 것을 사람들에게 말하고 싶지 않을 때가 자주 있습니다. 제 생각이 별로 자랑스러운 것이 못 되니까요. 그렇다면 그런 생각은 왜 하는 걸까요? 그건 신만이 아십니다.

최근 저는 제 생각을 검열하기 시작했어요. 제가 더 이상 선택하지 않기로 한 생각, 진정한 나를 표현하지 못하는 생각을 발견할 때면, 전 그 생각을 반복해서 하지 않습니다. 말 그대로 그 생각에 두 번째 생각을 덧붙이지 않고 그냥 내던져 버리는 거예요. 여러분이 어떤 생각을 계속하지 않으면 그 생각은 힘을 잃게 됩니다. 이건 이 생각이란 에너지의 다행스러운 측면이에요. 그 에너지가 아주 희박하고 매우 가볍다는 점 말이죠. 그 생각이 축적된 에너지로 아주 육중해지려면 그 생각을 계속해서 반복하고, 반복하고, 또 반복해서 생각하는 식으로 되풀이해야 되는 거예요. 포고(월트 캘리는 「포고」라는 훌륭한 만화를 그려 주었다.)가 "적을 만나고 보니 우리 자신이었다."라고 말한 이유도 그겁니다.

그러므로 생각하는 대로 말하고 말하는 대로 행위 하기 시작할 때 여러분의 삶은 변하기 시작할 겁니다. 그러면 여러분은 그 모두를 한데 통합하게 될 거예요. 이제는 창조의 세 중심 모두로부터 창조하기 시작하는 거죠. 그러고 나면 여러분은 삶 속에 놀라운 결과들을 아주 짧은 기간 만에 현실화하고 만들어 내기 시작할 수 있을 겁니다.

그런데 질문이 뭐였죠?

❝ 책에서 읽은 내용과 관련해서 질문 드렸었죠. 생각에서 말을 거쳐 행위로 나아가라는 내용을 다룬 부분과 관련해서요. 거기서는 그 과정을 뒤집으면 원하는 것을 현실화하는 데 도움이 될 수 있다고 하던데, 이 문제에 관해 좀 더 상세하게 보충 설명을 해 주셨으면 해서…… ❞

감사합니다. 다시 궤도에 올려놔 주셔서 감사드려요. 언제 본론에서 벗어나 딴소리할지 모르니 조심하시기 바랍니다. 그런데 이번엔 사실 주제에서 많이 벗어나진 않았어요. 그래서 생각, 가장 가벼운 형태, 혹은 단순한 표현을 사용하자면, 가장 엷은 형태의 창조 에너지, 그게 생각입니다. 그리고 그보다 더 두터운, 혹은 단순히 말해 더 짙은 형태의 에너지 말이죠. 그다음으로 가장 두텁고 무거운 형태의 에너지는 물론 제가 막 말했다시피 행위입니다. 그래서 창조의 정상적인 과정을 뒤집는 것이 물리적 현실에 무언가를 창조해 내는 가장 빠른 방법 중 하나라고 하는 거죠.

보통 우리는 창조를 하기 위해 우선 생각부터 합니다. '그 파티에 가야겠어.' 그런 뒤 그 생각과 관련된 무언가를 말하죠. "마틸다, 오늘 밤 네 파티에 갈게." 그러고 나서 우리는 이와 관련된 행위를 합니다. 파티에 나타나는 것처럼 말이죠. "나 왔어. 내가 온다고 했지." 그날 아침 그렇게 하겠다고 생각을 했으니까 파티에 간 거예요. 이게 우리가 현실에 무언가를 만들어 내는 일반적인 방식입니다.

사실 이 방에 있는 모든 것은 한때 누군가의 마음속에 있던 생각이었습니다. 한때 누군가의 마음속에 생각으로 존재하지 않았던 것은 여기 아무것도 없어요. 하지만 만일 여러분이 정말 우주와 장난을 쳐서 삶에 마술적인 무언가를 창조해 내고자 한다면 생각과 말과 행동이라는 패러다임을 역전시키세요. 위아래를 뒤집어서 행위부터 시작하는 겁니다. 다시 말해 무엇무엇인 것처럼 행위하는 거예요.

자, 우리는 여기서 함께한 시간 내내 풍요에 대해 이야기해 왔습니다. 그러니 만일 여러분이 풍요를 경험하고 싶으시다면, 풍요로서 *존재하시고*, 풍요로운 사람이 행하는 대로 행동하세요. 여러분에게 남은 돈이 오 달러밖에 없다면, 상점에 가서서 그 돈을 잔돈으로 바꾸세요. 그런 뒤 일 달러 다섯 장을 가지고 거리를 걸어가며 여러분보다 적게 가진 다섯 사람에게 일 달러씩 나누어 주세요. 그런데 여러분은 그런 사람들을 아주 쉽게 발견할 수 있을 겁니다. 여러분은 자신이 얼마나 적게 가졌다고 생각하든지 간에 더 적게 가진 누군가를 항상 발견할 수 있을 거예요. 세상이 그만큼 끔찍한 장소여서가 아니라, 풍요를 경험해 볼 수 있도록 하기 위해 여러분 스스로가 그런 상황을 경험적 현실 속에 만들어 낼 것이기 때문에 그런 겁니다.

그러면 여러분은 거리를 걷다가 더 못 가진 사람을 발견⋯⋯ 잠깐만요, 그런데 더 못 가진 사람을 발견했을 때 그 사람을 딱하게 여기시면 안 됩니다. 여러분이 그 사람을 거기에 위치시켰다는 점을 '이해하셔야' 돼요. 그 경험은 여러분이 만든 거고 현실 속에 그 사람을 끌어들인 것도 여러분입니다. 그러니까 이런 경우 여러분은 '천사의 손길' 같은 우화적 상황 설정을 믿으셔야 하는 거예요. 세상이 그런 식으로 돌아간다는 걸 파악하셔야 하는 겁니다. 그렇지 않으면 여러분은 그 작은 영혼을 보고 유감스럽게 느끼기 시작할 테니까요. 더 이상 동정 어린 태도로 타인을 대하지 마세요. 대신 돌봐 주고 사랑하는 태도로 상대를 대하세요. 사랑은 동정심이 아니라는 점을 분명히 아셔야 합니다. 사실 동정심만큼 사랑과 동떨어진 감정도 없어요. 그러니 상대를 동정하기보다는 연민을 갖고 온정을 베푸셔야 합니다.

연민이라면 마음속에서 이렇게 말할 거예요. "음, 저기 사실은 가질 수 있음에도 못 가졌다고 생각하는 사람이 있군. 저 사람이 사로잡혀 있는 신념 체계는 내 것과도 다르고, '궁극적 진실'과도 달라서 현실에 궁핍을 만들어 내고 있어." 여러분은 이런 연민을 가지셔야 합니다. 절대 동정심은 갖지 마세요.

그런데 그 사람이 거기 나타난 건 사전에 맺은 계약 때문일 수도 있다는 점 또한 아셔야 합니다. 태어나기 전 이렇게 생각했을 수도 있어요. '오늘은 길거리에서 알코올 중독자 역할을 해 봐야겠어. 이 역할을 삼십육 년 동안 연습하다가 닐 도널드 월쉬가 계약한 날 오후 4시 45분 이 거리를 지나갈 때 그의 경험 속에 이런 모습으로 나타나 주는 거야. 그 친구가 자신의 풍요를 깨달을 기회를 줄 수 있도록 말이지. 그러면 닐은 내게 마지막 일 달러를 줄 테고, 그 돈을 받음으로써 내 삶은 큰 변화를 겪게 될 거야. 왜냐하면 내게는 일 달러도 엄청난 돈일 테니까. 길거리에서 사람들에게 오 센트, 십 센트 동전만 받다가 이 친구한테 일 달러를 받는 거지. 그렇게 길거리에서 알코올 중독자로 나타나 주겠다는 삼십육 년간의 계약을 이행하고 나면 난 그때부터 내 길을 갈 거야.'

그러니 우연히 일어나는 일은 아무것도 없다는 사실을 분명히 이해하셔야 합니다. 우리는 지극히도 불가사의한 방식으로 인생 여정에서 서로 만나고, 헤어졌다 다시 만나기를 반복하는 거예요. 때로는 다시 만나는 데 이십 년이 넘게 걸리기도 하죠. 게다가 천지간에는…… 우리가 상상할 수 없는 무수한 일들도 일어나는 법입니다. 그러므로 세상에는 우연의 일치도 없다는 사실을 명심하셔야 돼요.

자, 그래서 여러분은 거리를 걷다가 마지막 일 달러를 내어 줍니다. 그런데 이때 무슨 일이 일어나나요? 뭐가 어떻게 되고 있는 걸까요? 여러분은 생각과 말과 행위의 패러다임을 역전시킨 겁니다. 지금 풍요를 느끼는 사람이 할 만한 행동을 하고 있는 거예요. 충분치 못하다고 생각했고 그래서 한 시간 전만 해도 주는 건 상상도 못했던 여러분이 지금은 주고 있는 겁니다. 이제는 자신이 충분히 갖고 있다는 점을, 다른 사람에게 나눠 줄 정도로 많이 갖고 있다는 사실을 잘 알고 있으니까요.

이처럼 일 달러를 내어 주면서 여러분은 자신의 몸, 이 육중한 에너지 안에 하나의 경험을 창조해 내고 있는 거예요. 몸은 세포 차원에서 이렇게 알아차릴 겁니다. '오, 이런, 내가 돈을 내 주고 있잖아. 이것 좀 봐. 난 돈을 줄 수도 있어.' 이건 마치 일요일 아침 교회에서 헌금하는 것과도 같습니다. 그때 여러분은 돈이 충분하다는 걸 잘 알죠. 그래서 헌금 바구니가 돌기 시작하면 지폐를 꺼내 듭니다. "오늘은 일 달러 다 낼 거야. 여기 일 달러, 밀드레드 봤지? 저기 바구니에 넣을 거야. 와, 오늘 설교는 정말 훌륭했어. 오 달러 넣어야지. 대단한 설교였으니까."

그러지 말고 이십 달러를 꺼내세요. 수표장을 꺼내서 100달러라고 적으세요. 그곳이 당신에게 얼마나 중요한 장소인지 교회가 알게 해 주세요. 여러분이 교회에 갈 때, 유대인 예배당에 갈 때, 아니면 다른 종교 장소에 갈 때, 그곳이 여러분에게 만족감을 준다면 수표장을 꺼내서 150달러라고 적어 넣으세요. 그렇게 한 번만 해 보세요. 교회나 유대인 예배당이나 다른 종교적 예배 장소에 이런 사실을 알려 주세요. "제게는 이 장소가 그 정도로 중요합니다. 저는 보통 돈을 온갖 종류의 하찮은 일, 의미 없는 일들에 낭비하죠. 터무니없는 일에 돈을 낭비해 왔어요." 그리고 이런 행위를 여러분이 의미를 느낄 수 있는 것을 발견할 때마다 하세요. 의미 있다고 여겨지는 그곳에, 여러분이 무엇을 갖고 있든지 간에 주고, 주고 또 주세요. 그러면 그 의미 있는 대상이 여러분을 *위해* 의미를 지니게 되는 것을 발견하실 겁니다. 《달러와 의미(*Dollars and Sense*)》라는 잡지도 있죠.

왜냐하면 다른 사람에게 주는 것은 자기 자신에게 주는 것이고, 가는 것은 되돌아오기 마련이니까요. 돈은 그것에 매달리기 시작하는 순간 가치를 잃어버립니다. 돈이 가치를 지니는 건 흐르도록 내버려둘 때뿐이에요. 돈을 쌓아 두는 분들은 자신이 아무것도 절약하고 있지 않다는 사실을 이해하셔야 합니다. 여러분은 이 사실이 세계 경제에도 적용된다는 것을 아시나요? 돈은 오래 쌓아 둘수록 그 가치가 떨어집니다. 하지만 우리는 이 현상을 벌충하고자 이자율이라는 인위적 장치를 고안해 냈죠. 돈에 집착하는 것이 그 가치를 높여 준다고 여러분을 납득시키기 위해서요. 오랫동안 돈을 쌓아 둬도 그럭저럭 가치를 유지할 수 있다니 다행인 걸까요?

아니, 아니, 아니에요. 돈은 여러분 손을 떠나는 순간 가장 높은 가치를 지니는 거예요. 왜냐하면 돈은 그때가 돼서야 여러분이 되고, 하고, 지니고자 선택하는 그것을 실현하도록 힘을 부여해 줄 수 있으니까요. *돈이 가치를 지닐 때는 여러분의 손을 떠날 때뿐입니다.* 그럼에도 우리는, 제가 말했다시피, 이자율 같은 인위적 경제 제도를 만들어 돈의 축적을 부추기죠. 원하신다면 어느 정도 저축하시는 건 좋습니다. 하지만 전 많이 저축하지 않아요. 대신 돈이 계속 흐르도록, 움직이도록 합니다. 그냥 계속 밖으로 흘러넘치게 하는 거죠.

그래서 앞서 하신 질문에 대한 답변은 존재-행위-소유의 패러다임을 바꿀 때, 여러분은 마치 무엇무엇인 듯이 행동하기 시작할 것이고, 그러면 몸은 여러분이 자신을 정말 누구라고 생각하는지 세포 차원에서 이해하기 시작한다는 겁니다. 제가 어렸을 적에 아버지는 이렇게 말씀하시곤 하셨죠. "그런데 넌 대체 네가 뭐라고 생각하는 거냐?" 그래서 전 나머지 생을 그 질문에 답해 보려고 노력하면서 보냈어요. 그리고 제 몸도 그 질문에 대한 제 생각을 이해하려고 노력하고 있습니다.

어쨌든 몸이 육중한 에너지의 장으로 움직여 들어갈 때, 그것은 사물을 변화시키기 시작합니다. 자선 행위를 시작하는 것처럼 말이죠. 그리고 갑자기 제 몸은…… 마치 머리카락처럼, 그런데 여러분도 머리카락을 훈련하시나요? 전 제 머리카락을 훈련합니다. 수년간 빗질한 결과 이렇게 된 거예요. 머리카락이 훈련된 거죠. 그런데 머리카락뿐만 아니라 몸 전체도 훈련시킬 수 있어요. 여러분의 몸도 머리카락처럼 훈련될 수 있다고요. 그러면 몸은 이런 메시지를 받아들이기 시작하죠. "나는 내가 받기로 선택한 것을 가지고 있어. 난 이미 그걸 가지고 있다고." 이렇게 커다란 장애를 일단 가로지르고 나면…… 모든 것이 변화합니다. 여러분은 자신이 못 가졌다고 생각했고, 그래서 갖지 못한 그것, 그러니까 더 많은 돈을 가지려고 노력해 왔죠. 하지만 그걸 가지고 있다는 사실을 일단 받아들이기만 하면, 이제 문제 되는 것은 숫자 뒤에 0이 몇 개 붙는가 하는 것뿐입니다. 이해하셨나요? 그러고 나면 여러분은 가는 것은 정말, 진짜로 되돌아온다는 사실을 발견하시게 될 겁니다. 우주에 대고 어떤 마술적 기교를 부려서가 아니라, **내가 누구인지에 대한 진실**을 결국 받아들였기 때문에 그렇게 되는 거예요. 그것도 우주적이고 광대한 차원에서 말입니다. 우주는 결코 여러분이 자신에 대해 갖는 생각에 아니라고 말하지 않아요. 그 생각을 북돋워 줄 뿐이죠. 제가 방금 한 말 들으셨나요? 전 우주는 여러분이 스스로에 대해 갖는 생각에 아니라고 말하지 않으며, 그 생각을 북돋워 줄 뿐이라고 했습니다. 우주는 정말 훌륭해요. 신이 여러분을 길러 주시니까요. 보시다시피 신은 우주의 거름 같은 존재입니다. 이건 여러분에게 도저히 참을 수 없을 만한 무언가를 말해 봐야겠다고 생각해서 드린 말씀이에요. 도저히 참을 수 없고, 완전히 반대되는 말을 해서 여러분 마음이 견딜 수 있나 보려고요. 왜냐하면 전 그 표현을 가장 온건한 의미에서 썼습니다, 신은 모든 것을 자라게 하는 존재, 모든 것이 성장하도록 돕는 존재니까요. 그러므로 신은 여러분도 자라게 해 주실 겁니다. 조금 도움이 되었나요?

그러므로 여러분이 되고 싶고, 하고 싶고, 가지고 싶은 것이 뭐든지 간에 비밀은 여기 있습니다. 그 비밀이란 여러분이 되고 싶고, 하고 싶고, 가지고 싶은 것이 뭐든지 간에 **다른 사람으로 하여금 그것이 되고, 그것을 하고, 그것을 갖게 해 주는 겁니다**. 여러분 스스로를 삶에서 경험하고자 선택하는 그것의 수혜

자가 아닌 공급자, 원천으로 바라보세요. 여러분은 사실 수혜자가 아니며 항상 원천이었고 앞으로도 그럴 것이기 때문입니다. 받고 싶어 하는 그것의 원천이 자기 자신이라 상상할 때 여러분은 아주 넉넉해(resourceful)질 거예요. 그러면 여러분은 마법사가 될 수 있습니다. 정말로 마법사가 되는 거예요. 때로는 사람들이 '원천제공자(source-er-er, 마법사의 다른 표현 sorcerer의 변형—옮긴이)'라고 불러 줄지도 모르죠.

질문하신 분 아직 의문점이 남아 있나요? 되도록 명료하게 설명해드리고 싶어서 그래요. 또 뭐가 궁금하신가요?

'내면의 저항'에 대하여

66 잘 듣고 이해해서 받아들였습니다. 그런데 그 방법대로 하는 사람의 내면에 있는 저항과 관련된 문제를 다뤄 주실 수 있으신지요? 내가 이걸 줘도 되돌려 받지 못할지 모른다는 두려움과 신념 체계가 남아 있을 땐 저항감이 들잖아요. 이 저항이 소위 말하는 골칫거리인 것 같은데, 선생님은 이 문제를 어떻게 다루시는지 알고 싶습니다. 99

자기가 진정으로 믿는 것이 무엇인지 알고 싶으시다면, 자신의 삶을 거의 이끌다시피 하는 그 신념 체계와 진실로 접해 보고 싶으시다면, 자신이 무엇에 저항하는지 잘 관찰해 보세요. 그리고 어떤 변화에 저항감을 느끼는지 특히 주의 깊게 살펴보세요.

여기 신비로운 건 아무것도 없습니다. 우리는 놓아 버리고 싶지 않은 것을 지키기 위해 저항하는데, 놓아 버리지 않으려는 그것과 우리가 정말로 믿는 것은 결국 같기 때문입니다. 이처럼 이건 신비스러운 구문 같은 게 아니에요 그냥 명백한 사실의 진술입니다. 하지만 우리는 가끔 가장 명백한 것을 무시하고 충분히 주의 깊게 보지 않기도 하죠. 그래서 저는 어떤 제안이나 변화, 아이디어, 개념에 격하게 저항하는 사람들을 볼 때면 항상, 그것이 내면 깊숙이 지니고 있는 진실이 아닌지…… 그래서 변화에 저항하는 건 아닌지 살펴보라고 말해 줍니다. 그런 뒤 그 진실에 그토록 처절히 매달리는 것이 정말 도움이 되는지 확인해 보라고 하죠. 그 진실이 여러분에게 도움이 되는지 정말 한번 세심하게 살펴보세요. 우리 내면 깊이 간직한 진실 중 실제로 도움이 되는 것은 얼마 없다는 사실에 놀라게 되실 겁니다. 그것 참 희한한 일이에요.

저는 제 내면 깊이 지니고 있는 진실에 대한 일종의 조사를 한 뒤 그것들을 다음과 같은 질문에 비추어 평가를 해 본 적이 있습니다. '이 진실을 고수하는 것이 내게 도움이 되는가?' 그런데 깊이 간직하던 그 진실들 중 알아차리자마자 그 자리에서 바로 내버리기로 선택한 것들이 너무 많아 스스로 놀랐어요. 저는 그 당시 이상한 신념도 지니고 있었는데 지나치게 단순하고 일방적이어서 말씀드리기 당황스러운 것들도 있습니다. '난 그다지 매력적인 사람이 아니야.' 같은 거 말이죠. 그러니까 신체적으로 매력적이지 못하단 뜻입니다.

이 점에 대해 좀 더 말해 볼게요. 여러분과 나누고 싶은 게 있거든요. 돈과는 아무 상관도 없는 얘기지만, 그냥 여러분께 말씀드리고 싶네요. 저는 한때 아주 매력적인 여성과 교제한 적이 있습니다. 아름다운 여성이었죠. 우리는 같은 집에 살고 있었고, 저녁을 먹으러 나가기 위해 준비 중이었습니다. 저는 거울 앞에 서서 거울에 비친 그녀를 바라보며 말했습니다. "그거 알아? 당신은 정말 멋진 여자야. 왜 나처럼 볼품없는 사람하고 사귀고 싶어 하는지 모르겠어."

표현이 참 흥미롭지 않나요? 제 자존감이 얼마나 낮았는지 아실 수 있을 거예요. 아무튼 전 그렇게 말했습니다. 그런데 그녀의 반응이 충격적이었죠. 그녀는 머리를 빗는 중이었는데, 제 말을 듣자마자 빗을 핸드백에 던져 넣고, 막 착용한 귀걸이도 벗어서 탁자 위에 내던지더니, 목걸이마저 풀기 시작했습니다. 깜

짝 놀란 제가 물었죠. "당신 뭐하는 거야?"

그녀가 말했습니다. "당신 같은 사람하고 같이 안 나가." 전 저의 자신감 없는 태도에 화가 난 줄 알았죠. 그런데 이어서 이렇게 말하더군요. "날 그렇게 과소평가하다니."

제가 물었습니다. "뭐? 누가 당신을 과소평가하는데?"

그녀가 답했습니다. "당신, 내 눈이 그렇게 낮다고 생각해? 날 그렇게 본 거야? 당신이 좀 알아줬으면 하는데, 난 눈이 아주 높은 사람이야. 아까 같은 말은 날 모욕하는 거라고."

전 결코 그런 식으로 생각하지 않았습니다. 흥미롭지 않나요? 그런데 제가 이 이야길 왜 했는지 모르겠네요. 아, 이 경험을 통해 제게 분명해진 게 있어서 말씀드린 겁니다. 정작 그녀는 생각도 안 해 본 이상한 관념을 저 혼자 갖고 있었단 거죠.

이렇게 해서 저는 스스로 매력적이지 못하다는 단순한 신념에서부터 훨씬 더 중요한 신념에 이르는 모든 내적 믿음, 제가 고수하고자 저항했던 그 신념의 목록을 만들게 되었습니다. 그 목록에는 이런 것들이 있어요. '신은 내 편이 아니다, 세상은 험난한 곳이다, 모든 사람이 날 적대시한다, 기존 체제를 이길 순 없다, 전리품은 승자의 몫이다, 강한 자가 살아남는다.' 이런 게 제 마음속 깊이 뿌리박혀 제 삶을 좌지우지하던 신념이었습니다. 아무 도움도 되지 않는 것들이 너무 많아 놀랄 지경이죠.

그래서 전 무언가에 저항하는 사람을 볼 때마다 저항감을 느끼는 대상을 잘 살펴보라고 말해 줍니다. 거기에서 내밀한 신념을 발견할 수 있으니, 찾아서 그 신념이 자신에게 도움이 되는지 확인해 보라고 말이죠. 제가 보증하건대 그 신념의 십중팔구는 더 이상 도움이 안 될 겁니다. 그 신념이 한때는 도움이 되었을까요? 그럴지 모르죠. 그럼 지금도 도움이 될까요? 아마 안 그럴 겁니다. 그런데 저항하는 것은 지속되기 마련이죠. 오직 주의 깊게 보고, 받아들이는 것만이 사라지는 겁니다. 대상에 대한 마음가짐을 변화시키는 것만으로 그걸 없앨 수 있어요.

전 저항감을 느낀 뒤에는 그냥 무시합니다. 이제는 더 잘 아니까요. 저항하는 것은 지속되고, 주의를 기울이는 것은 사라진다는 사실을 알기 때문에 더 이상 저항하지 않는 거예요. 그래서 무언가에 저항감을 느낄 때면 저는 거기에, 그 저항 바로 뒤에 진실이 놓여 있다는 사실을 기억합니다. 삶의 어느 부분에서든 저항감이 일어날 때면, 저는 그 저항 바로 너머에 가장 중요한 진실이 놓여 있다는 사실을 알아차려요. 그리고 그렇게 알기 때문에 저는 그 느낌을, 그 불편한 느낌을 환영합니다. 보시다시피 삶은 여러분이 익숙하게 느끼는 영역 끝에서 시작되는 것입니다.

익숙한 영역의 끝에서 삶이 시작된다는 말은 여러분이 도전과 마주할 수 있는 지점…… 그러니까 가장 위대한 기회를 접할 수 있는 지점이 안락한 곳의 반대편에 있다는 뜻입니다. 우리 모두는 익숙한 곳에 편하게 머물고 싶어 하는 경향이 있죠. 신체적인 의미에서의 안락과 더불어, 아니 그보다 더 자주, 정신적인 측면의 안락을 추구하는 성향이 있습니다. 하지만 정신적으로 안락하다는 것은 정신이 정체되어 있다는 것을 뜻하기도 합니다. 그때 우리는 정신적이거나 영적인 면에서 헤엄은 안 치고 물 밖에서 거품이나 뿜어대는 물고기와도 같아요. 흥분되는 삶은 이 모든 안전 영역의 끝에서 시작되는 겁니다. 진짜 삶은 편안하게 느껴지는 곳의 반대편에 있는 거예요. 익숙한 곳에만 머물면 성장하지 못합니다. 물론 이게 안정감의 위험한 측면이죠. 아무것도 배우지 못하고 조금도 발전하지 못하는 거예요. 더할 나위 없이 편안할지 모르지만, 성장과 발전이란 관점에서 보면 대부분의 삶을 아무것도 생산해 내지 못하면서 보내는 겁니다.

그래서 저는 항상 불편하게 느껴지는 대상을 주의 깊게 바라보면서 그리로 향해 갑니다. 왜냐하면 저를 더 크게 만들어 주고 성장하게 하는 것, 제가 **진정한 나 자신**에 보다 근접하도록 해 주는 것은 결국 그 불편한 대상일 테니까요. 그러므로 저는 무엇이 저를 불편하게 하든지 간에 가까이 가서 세심하게 살펴봅니다.

예를 하나 더 들어 볼게요. 한 팔 년에서 십 년 전쯤에 영화한 편을 보고 있을 때였습니다. 미국 영화가 아니라 외국 영화였어요. 그런데 아주 생생한 정사 장면이 나오더군요. 아주 역동적인 정사 장면이었습니다. 노골적인 노출도 많았고 묘사도 상당히 구체적이었죠. 저는 그 광경이 아주 불편했습니다. 그 장면을 보면서 이렇게 생각했어요. '왜 이런 장면을 불편해하는 거지? 실베스터 스텔론이 눈앞에서 사람들 머리를 날려 버리는 건 아무렇지도 않게 보면서 말이야. 그 엄청난 폭력을 볼 땐 그냥 좀 멍해질 뿐 아주 불편하지는 않잖아. 그런데 이런 성적 사랑의 묘사, 열정의 묘사를 보면서는 불편해하고 있어.'

그게 한 팔 년에서 십 년 전쯤이었습니다. 그 장면을 오래도록 보았죠. 그런 장면을 왜 불편해했을까요? 전 이 질문 속으로 파고들어 몇 가지 해답을 얻어 냈습니다. 그 해답은 제 삶 전체를 변화시켜 주었고 성과 다른 사람을 둘러싼 모든 경험을 바꿔 주었습니다. 제 본능의 중요한 한 부분을 축복하고자 하는 의지도 갖게 되었죠.

그리고 폭력을 대하는 태도도 바꿨습니다. 화면에서 폭력적인 장면을 볼 때면 제가 전에 공공연하게 성을 축복하는 장면에 대해 느꼈던 불쾌감과 완전히 같은 느낌을 받아요. 화면에 나타나는 성적 묘사는 이제 아무런 불편 없이 볼 수 있습니다. 하지만 노골적으로 폭력적인 장면을 볼 때면, 즐기기보다는 뒤로 물러서면서 아예 받아들이지도 않게 되었죠. 그런 장면이 나오면 전 정말로 극장에서 나오거나 텔레비전을 꺼 버립니다.

여기서는 그냥 단순한 예를 들었지만 제가 전하려고 하는 핵심 내용은 저를 불편하게 하는 것이 무엇이든 그것을 바라보고, 나아가 그 불쾌한 경험 속으로 더 전진해 가는 법을 배우게 되었다는 겁니다. 왜냐하면 거기에는 제가 치유하길 바라는 것이 있을지 모르고, 그렇지 않다 해도 최소한 주의 깊게 탐색해서 그런 것을 불편해하는 것이 도움이 되는지 확인해 볼 가치가 있는 무언가가 있을 테니까요.

그러므로 삶이 안락한 영역의 끝에서 시작된다고 말씀드릴 때, 전 진심으로 그렇게 생각하는 겁니다. 안전 구역의 이쪽 편에는 진정한 삶이 없고, 일종의 점진적인 죽음만 있는 거예요. 저는 사람들이 하루에 최소한 여섯 번은 불편한 경험을 해야 한다고 생각합니다. 만일 여러분이 그렇지 못하다면 불편한 느낌이 드는 일을 *하세요*. 연설을 하든 노래를 부르든 춤을 추든 상관없이 무언가 해 보세요. 아니면 성적 표현이 많이 나오는 영화라도 한 편 보러 가세요.

그래서 저는 불편한 느낌이 들기 시작할 때면 이렇게 말합니다. "음, 여기 불편한 느낌이 또 왔군. 좋아, 좋아, 어디 와 보라고." 전 정말로 불편한 느낌을 편하게 받아들입니다. 이게 말이

된다면 말이죠.

이 '신성한 이분법'을 이해하시겠어요? 불편한 상황을 즐긴단 말이에요. "이거 참 불쾌……." 혹은 "그건 싫어."라고 말하는 첫 순간을 받아들이는 거죠. 그런데 그 액수가 점점 커졌어요. 얼마 전 저는 아주 중요한 대의를 위해 기부하라는 권유를 받고는 이렇게 생각했습니다. '그래, 말한 대로 실천하라는 거군.' 그래서 전 만 달러 수표를 적어 내기로 했죠. '좋아. 난 수표를 쓸 거야. 그래야지. 그런데 이건 내게도 결코 적은 액수가 아니라고…….' 전 심호흡을 하기 시작했습니다. 심호흡을 하고 나서 수표를 쓴 뒤 봉투에 집어넣었죠. 그리고 이렇게 생각했습니다. '이걸 정말 보내야 하나?' 하지만 그 불편한 느낌, '어휴, 어휴, 잘 모르겠어, 잘 모르겠다고.' 하는 느낌은 제가 완전히 확신한다는 걸 의미합니다. 그건 제 가장 고차적인 부분이 제게 말을 걸 때 드는 느낌이에요. 몸속 모든 세포에 걸쳐 진동하는 식으로 말이죠. 전 그 느낌을 불편함, 불안이라고 불러 왔고, 현재는 신성으로부터의 신호라고 부릅니다. 거기서 나오지 말고 그 속으로 들어가라는 거죠.

제가 가장 훌륭한 저 자신을 체험하지 못하게 되었을 때마다 그 원인은 그 불편한 느낌 속으로 들어간 데 있는 게 아니라 그 느낌에서 물러난 데 있었습니다. 거기서 물러남으로써 전 스스로를 기쁨의 영역 밖에 가둬 버린 거죠. 어쩌다 한 번도 아니고 가끔도 아닙니다. 그건 항상 그랬습니다.

'원천'이 되어라

여러분 중 이렇게 말씀하실 분도 있겠죠. "그래도 조심해야 하지 않나요?" 그럼 전 이렇게 답할 겁니다. "조심 같은 건 바람에 날려 버리세요. 모든 걸 다 잃기밖에 더하겠어요?" 모든 걸 다 얻으려면 모든 걸 다 잃을 각오가 되어 있어야 합니다. 그렇지 않으면 여러분은 현재 가진 것에 매달리는 게 중요하다고 생각할 테니까요. 하지만 여러분이 집착하는 그것은 손가락 사이로 빠져나갈 겁니다. 반면 가도록 내버려 두는 것은 일곱 배가 되어 되돌아오기 마련이죠. 무언가에 극진히 매달리는 행위는 여러분이 그것과 그리고 다른 사람들 모두와 분리되어 있다고 생각한다는 가장 강력한 선언이나 마찬가지니까요.

'봐, 난 여기 있고 넌 저기 있어. 그리고 난 이걸 가지고 있으니 잃어버리지 않게 꽉 붙잡아야 해.'

하지만 가도록 내버려 두는 행위는 '너'가 끝나고 '나'가 시작되는 지점 같은 건 없다는 사실을 명백히 이해한다는 가장 강력한 선언입니다. 그러므로 내가 너에게 가도록 그것을 내버려둘 때, 사실 나는 나 자신에게 그것을 되돌려 주고 있는 것이나 마찬가지입니다.

여기 항상 기억해야 할 두 단어가 있습니다. 이 단어를 왼쪽 손목에 문신으로 새겨 보세요. *"원천이 되어라."*

여러분이 상대방에게 주기로 한 그것의 원천이 되시라는 거예요. '내가 그 원천이다'라는 신념에 기반을 두고 살아가는 거죠.

삶에 마법 같은 일이 더 많이 일어나길 바란다면 여러분 자신에게서 더 많은 마법을 이끌어 내세요. 더 많이 사랑하면서 살고 싶다면 여러분 자신에게서 더 많은 사랑을 이끌어 내세요. 더 기쁘게 살고 싶다면 여러분 자신에게서 더 많은 기쁨을 이끌어 내세요.

원천이 되라는 말은 또한 상대방의 삶에서 여러분 스스로 얻고 싶어 하는 그것의 원천으로 작용하라는 뜻이기도 합니다.

돈이 더 많아지길 원한다면 다른 사람에게 더 많은 돈을 제공하는 원천이 되세요. 여러분이 더 많이 원하는 것이 무엇이든 간에…… 삶에서 더 큰 연민을 경험하고 싶다면…… 더욱 현명하게 살아가고 싶다면 다른 사람에게 지혜의 원천이 되어 주세요. 더욱 인내하고 싶다면, 더 큰 이해심을 갖고 싶다면, 더 친절해지고 싶다면, 섹스를 더 하고 싶다면…… 아무튼 요점은 이게 효과가 있다는 겁니다. 그건 효과가 있어요. 정말로 좋습니다.

그리고 이 과정, 이 존재의 과정을 통해, **진정한 자기 자신**으로 존재하는 과정을 통해, 여러분은 올바른 생계를 정말로 하룻밤 만에 실현하실 수 있을 겁니다. 그러면 세상은 그토록 오랜 세월 동안 헛되이 추구해 왔던 그 모든 보상을 여러분에게 퍼부어 줄 거예요.

그러므로 여러분의 행위가 존재 상태로부터 솟아나게 하세요. 삶의 매 순간마다 행복하고, 풍요롭고, 현명하고, 창의적이고, 너그러워지세요. 또한 지도자로서 존재하시고 **진정한 자기 자신**으로 존재하세요. 이런 존재 상태에 중심을 두고 거기에서 행위가 솟아나도록 하세요. 그러면 올바른 생계를 실현하는 것뿐만 아니라, 여러분 자신에게 생계가 아닌 삶을 창조해 줄 수 있을 겁니다.

Part three

세상 속을 거닐기

'우리는 진정 누구인가?' 하는 문제와 관련해 우리가 지닌 가장 고귀한 생각들을 기술 문명 위에 도금처럼 덧씌울 수 있을까요? 이건 우리 시대가 당면한 가장 절박한 질문입니다. 이건 누군가 다른 사람에 의해, 다른 곳으로부터 답을 얻을 수 있는 질문이 아니에요. **여러분이 일상을 대하는 태도가 이 질문에 대한 답이 될 겁니다.** 상대방에게 하는 말, 다른 사람에게 권유하는 방식, 스스로 선택하는 것, 그리고 선택한 것을 함께 나누는 행위와 그것을 공유하는 방식 등을 통해서 말이에요.

Neale Donald Walsch's
Little Book of Life: A User's Manual

들어가며

여기 이 몸에, 이 땅에 온 목적

진리의 길을 간다는 것은 어떤 것인가? 전체적이고 성스러운 삶을 사는 모습은 어떠한가? 모든 위대한 종교 문헌의 가르침을 받아들이고 매일같이 실천하며 사는 방법이 있을까?

모든 구도자들은 이런 질문을 던진다. 사실 이 질문에 대한 해답은 여러 번, 다양한 방식으로, 여러 원천들로부터 주어져 왔다. 그럼에도 우리는 여전히 그 가르침대로 살아가지 않는다. 대체로 우리는 영적 지도를 해 주려는 사람들의 말에 귀를 기울이지 않는다. 그리고 그 결과 우리는 길을 잃어버렸다. *세상 전체가 자신의 방향성을 잃어버렸다*. 게다가 지나쳐 가는 하루하루는 우리가 여기 이 몸에, 이 땅에 온 목적을 실현해 가는 삶과는 거리가 있다.

당신은 그 목적이 무엇인지 아는가? 당신은 그 목적에 헌신하고 있는가? 아니면 아직도 찾아다니고 방황하면서 대부분의 삶을 낭비하고 있는가? 만일 그래 왔다면 방황과 낭비를 지금 이 순간부터 그만두자고 권하고 싶다. 그 방법에 대한 해답은 여기에 있다. 해답은 우리에게 계속 주어져 왔다. 모든 위대한 지혜의 전통에 그 해답이 들어 있다. 그리고 현재는 그 문헌들을 그 어느 때보다도 손쉽게 접해 볼 수 있다.

우리는 더 이상 구전되는 진리에 의존하지 않으며, 잊혔다 발굴된 양피지 몇 장에 의지하지도 않는다. 우리에게는 대중매체와 인터넷이 있다. 또한 책과 테이프, 비디오가 전 세계에 즉시 배포될 수 있는 세상에 살고 있다. 게다가 유튜브와 마이스페이스, 페이스북 같은 인터넷 매체도 있다. 그래서 오늘날 구도자들은 가르침을 구하기 위해 멀리까지 가서 찾아 헤맬 필요가 없게 되었다.

사실 우리가 멀리까지 가야 했던 적은 단 한순간도 없다. 해답은 항상 바로 여기, 우리 내면에 머물고 있었기 때문이다. 물론 우리는 전에도 많은 원천들로부터 인도를 받아 왔다. 『코란』, 『바가바드기타』, 『도덕경』, 『성경』, 『법구경』, 『탈무드』, 『모르몬경』, 『우파니샤드』, 『팔리어 불전』 같은 성스러운 경전들은 특히 중요한 원천이며, 이 밖에도 수백 권의 책과 문서들이 있다. 이제 문제는 해답을 언제 얻을 수 있나 하는 것이 아니라, 그 *해답*

을 언제 제대로 들을 것인가 하는 것이다.

　삶을 전체적으로 사는 것은 가능하며 『신과 나눈 이야기』에 담긴 놀라운 통찰이 그 방법을 제시해 준다. 인간 종의 진화선상에 위치한 이 시대와 장소에 가장 적절한 언어로 다시 한 번. 그럼 이제 샌프란시스코의 TV 방송 프로그램에서 관객과 나눈 대화로 되돌아가 보기로 하자. 여기 제시된 글은 그 대화 내용의 요약본이며, 이십일 세기에 보다 효율적으로 삶에 대처하는 법에 관해 관객과 주고받은 내용을 담고 있다.

제 방에 오신 걸 환영합니다. 이렇게 모여 주셔서 감사해요. 오늘은 전체적인 삶에 관해 함께 이야기를 나눠 보려 합니다. 온전한 사람으로 산다는 게 어떤 건지, 온전한 삶을 가로막는 게 무엇인지에 대해 이야기해 보려고 해요. 그리고 우리가 왜 스스로 분리되어 있다고 생각하는지, 서로 간에 분리된 것뿐만 아니라 왜 내면적으로도 분리되어 있다고 여기는지도 살펴볼 겁니다. 먼저 우리가 몸을 통해 하는 경험 중 건강이라고 부르는 것에 관해 이야기해 보기로 하죠.

신과의 대화를 시작했을 무렵 제 건강은 일생일대 최악의 상태였습니다. 그러니까 제 몸은 말 그대로 산산조각 나고 있었죠. 아주아주 큰 고통이 계속될 정도로 심한 관절염을 앓고 있었고, 매우 심한 류머티즘도 있었습니다. 심장질환이 저를 끊임없이 괴롭히기도 했죠. 게다가 한 일 년 동안 위궤양으로 고생하기까지 했습니다. 한마디로 몸이 엉망진창이었던 거죠. 저는 오늘 상태가 십 년 전보다 더 건강하다고 느낍니다. 아마 그때보다 좀 더 건강해 보이기도 할 거예요. '건장한' 몸은 못 되지만요. 그래서 신과 나눈 대화 중 건강과 관련된 내용을 여러분과 함께하고 싶었습니다.

전체적인 삶으로 가는 첫걸음

건강에 대해 신께서 가장 먼저 해 준 말은 지금까지 저 자신에 관해 들어 본 말 중 가장 믿기 힘든 것이었어요. 신은 이렇게 말했죠. "닐, 네 문제는 말이다. 네가 그냥 살기 싫어한단 점이다."

제가 답했습니다. "아녜요. 아니라고요. 그건 사실이 아닙니다. 전 당연히 살고 싶어 한다고요. 터무니없고 이상한 말 좀 하지 마세요."

그러자 신이 말했습니다. "아니다, 넌 살고 싶어 하지 않는다. 살고 싶다는 사람이 너처럼 행동할 리가 없지 않느냐. 네가 살고 싶다고 생각한다는 건 알지만 정말로 살고 싶어 하지는 않는다. 게다가 네가 영원히, 끝없이 살기를 바라지 않는다는 데에는 의심의 여지가 없다. 그러길 원했다면 지금과 같은 행동은 하지 않왔을 것이기 때문이다."

제가 말했습니다. "왜요, 제가 어떻다는 겁니까?" 그러자 신은 제가 행동을 통해 몸에 무슨 일이 일어나든 별 상관 않는다는 신호를 우주에 보내고 있다고 하며 그 행동들을 지적해 주었습니다. 간단한 예를 하나 들어 보죠. 이 방에 거기 해당되는 분이 계실지도 모르겠네요. 그렇지 않은 경우만 빼면요.

저는 당시 담배를 피웠습니다. 신은 이렇게 말했죠. "담배를 피우면서 정말로 살려는 의지가 있다고 말하는 건 이치에 맞지 않는다. 흡연이 죽음을 앞당긴다는 건 확실한 사실이기 때문이다."

이 문제에 관해서는 차고 넘치는 사례들이 있어 더 이상 증명할 필요조차 없습니다. 그러므로 여러분이 "나는 정말 살고자 하는 의지가 있고 오래도록 생기 넘치게 살고 싶어."라고 말하면서 담배 연기를 들이마신다면, 몸에 대고 그런 일을 하는 것이 길고 충만한 삶을 저해한다는 그 모든 증거들을 공공연히 무시하는 겁니다.

방금 든 예는 좀 바보 같고 단순하네요. 그래서 지나친 육식을 하는 분들께…… 균형을 좀 잡으시라고 말씀드리고 싶어요. 저는 고기를 거의 끼니때마다 먹는 사람들을 알고 있습니다. 고기 없는 식사는 상상도 할 수 없는 거죠. 그것도 좋아요. 그 자체만으로 문제 될 건 하나도 없습니다. 이건 옳고 그름의 문제가 아니에요. 인간 경험이란 틀 안에서 무엇이 도움이 되고 무엇이 해가 되는가 하는 문제가 중요한 거죠.

삶의 방식에 관한 우리의 결정 중에는 이렇게 뚜렷하지 않은 것들도 있습니다. 지나치게 술을 많이 마시거나 환각제를 복용하는 것처럼 그 유해성이 분명한 것들만 있는 게 아니에요. 가끔은 훨씬 더 모호한 대상에 대해 결정을 내려야 할 때도 있는 겁니다. 우리에게 아무 도움도 안 되고 건강한 삶을 저해하기만 하는 관념이나 생각의 섭취, 그러니까 일종의 정신적인 식사가 그런 경우죠.

예컨대 저는 신과의 대화를 통해 삶을 완전히 긍정하는 태도가 아닌 것은 무엇이든 질병을 유발할 수 있다는 점을 발견하게 되었습니다. 아무리 작은 부정적 태도라도 반복하고, 반복하고, 또 반복하는 식으로 계속 탐닉하다 보면 결국 신체에 영향을 미쳐 우리가 병이라고 부르는 걸 만들어 낸다고 배우게 되었어요. 그리고 제가 살아오면서 긍정적이지 못한 생각 속에 얼마나 많이 머물러 있었는지 알아차리고는 기겁을 했죠. '그래, 난 결코 이길 수 없어.' 또는 '내게 그런 일이 일어날 리가 없지.' 같은 생각도 있었고 아주 부정적인 생각도 있었어요.

그래서 그런 생각들이 끌어들이는 부정적 에너지에 휩싸이지 않도록 마음에 품는 생각들을 제어하는 법을 배우기 시작했죠. 다른 사람에 대한 제 생각이 특히나 부정적이었어요.

젊었을 때 저는 특정한 사람에 대해 엄청난 반감을 품은 것은 물론이고, 정말 솔직히 말씀드려서 그런 생각을 즐기기까지 했습니다. 그러니까 그런 부정적 생각을 하면서 동시에 쾌감을 느꼈던 거예요.

정말 받아들이기 힘들긴 하지만 어떨 땐 상대방을 향해 분노나 혐오를 느끼면서 기뻐 날뛰었습니다. 그런데 제 어떤 부분을 만족시켜 주던 그 화와 혐오는, 최근까지만 해도 깨닫지 못하고 있었는데, 아주 해로운 물질로 돌아와 제 몸 어딘가에 영향을 주고 있었어요.

화를 내는 사람들, 작은 화라도 지속적으로 내는 사람들은 심장마비, 위장질환, 궤양 등과 같은 병으로 고생을 하게 되죠.

좀 다른 식으로 표현하자면 전 항상 쾌활하게 살면서도 병을 달고 다니는 아주 소수의 사람들을 압니다. 규칙에 위배되는 예외도 있는 것 같아요. 그렇지만 삶을 살아가면서 지니는 긍정성의 정도는 거의 항상, 직접적으로 그 사람이 드러내고 표현하는 건강과 조화를 이룬다는 점 또한 말씀 드려야겠습니다. 그리고 반대로 대체로 건강하지 못하고 이 병, 저 병으로 끊임없이 고생하는 사람들, 그리고 만성질환을 앓는 사람들은 정도 차이는 있지만 주로 삶에 대한 부정적 생각을 품고 즐기면서 주위를 부정적 에너지로 에워싼 사람들이란 사실을 발견하실 거예요.

이 부정적 에너지들의 우두머리 격이 되는 감정을 저는 화라고, 그리고 거기에 더하여 분개라고 부르고 싶습니다. 제가 여기서 말씀드리는 사람들은 예전에 자신에게 해를 가한 상대방에게 분노를 품고 사는 사람들이에요. 그 고통이 바로 여기, 바로 지금도 일어나고 있는 듯이 예전에 받은 고통을 현재에도 지니고 사는 사람들 말이죠.

그러니까 가끔 사람들을 관찰해 보면 그 사람이 떠안고 있는 고통의 정도를 일에서 십까지 수치를 매겨 측정할 수 있을 정도입니다. 그들에게는 그 고통이 의심의 여지없이, 나쁘다고 판단하려는 게 아니라, 의심의 여지없이 아주 생생할 거예요. 하지만 그 고통은 더 이상 도움도 안 되고, 지금 여기와는 거의 상관도 없으며, 그때 거기하고만 관련된 고통이기도 합니다. 그런데도 이 사람들은 그 고통을 그냥 내던져 버리지 않죠. 내려놓을 수 없다고 생각하니까요. (그러고 싶지 않아서가 아니라 고통을 내려놓을 수 없다고 스스로를 완전히 설득했기 때문에.)

"닐, 당신은 이해 못 해요. 정말 아무것도 모르는군요. 내게 일어난 일을 직접 겪어 봐야 이해할 거예요. 당신은 조금도 이해 못 해요." 그러면서 다른 사람들이 고통을 덜어 주도록 내버려 두지 않습니다. 그렇게 할 수 있을 때조차도요. 주변에서 그 고통을 없애 주면 지금 자신이 처한 상황과 현재까지 수년간 지녀 온 행동 방식을 정당화해 주는 그 모든 드라마를 잃게 될 테니까요. 상처 입고 고통받은 시점으로부터 팔 년, 십 년, 십오 년, 이십 년, 삼십 년이 지났음에도 여전히 고통을 부둥켜안고 사는 사람들도 있죠.

하지만 거기에 매달려 그 고통을 현재 삶의 일부로 만드는 것은 가해자에게 계속해서 고통을 가할 기회를 주는 것입니다. 처음 고통받은 날로부터, 예컨대 한 삼십 년 동안 계속해서 그 고통을 가할 기회만 주는 거예요.

전에 말씀 드렸다시피 우리 모두는 이런 사람을 한 명쯤은 알고 있고, 그래서 가끔은 가슴을 열고 다가가 이렇게 말하기도 합니다. "제가 어떻게 도울 수 있을까요? 어떻게 해야 그건 그때 일이고 지금은 지금이니 더 이상 거기 매달릴 필요가 없다는 사실을 깨달으시겠어요?"

단언컨대 해결되지 못한 부정적 태도, 우리가 누구이고 무엇이며, 어떤 사람이 될 것인지 결정하는 데 엄청난 영향을 끼쳤다고 여기는 과거 어느 순간부터 지녀 온 부정적 생각이나 감정만큼 이 인간의 몸을, 우리가 들어 있는 이 유기적 집을 빠르고 심각하게 해치는 것은 아무것도 없어요.

그러므로 전체적인 삶으로 가는 첫걸음은 용서입니다. 전 이 말을 이중적으로 사용하고 있어요. 삶은 얻기 위해(for getting) 있는 것이 아니라 주기 위해(for giving), 용서하기 위해 있는 것이란 말이죠. 그리고 우리가 이 신성한 치유법을 배우기 전까지, 용서라는 향약을 상처에 바르기 전까지, 이 상처는 겉으로는 나았어도 안에서는 오래도록 남아 곪아 터질 겁니다. 그러면 서른여섯이나 마흔둘, 쉰하나나 예순세 살에 건강상 문제로 엄청나게 괴로워하며 그 병들이 어디서 왔는지조차 모르는 상황에 놓이게 될 거예요.

어제 여기 오는 비행기 안에서 뉴욕에서 신문을 읽다 심장마비로 죽은 마흔한 살 남자에 관한 이야기를 접했습니다. 여자 친구가 911에 전화를 했지만 아무 응답도 못 받았어요. 시스템 전체가 한 시간 동안 마비되었던 거죠. 그렇게 그 남자는 영원히 몸을 떠났답니다. 하지만 전 생각해 봤어요…… 그 남자를 알았던 모든 사람에겐 아주 건장한 마흔한 살 남자였던 그가 왜 갑자기 떠났을까 하면서요. 분명히 그 사람 내면에 무슨 일인가 벌어지고 있었을 겁니다.

제가 신과 나눈 대화에서 받은 가르침 중 하나는, 받아들여 소화하기 가장 어려웠던 가르침 중 하난데, 이런 거예요. 모든 병은 스스로 만든 것이다. 보세요, 받아들이기 힘듭니다. 사람들은 이런 말을 들으면 좋아하는 내면 상태, 즉 자학과 죄책감을 느끼는 태도로 돌아가 이렇게 묻고 싶어 할 테니까요. '난 왜 스스로 병을 만드는 걸까?' 사실 저는 병이 있거나 아플 때 고자세를 취한 채 다가와 "왜 스스로 병을 만드십니까?"라고 묻는 사람보다 더 싫어할 만한 게 뭐가 있을지 모르겠습니다. 전 그 사람에게 말하겠죠. "걱정해 줘서 고맙군요." 그런 뒤 그 자식에게 무언가 구시렁거릴 겁니다.

하지만 그럼에도 이 가르침에는 지혜의 씨앗이 들어 있습니다. 그것과 대면하는 것이 큰 도움을 준다고는 생각하지 않지만요. 그래도 우리는 스스로 이렇게 물어볼 수 있을 겁니다. '내가 왜 이 병을 만들어 내고 있는 걸까?' 아니, 그보다 '이제 어떻게 해야 이 병을 떨쳐 버릴 수 있을까?'라고 묻는 것이 더 중요하고 훨씬 핵심에 다가서는 질문일 겁니다. 그러므로 모든 병은, 어떤 차원에선가, 스스로 만들어 내는 것이라는 사실을 아시기 바랍니다. 일단 그 점을 이해하고 나면, '죽음'이라는 꼬리표가 붙는 가장 큰 병조차 스스로 불러들이는 거라는 사실도 이해하실 거예요.

그런데 사실 저는 우리가 꼭 죽어야 하는 건 아니라는 가르침도 들었어요. 죽을 필요는 없지만 우리 모두가, 가지각색의 이유들로 인해, 이 신체를 결국 떠나기로 미리 결정했다고 말이죠.

왜냐하면 솔직히 말해 죽을 때쯤이면 이미 그 삶을 완수했을 것이고, 우리가 이루기 위해 태어난 그 목표를 성취하고 달성하는데 있어, 이 특정한 삶과 몸은 더 이상 도움이 안 될 테니까요. 이 사실을 알고 이해하는 스승들은 몸을 아주 우아하게 떠납니다. 마치 더 이상 필요 없어진 옷을 벗어 버리듯이, 아니면 더 이상 도움이 안 되는 경험에서 물러서듯이 말이죠. 스승들은 그렇게 지금 취하고 있는 몸에서 떨어져 나오며 말합니다. "이 몸은 이렇게 끝나는군. 좋다. 이제 이어지는 장대한 모험으로, **내가 진실로 누구인지** 표현하는 영광스러운 여정으로 옮겨 갈 차례다."

이처럼 이 특정한 신체 형상으로부터 이탈하는 단계, 혹은 그 몸에 대한 집착을 버리는 단계란 게 있습니다. 하지만 그 몸을 유지하는 동안, 그리고 그렇게 하는 것이 우리를 기쁘게 해 주는 동안, 몸을 건강하고 활기 넘치게 유지하며 우리가 진정 누구인지 표현하는 경이를 누릴 수 있다면 얼마나 좋겠습니까. 그런데 그것은 가능합니다. 그냥 매우매우 단순한 규칙들, 모두가 다 아는 건강 규칙들을 지키기만 하면 되는 겁니다. 그런데도 많은 사람들은 이 규칙에 따르는 것을 아주 어려워합니다. 『신과 나눈 이야기』 중 건강 문제를 다룬 장에서 신이 제게 말해 준 첫 번째 가르침도 이런 거였어요.

"제발 몸에 관심을 좀 더 기울이거라. 넌 네 몸보다 차를 더

애지중지하고 있다. 그런데 지금 뭐 대단한 말을 한 것도 아니다. 너는 차를 점검하러는 자주 가면서 정작 건강검진은 소홀히 한다. 차의 기름은 잘 갈아 주면서 습관이나 몸속에 넣는 것들을 바꿔 주지는 않는다. 그러니 제발 네 몸을 좀 더 잘 돌봐 주거라."

여러분께 아주 단순한 비결, 너무 단순화하려는 건 아니지만, 간단한 방법 몇 가지를 알려드리고 싶습니다.

첫째, 운동을 하세요. 매일 몸으로 무엇이든 해서 활동하고 움직인 느낌이라도 좀 들게 하세요. 하루 십오 분에서 이십 분 운동하는 것만으로도(이건 많은 시간도 아니죠.) 몸에 놀라운 변화를 일으킬 수 있습니다.

둘째, 여러분이 몸속에 집어넣는 게 뭔지 한번 보세요. 그 많은 잡동사니 물질들을 계속해서 집어넣는 게 도움이 되는지 살펴보세요. 몸속에 있어 봐야 아무 도움도 안 되는 그 물질, 여러분이 몸에다 집어넣는 잡동사니들을 그냥 완전히, 아니면 거의 대부분 끊어 버리세요. 지금 설탕이나 과자나 밀가루 음식처럼 좋지 않다는 사실이 명백한 식품 얘기만 하는 것이 아닙니다. 사실 저는 먹어서 도움 되는 게 무엇인지에 대해 새롭게 인식한 결과, 지난 몇 달 만에 엄청난 체중을 감량할 수 있었어요. 그래서 지금은 어느 정도 날씬해졌고 균형도 잡혔습니다. 적어도 일

년 전에 비하면 말이죠.

물론 날씬한 게 더 좋고 뚱뚱한 건 별로 안 좋다는 뜻은 아닙니다. 지금 말하려는 건 그게 아니에요. 여러분이 현재 몸무게에 만족하신다면 그것도 훌륭합니다. 아주 좋아요. 하지만 지금 몸 상태에 문제가 있다고 느끼고, 걸음걸이가 다소 둔해지기 시작했다면, 그리고 몸이 최적 상태에 있다는 느낌을 받지 못한다면, 간단한 사전 조치 몇 가지를 취하고 싶어질지도 모릅니다. 그러므로 더 건강한 상태를 유지하도록 해 주는 간단한 방침 몇 가지만 실천해 보세요. 운동하고 내가 뭘 먹고 있는지 살펴보는 건 물론 가장 기본적인 조처입니다. 여기 더하여 제가 말씀드렸듯이 정신적인 음식도 살펴보셔야 해요.

전체성은 오직 여기서만 시작될 수 있습니다. 이 다소 단순한 단계를 거쳐야 하는 거예요. 하지만 전체적인 삶은 완전한 자기의 표현을 향해 움직여 가고 거기에서 끝을 맺습니다. 그 지점에 도달한 사람은 신성한 삶을 산다는 소리를 듣게 되죠. 여기서 신성한 삶이란 창조의 세 단계 모두를 운용하면서 우리가 차크라 체계라고 불러 온 일곱 가지 에너지 중심 모두를 포괄하는 삶을 사는 것을 뜻합니다. 그러니까 전체적인 삶은 경험되는 차크라 중 그 어떤 것도 거부하지 않는다는 의미를 함축하는 거예요. 몸을 통해 흐르는 그 모든 에너지를 수용한다는 거죠.

'몸 전체로 살아가는 것' 이상의 의미

우리가 성 에너지라 부르는 힘에 대해 더 구체적으로 얘기해 볼게요. 어떤 것이 전체적이고 영적인 삶을 사는 것인지에 대해 많은 논란이 있으니까요.

어떤 사람들은 고도로 영적인 삶을 살기 위해서는 독신주의자가 되어 금욕을 해야 한다고 생각해 왔습니다. 영적인 사람이라면 성욕을 거부한 채 성과 무관하게 살아가야 한다는 거죠. 그러면서 성욕을 표현하며 큰 기쁨을 향유하는 사람들, 노골적으로 성을 긍정하는 사람들을 그다지 높이 진화하지 못한 것으로 여겼습니다. 그렇게 사는 것도 괜찮고 나쁘거나 잘못됐다고 할 수는 없지만 아직 충분히 성숙하진 못했다고 말이죠. 그 사람들도 언젠가는 그 지점에 도달하여 금욕을 받아들이겠지만 그때까지는 자기 식대로 살기 마련이란 겁니다.

세상에는 성스러운 사람은 성과 무관하다고 여기는 많은 사상의 유파들이 있습니다. 사실 몇몇 전통에서는 그 집단의 일원이 되기 위해 성욕을 포기하고 성 경험을 거부하도록 요구받을 정도로 이런 사고방식이 지배적이죠.

전 이 문제를 신께 여쭤어 보았습니다. 제대로 알고 싶었으니까요. 제가 말했습니다. "신이시여, 전체적인 삶을 살면서 저 자신의 가장 고귀한 측면을 표현하려면 정말, 정말 제……" (저는 성욕을 이렇게 표현했습니다.) "제 가장 낮은 측면을 거부해야 하는 겁니까?" 이때 전 성욕이 가장 낮은 차크라란 의미로 이렇게 말한 것조차 아니었습니다. 성욕에 대해 품고 있던 제 생각이 그랬다는 거죠.

제게는 제 모든 측면 중 성욕이라 부르는 이것이 가장 낮게 보였습니다. 제가 기꺼이 지니고자 했던 존재의 한 측면이긴 했지만 아주 공공연히, 노골적으로, 자랑스럽게 드러낼 수는 없었어요. 특정한 상황과 순간을 제외하고는 말이죠. 이처럼 저는 성욕을 부끄럽게 여겼고 당황스러워 했습니다. 살아오면서 성욕 때문에 부끄러워하며 당황한 게 한두 번이 아니었죠. 어린 시절 경험을 통해 저는 성욕이 우회적으로 표현되어야 하는 것이란 느낌을 받게 되었습니다. 제가 사춘기에 접어들 무렵, 아마도 열두 살에서 열세 살쯤 되었을 때, 아니 좀 더 어렸을 때 겪은 일이 생각나네요. 언젠가 저는 잡지에 실린 여자 사진을 베껴 그리고 있었습니다. 그 훌륭한 곡선을 한껏 즐기면서…… 그것이 가져다주는 작은 흥분을 만끽하면서 말이죠. 열두 살 때가 어떤지 아시잖아요. 다소 행실이 나빠지고 우리가 음란하다고 부르는, 그런데 여기 실마리가 있습니다, 태도를 취하게 되죠. 거기서 음란한 게 뭐였든지 간에, 아무튼 그런 기억이 있습니다.

그런데 어머니께서 방으로 들어오셔서 제가 벌거벗은 여자를 그리고 있는 걸 발견하셨어요. 전 물론 어머니를 사랑합니다. 훌륭한 분이셨어요. 이제 더 이상 몸속에 계시지 않죠. 어쨌든 전 그 순간을 생생히 기억합니다. 엄청나게 당황했으니까요. 어머니는 자기 아들이 종이에 벌거벗은 여자 그림을 그리고 있다는 사실에 완전히 넋이 나간 모습이었습니다.

어머니가 물었어요. "너 뭐하는 거니?" 이 말의 어감은 이런 것에 관심 가져서는 안 된다는 인상을 주었죠. 하지만 물론 사춘기 동안 제 관심은 온통 거기에 쏠려 있었습니다…… 사실 그 뒤로 수년 동안 그랬죠. 현재까지도, 어느 정도는…….

하지만 지금은 성을 즐길 수 있습니다. 제게 사람의 형상, 특히 이성의 몸 형태를 감상하며 즐거워하는 측면이 여전히 있음에도 그걸 인정하고 웃으면서 받아넘길 수 있어 기쁩니다. 어떤 때는 그게 삶의 자극제가 되기도 합니다. 이건 옳은 것도 그른 것도 아니에요. 제게는 그냥 사실이 그런 거죠.

그렇지만 제가 성에 대한 부정적인 느낌을 떨쳐 버리기까지는 엄청난 세월이 걸렸습니다. 성욕을 인정하는 것은 다소간 덜 진화했거나, 영적으로 조금 모자라는 인간이라는 사실을 선언하는 것이나 다름없다는 느낌 말이죠. 그렇게 된 건 열두 살에 그림을 그리다, 소위 말하듯 범죄 현장에서 걸린 경험 같은 많은 사건과 관련이 있을 거예요. 저로 하여금 그렇게 하면 못쓴다고,

정말 진화한 사람들은 그런 짓 안 한다고 믿게 만든 그 모든 경험 말이죠.

그런데 제가 성욕을 받아들이기까지 그렇게 오랜 세월이 걸린 건 철없는 실수하고만 관련된 것이 아닙니다. 제가 한 일에 실수라고 할 만한 건 아무것도 없지만요. 거기엔 어릴 적 경험 말고도 다른 이유가 있어요. 진화했다거나 성스럽다거나 하는 것이 대체 뭘 말하는지에 대해 어른들이 품고 있었던 관념(나중에 이 문제로 다시 돌아올 것이다.)이 그겁니다. 정말로 성스러운 사람들은 그런 에너지에 가담하지 않고 성적 경험도 하지 않는다는 거죠. 뭐, 사실 그렇습니다. 아마도 그게 그 사람들을 성스럽게 만들어 줄 거예요.

그래서 신과 대화를 나누기 시작했을 때 이런 질문을 했습니다. "이 낮은 차크라 에너지는 어떻게 해야 하는 겁니까? 진화하려면 이 경험 전체를 포기하고 내버려야 하는 건가요?" 저는 전부터 차크라를 상승시켜야 한다는 이야기를 많이 들어 왔습니다. 뿌리 차크라에서 복부 차크라와 심장 차크라를 거쳐 정수리 차크라까지 에너지를 상승시켜야 한다는 거죠. 그러면 여러분은 그 훌륭한 지점에서 목 아래와는 아무 상관없이 살아갈 수 있습니다. 진정한 스승들도 그렇다는군요. 진정한 스승은 목 아래에선 살지 않습니다. 목 위에서만 산다니 대단한 스승이겠군요.

전 항상 이런 의문을 품어 왔습니다. '그럴 리가 없지 않나? 신께서 정말 그런 걸 원하신단 말인가? 그 이상의 뭔가가 분명 있을 거야.' 그러다가 전 드디어 신이 말씀하시는 전체적인 삶이란 게 신체의 차크라 에너지 중심 전체를 포괄하며 살아가는 것이란 사실을 배우게 되었습니다. 뿌리 차크라와 복부 차크라, 그리고 가슴 차크라를 비롯한 모든 상위 차크라 전체에 깊이 참여하면서 살아가야 하는 겁니다.

상위 차크라에 도달했다고 해서 아래 다섯 차크라를 내버리는 것이 아니란 말입니다. 아시겠죠. 아래 것들을 잘라 버리는 문제가 아니란 거예요. 그보다는…… 그걸 잘라 버린다는 얘기가 아닙니다. 그런 말하던 게 아녜요. 저 숙녀분 지금 뭘 보고 웃으시는 건지 모르겠네요. 아까 그 말할 때 주춤하시더니. 제가 하는 말을 뭔가 잘못 이해하신 것 같아요. 그런 뜻이 아닙니다. 자신에게서 그것을…… 그냥 제 말 들으세요. 차크라를 상승시킨다는 것은 다섯 개의 하위 차크라로부터 자신을 분리한 뒤, 가장 위에 남아 있는 차크라에만 머문다는 뜻이 아닙니다. 그런 식으로 되는 게 아니에요. 그건 에너지를 끌어올리면서 다른 한편으로 그 아래 있는 모든 차크라들과도 연결을 유지하는 것을 뜻하는 거예요. 그렇게 될 때 여러분은 전체적인 삶을 살게 되는 거죠.

그런데 전체적으로 산다는 것은 차크라를 상승시키는 것조차 넘어서는 의미를 지니고 있습니다. 생각을 정화하고, 부정성을 제거하고, 간단한 실천을 통해 건강한 삶을 유지하고, 음식을 조절하는 것 이상의 의미, 차크라 전체를 포괄하면서 몸 전체로 살아가는 것 이상의 의미가 있어요.

바로 '여기'에서 시작되는 용서

전체적인 삶이란 자신이 살아온 삶 전체의 전후 관계를 다시 파악하여, 이 모든 게 어떻게 작동하는지 새롭게 이해하는 것을 의미하기도 합니다. 우리가 삶 자체라고 부르는 그 전 과정 말이죠. 또한 전체적인 삶이란 **진정한 자신**의 완전성에 대한 새롭고 명료한 인식에 도달하는 것을 뜻하기도 합니다. 대부분의 사람들은 진정한 자신의 완전성에 대한 가장 장대한 관념에 기초하여 살아가는 것을 매우 어려워하죠. 요즘도 그렇고, 사실 시간이 시작된 이래로 계속 그래 왔습니다. 그들이 그걸 어려워하는 이유는 불안에 사로잡혀 있기 때문이에요. 대부분의 사람들이, 정도 차는 있지만, 불안에 내몰리는 삶을 살고 있죠.

『신과 나눈 이야기』에서는 모든 생각과 말과 행위가 솟아나는 지점이 두 곳뿐이라고 말합니다. 우리가 생각하고 말하고 행위하는 모든 것은 사랑이나 두려움 중 한곳에 그 뿌리를 내리고 있다고 말이죠. 그런데 인류 구성원 중 엄청난 수의 사람들에게 있어서는, 엄청난 세월 동안 불안이 그들의 생각과 말과 행위를 통제하고 창조하는 원천이 되어 왔습니다. 그러므로 온전하고 전체적인 삶을 향해 가기 위해 우리가 밟아야 할 첫 단계는 두려움으로부터 떨어져 나오는 것입니다. 불안의 두문자어가 '진짜처럼 보이는 거짓 증거(false evidence appearing real)'라는 거 아시죠? 그런데 여기 하나 더 있어요. 그건 '준비를 갖추고 흥분을 느끼는 상태(feeling excited and ready)'입니다. 언젠가는 제 가장 훌륭한 스승 한 분이 이걸 가르쳐 주면서 이런 말씀을 하셨어요. 이 말은 결코 잊을 수가 없습니다. "닐, 불안을 모험으로 여기세요." 정말 훌륭한 말 아닌가요? 불안을 모험으로 여기라. 이 가르침대로 하기 시작했을 때 저는 불안에서 떨어져 나올 수 있었습니다. 제가 궁극적으로 뭘 두려워하는지도 보이기 시작했어요. 물론 제가 궁극적으로 두려워하는 것, 두려움이란 선상의 끝에 있는 것은 신이었습니다. 저는 신이 제가 한 모든 일과 하지 않은 모든 일 때문에 절 절대 용서하지 않으실 거라고 생각했어요. 저에 대한 신의 바람이라고 생각했던 것에 맞춰 살지 못한 순간과, 신의 요구라고 여겼던 것에 비추어 부적절하게 처신한 모든 순간 때문에 말이죠.

그런데 이런, 그 요구 사항은 제 삶을 거쳐 간 무수한 사람들과 사회가 제게 부과한 것이었어요. 신과 고유한 개인적 관계를 형성하고 경험하기 시작할 때가 되어서야 신께서 제가 살아온 방식 때문에 처벌을 가하리란 두려움에서 벗어날 수 있었죠.

여기 신이 우리 모두를 위해 권할 만한 진술이 있습니다. 심지어 우리가 죄라고 여기는 것들의 목록을 되돌아보고 있을 때조차도요. "난 죄가 없으며 결백하다. 난 죄가 없으며 결백하다."

이 말은 제가 살아오면서 다시는 반복하지 않을 만한 일을 한 적이 한 번도 없다는 뜻이 아닙니다. 그리고 이 말은 제가 함께 만들어 낸 그 결과에 대해 책임을 지지 않겠단 의미도 아니에요. 대신 이 말은 제가 그 어떤 죄악에 대해서도 결백하고 무죄라는 뜻입니다.

인간인 것 자체가 죄악이라면 전 유죄입니다. 또한 진화하는 개체인 것이 죄악이라면 전 유죄예요. 깨어 있음과 민감성을 기르고 자기표현에 대한 이해를 돕는 것이 죄악이라고 해도 저는 유죄입니다. 하지만 이런 것이 죄악이 아니라면, 제가 보증하건대 신의 왕국에서도 그것들은 죄악이 아니고, 그러므로 저는 결백하고 무죄인 겁니다. 게다가 신은 제가 무언가를 제대로 해내지 못했다고 해서 저를 심판하지 않으실 거예요. 특히나 누군가가 옳다고 말한 대로 하지 않았다고 해서 저를 심판하실 일은 결코, 절대로 없을 겁니다.

이제 어린 시절 제 경험을 여러분과 함께하고 싶군요. 제가 로마 가톨릭 집안에서 태어나 자랐다는 거 기억하시죠? 그래서 저는 아주 어렸을 때 성호 긋는 법을 배웠습니다. 이 의식은 로마 가톨릭에 국한된 건 아니지만 가톨릭에서만 행해지는 것이죠. 그리스 정교에서도 성호를 그어요.

자, 기억에 의하면 제가 배운 방식은 이렇습니다. 성호는, 무례하게 굴려는 건 아니니 이것 때문에 신경 곤두세우시지 않길 바랍니다, 이렇게 (동작과 함께) 긋도록 되어 있었어요. "성부와 성자와 성신의 이름으로" 그런데 그리스 정교에서는, 제 기억이 맞다면, 객석에 그리스 정교인 분이 계시다면 지적해 주시겠죠, 성호를 이렇게 (동작과 함께) 긋습니다.

뭐가 다른지 알아차리셨나요? 이번에는 이쪽 어깨부터 짚고 다음에 반대편 어깨를 짚었어요. 아까는 반대로 했죠. 삼 학년 때 수녀님이 이 방식은 틀렸고 아무 효과도 없다고 제게 말해 준 기억이 있습니다. 아니면 적어도 삼 학년이었던 저에게는 그런 의미로 들렸던 것 같아요.

이처럼 온갖 종류의 행위에 따르는 잘못된 방식은 무수히 많습니다. 최소한 하루 세 번 양탄자를 깔고 동쪽을 향해 절해야 한다고 말하는 사람들이 있는가 하면, 통곡의 벽에서는 특정한 지점 앞에서만 서 있을 수 있다고 말하는 사람들도 있습니다. 게

다가 여자일 경우에는 남자들과 함께 설 수도 없죠. 또한 이러저러한 특별 의식을 거행하지 않을 경우 천국에 갈 수 없으니 그 의식을 해야만 한다고 말하는 사람들도 있습니다. 이런 말들을 들어 온 결과, 우리 머리는 신께서 요구하거나 요구하지 않는 행위가 무엇인지, 그리고 무엇이 옳고 무엇이 그른지에 대한 온갖 개념과 신념으로 가득 차게 되었어요. 우리가 살면서 행한 일들로 인해 지니고 다니는 죄책감의 무게는 놀라울 정도입니다. 이 중 일부는 그저 어린 시절의 순수하고 악의 없는 충동에서 비롯된 행위였을 뿐인데도 말이죠. 이렇게 어린아이가 실수 한번 한 것 가지고 죄책감을 느끼도록 강요받는 때만큼 안타까운 순간도 없을 겁니다.

제가 열한 살쯤 되었을 때 일이 생각나네요. 그때 저는 햄버거를 먹다가 갑자기 깨달았습니다. '이런, 큰일 났다, 오늘은 금요일이잖아.' 아주 독실한 가톨릭 소년이었던 저는 제가 죄를 지었다고 생각했습니다. 금요일에 고기를 먹는 것은 가볍긴 하지만 그래도 죄라고 들어 왔거든요. 그래서 햄버거를 먹고 나서 매우 불안해하며 몇 분간 정신 못 차린 기억이 있습니다.

집에 들어오는 저를 보고, 햄버거를 동네 패스트푸드 점에서 먹었거든요, 어머니께서 물으셨습니다. "왜 그러니? 괜찮아? 누가 때렸니? 무슨 일이야?" 제가 답했죠. "아뇨, 그런데 저 고기 먹었어요. 고기를 먹었다고요. 금요일인 줄 몰랐어요. 신께서 저한테 화나셨을 거예요." 저는 어린 마음에 정말로 그렇게 생각했습니다. 제가 한 짓 때문에 가슴이 찢어졌어요. 전 아주 독실했으니까요. 복사(미사 때 신부의 시중을 드는 어린아이—옮긴이)까지 하고 있었다니까요. 뭐가 웃겨요?

그래서 전 어머니께 말했습니다. "고기를 먹었어요. 금요일인 걸 잊어버렸단 말예요." 그러자 어머니께서는, 신께서 축복하시길, 어머니께서는 저를 안아 주며 말씀하셨습니다. "아가야, 괜찮아. 아무 일 없을 거야. 걱정하지 마라."

현명하신 어머니는 제가 아직 어려서 신께서 우리가 하는 일에 개의치 않는다는 사실을 받아들일 준비가 안 되어 있다는 걸 아신 거예요. 몇 해가 지나고 나서야, 제가 막 스물한 살이 되었을 때, 그런 사고방식을 겨우 이해할 수 있었죠. 스물한 살이 되던 해에 커다란 머리기사가 지역신문 일 면에 실렸으니까요. 이런 내용이었습니다. "교황, 금요일에 고기 먹는 것이 더 이상 죄가 아니라고 선언." 전 혼자 생각했습니다. '정말 훌륭하군! 이젠 금요일에 고기 먹은 사람들도 지옥에서 벗어날……' 물론 그 사람들도 지옥엔 절대 안 갔을 거예요. 고기 먹는다고 지옥 가는 건 아니니까요. 대신 연옥에 가죠. 금요일에 고기 먹는 건 일종의 도덕적 실수로 아주 큰 죄악은 아니에요.

전 자라면서 겪은 일을 예로 드는 게 잘못은 아니라고 생각합니다. 제 어렸을 때 경험을 말하는 거니까 이해해 주셨으면 해요. 사실 우리 모두는, 종교적 배경이 어떠하든 간에, 이런 사소한 일들로 죄책감을 느끼거나 느끼도록 강요받은 경험 하나쯤은 말할 수 있을 겁니다.

죄책감을 부과하는 경향이 이처럼 작은 일들(아버지가 작은 감자라고 부른)에만 국한된 것이라면 별 문제가 안 될 거예요. 하지만 실제로는 인류의 절반이 **우리가 누구인지**에 대한 경이를 표현했다는 이유만으로 무수한 일들에 대해 엄청난 죄책감을 짊어지고 있습니다. 앞서 다룬 주제를 예로 들자면, 자신의 성을 표현하며 기뻐하고 축하하는 일 같은 것 때문에 말이죠. 우리 스스로 죄책감을 느끼도록 허용한 것들 중 가장 두드러진 예를 하나 들자면 그렇다는 거예요. 아니면, 말이 나온 김에, 돈을 많이 갖는 것도 예가 될 수 있겠네요. 큰돈을 갖는 것에 대해 상당히 죄책감을 느끼는 사람들도 있으니까요. 그 사람들은 스스로 심한 죄책감을 느끼도록 자초해 놓고 그 죄의식을 가라앉히고자 미친 듯이 돈을 나누어 주기 시작합니다. '그래, 내가 돈을 너무 많이 갖고 있긴 하지만 일 년에 이삼십만 달러 정도는 기부하고 있어. 그러면 어쩌다 갖게 된 이 끔찍한 것들에 대해 죄책감을 조금은 덜 느낄 수 있지.'

그런데 신의 말을 가르치는 사람이나 정말로 훌륭한 무언가를 하는 사람들은 특히나 돈을 많이 가져서는 안 된다고들 생각합니다. 그래서 우리는 선생님들에게 터무니없는 액수의 돈을 쥐어 주고 간호사들에게는 그다음으로 터무니없는 액수의 금액을 지불하죠. 사회에서 더 가치 있는 일을 하는 사람일수록 더 적은 돈을 받는 겁니다. 우리는 이렇게 좋은 가치들에 대해 못할 짓을 하면서도 판단 착오와 같은 정직한 잘못, 제가 인간적 잘못이라고 부르고 싶은 그런 잘못에 대해 느끼는 것보다 훨씬 더 적은 죄책감을 느낍니다. 그런데 여기서 잘못이라고 한 것은 두 번 다시 반복하지 않을 만한 일이란 의미에서 그렇게 말한 거예요.

우리는 스스로를 채찍질하며 비난합니다. 조심하지 않으면 실수한 것 때문에 현실을 지옥으로 바꿔 놓을 정도로 자기 자신을 중죄인 취급하죠. 그런 식으로 우린 자신에게 병도 불러들이면서 전체적인 삶을 사는 데 실패하는 겁니다.

그러므로 우리가 상상할 수 있는 가장 원대하며 자유와 해방감을 가져다주는 진술은 "난 죄가 없으며 결백하다."입니다. 이 순수함과 경이, 전체성에 중심을 잡고 살아가세요. 여러분이 일단 자신의 결백을 받아들일 수만 있다면, 험프티 덤프티(동화 속 등장인물—옮긴이)처럼 자신을 원상태로 되돌려 놓을 수 있을 테니까요.

제가 앞서 "용서는 전체성에 이르는 열쇠"라고 한 거 기억하시죠? 이제 용서라는 단어 앞에 이런 구절을 덧붙이려 합니다. "바로 여기에서 시작되는 용서는" 사실 용서가 자신에게서 시작되지 않는다면 그 어디로도 미치지 못합니다. 여러분이 지니지 않은 것은 줄 수도 없으니까요.

전체적인 삶은 그 모든 것과 함께, 그 전체와 함께, 나라는 존재의 위와 아래, 왼쪽과 오른쪽, 여기와 거기, 전과 후, 남성적 측면과 여성적 측면 모두와 함께 살아가는 것을 뜻합니다. 우리 모두는 우리를 거쳐, 우리로서, 우리 안에서 흐르는 남성 에너지와 여성 에너지를 갖고 있죠. 전체적인 삶은 이런 측면들 중 아무것도 버리지 않고, 그 모두를 지니면서 사는 겁니다. 그리고 더 이상 도움이 되지 않고 우리가 되고자 하는 것에 대한 가장 고차적 진술을 더 이상 해 주지 않는 측면들을 내보낸 뒤, 그 나머지 측면들을 살면서 만나는 사람들에게 자유롭게, 개방적으로 나눠 주면서 살아가는 거예요.

사랑받고 싶은 대로 사랑하라

❝여기에는 앞으로 어린아이를 기르게 될 분들도 있습니다. 요즘 부모 세대를 위해 어떤 조언을 해 주실 수 있나요? 우리는 아이들에

게 무슨 말을 해 줄 수 있을까요? 신에 대해서는 어떻게 가르쳐야 할까요?"

이런 의자에 앉아 있으면 마치 모든 질문에 대한 답을 가지고 있는 걸로 오해받을 위험이 있죠. 전 부모를 위한 조언 같은 걸 해 줄 수 있는 사람이 결코 아닙니다. 아마 세계 최악의 부모 십 위 안에 들 거예요. 그런데 어쩌면 그래서 그런 걸 물어보기 좋은 사람이 될지도 모르겠네요. 제가 저지른 모든 실수를 말씀드릴 수 있을 테니까요. 하지만 전 한 가지 실수만은 저지르지 않았다고 생각합니다. 저는 제 아이들을 조건으로 사랑하는 실수는 결코 하지 않았어요. 그리고 아이들에게 원치 않는 요구를 하는 실수도 저지르지 않았습니다. 애들이 제게, 그리고 삶에 주고 싶어 하지 않는다고 여긴 그 어떤 것도 강요하지 않았어요. 그러므로 저로서는 여러분이 사랑받고 싶은 대로 아이들을 사랑해 주라고 조언을 드릴 수 있을 듯합니다. 아이들에게 기대도 하지 말고 요구도 하지 마세요. 그리고 무엇보다도 아이들이 그들 자신만의 삶을 살도록 허락해 주세요.

아이들을 놓아주세요. 내버려 두시라고요. 아이들이 걷다 벽에 부딪히고 실수도 하게 내버려 두세요. 아이들이 가끔씩은 다치도록 내버려 두세요. 아이들이 좀 힘들어할 때에는 일으켜 세워 주기도 하고 힘닿는 데까지 도와주기도 하되, 그들이 자신만의 삶을 살아가는 걸 방해하지는 마세요. 아이들에게 자유를 주시라고요. 아이들 자신에게 결코 최선이 아니고, 따라서 잘못이라고 부를 만한 행위를 할 자유마저도 허용해 주세요.

제가 부모님들께 드릴 수 있는 최상의 조언은 신이 여러분을 대하듯이 아이들을 대해 주라는 것입니다. 이런 거죠. "네가 스스로 의지하는 바를 나는 너를 위해 의지한다. 나는 네가 원하는 대로 삶을 선택하도록 허용하며, 무슨 일이 있어도 너에 대한 사랑을 그치지 않을 것이다." 제 부모님께 이렇게 해드렸다면, 제 아이들에게 이렇게 해 주었다면, 이런 관계를 일궈 낼 수 있었다면 더 없이 좋았겠지만 전 그렇지 못했습니다. 다만 그러려고 노력할 뿐이죠.

제가 또 부모님들께 드리고 싶은 말씀은 자신이 부모라는 사실을 잊지 마시라는 겁니다. 전 살면서 부모라는 사실을 너무 자주 잊었고, 그로 인해 제 아이들은 정서적 박탈감을 감내해야 했습니다. 이건 정말 안 좋으니 피하시란 거예요.

❝ 사랑이란 주제에 대해 마지막으로 하실 말씀 있으신가요? ❞

전 사랑만큼 심각하게 오해받아 온 정서도 없다고 생각합니다. 진정한 사랑이 무엇인지 아는 사람은 반도 안 될 거예요. 세상 인구의 반은 진정한 사랑을 경험도 못 해 봤을 겁니다. 사람들이 단 한순간이라도 진정한 사랑을 경험해 봤다면, 지금과 같은 식으로는 결코 살지 않을 테니까요. 우리가 지금 서로에게 하고 있는 짓을 절대 할 수 없을 겁니다. 또한 우리가 무시하고 있는 일을 무시할 수도 없을 거고, 세상이 지금과 같이 되도록 내버려둘 수도 없을 거예요.

이 모든 문제의 발단은, 물론 우리가 자기 자신을 사랑하는 법을 배우지 못했다는 데 있습니다. 이게 최초의 문제예요. 우리는 자신이 가진 것만을 남에게 줄 수 있습니다. 그러므로 이쪽에 사랑이 없다면, 저쪽에 사랑을 줄 수도 없는 거예요. 이건 너무 명백한 사실이어서…… 말로 하기 당황스러울 정도입니다. 너무나도 분명한 사실이니까요.

사랑에 대해 마지막으로 할 말이 뭐냐고요? 사랑하려고 한번 시도해 보세요. 하지만 한번 해 보겠다고 마음먹었으면 전심을 다해 노력하세요. 온 힘을 쏟는 겁니다! 그냥 한번 누군가 한 사람을 골라 어떤 조건도 한계도 없이 사랑하도록 노력해 보세요. 기대하지도, 대가를 바라지도 말고요. 그냥 누군가를 한번, 그렇게 사랑하려고 해 보세요. 하지만 조심하셔야 합니다. 한번 시도해서 그 느낌을 느껴 보면 거기 중독될 테니까요.

매일매일, 신과 나누는 이야기

자, 이제 여러분께 부탁드리려 합니다. 전체적인 삶이란 커다란 주제를 조각내서 다루는 데도 한계가 있으니까요. 어떤 질문이든 좋습니다. 이젠 여러분의 시간이에요. 무엇이든 궁금한 것이 있으시면 지금 질문해 주세요. 여기 계신 분 질문부터 받아 보겠습니다.

❝유전자에 관해 어떻게 생각하시는지요? 비만에서부터 암에 이르기까지 모든 것이…… 어떤 사람들은 자기 가족 병력을 보고 자기도 암에 걸릴지 모른다는 느낌을 받잖아요. 유전자 문제니 어쩔 수 없다고 생각하는 사람들에게 해 주실 말씀이 있으신지요?❞

당신이 믿고 말하는 바로 그대로 모든 일이 일어나는 법입니다. 의학사를 다룬 기록물을 보면 자신의 유전자를 완전히 거슬러 유전 형질의 자연스러운 결과에 정면으로 배치되는 결과를 이끌어 낸 사람들의 증거 자료가 풍부히 수록되어 있습니다. 유전적 요소가 사실상 지배적이어야 했을 상황에서 말이죠.

하지만 유전적 소인 같은 게 없다는 식으로 말하는 건 터무니없는 일일 거예요. 과학이 유전자의 영향력을 증명해 왔으니까요. 특정 조건을 일으키는 유전적 소인이 있다는 건 하나의 사실로 봐야 하는 거죠. 하지만 그렇다고 해서 그게 피할 수 없는 조건이 되는 것은 아닙니다. 필연적인 게 아니에요.

왜냐하면 특정 조건을 일으키는 소인이 있다는 사실이 그 소인에 어떤 조처도 취할 수 없다는 걸 의미하지는 않으니까요. 만일 정신적, 신체적, 심리학적 소인에 대해 아무런 조치도 취할 수 없다면, 우리는 차라리 미리 운명 지워져 있다고 해야 할 거예요. 소위 말하듯 운명의 장난에 놀아나는 존재가 되는 거죠. 다른 건 몰라도 적어도 신체적 운명에 있어서는 말이에요. 하지만 이건 결코 인간 경험의 조건이 될 수 없습니다.

우리가 지닌 소인 중 다수는 선택된 겁니다. 계획되어 넣어진 거란 말이에요. 실수로 특정한 몸에 들어오는 사람은 없다고 말하는 사상 유파도 있죠. 그러니 우리가 몸이라 부르는 생체역학 체계 안에 구축해 넣은 일부 소인은 우리가 태어나기에 앞서 선택한 조건이라고 할 수 있는 거예요. 삶이란 도화지 위에 그림을 그리기 위해 물감과 붓을 선택하듯 골라낸 도구인 거죠. 하지만 우리는 원할 때면 언제든지 그 색을 바꿀 수 있습니다. 정말 그리는 도중에 말이죠. 우리는 이렇게 말할 수 있어요. "이런, 파란색이 너무 많아. 오렌지색을 좀 써야겠어." 그러면서 그림을 다시 그리거나 원래 그림에 새로운 색을 덧칠할 수 있는 거예요.

그러므로 저는 인간 경험 중 그 경험에 대한 우리의 생각과 결정과 선택보다 더 강력한 건 없다는 사실, 그리고 우리가 신과 맺고 있는 창조자로서의 동반자 관계를 압도할 수 있는 것은 아무것도 없다는 사실을 이해하는 것이 중요하다고 생각합니다.

신과 우리가 몸이라 불리는 이 생화학 공장에 있는 무언가를 바꾸기로 결정한다면, 소인이 있든 없든 우리는 그 변화를 만들어 낼 겁니다. 그 과정을 멈출 수 있는 것은 정말 아무것도 없어요. 사람들이 암을 치유하거나 다른 신체 정서적 조건을 회복한 것도 바로 이 과정을 통해서입니다. 그렇지 않았더라면 그 조건들에 굴복당해 스스로 그런 경험을 하도록 운명 지워졌다고 상상했을지 모르죠.

우리 몸에 있는 유전자는 그저 지표일 뿐입니다. 별자리와 별로 다를 바 없죠. 우리가 우주라 부르는 거대한 몸에 별자리가 있듯이 유전자도 우리 몸에서 지표 역할을 해 주는 거라고 생각해요. 우리 각각이 흔히 말하듯 작은 우주인 거죠. 그래서 저는 유전자가 별자리와 다르지 않다고 생각합니다. 우리가 여행하게 될 방향을 가리키는 지표, 하지만 변경 불가능한 것은 아닌 지표가 될 수 있단 말이에요. 그러므로 유전자는 우리가 걸을 수 있는 길을, 원한다면 걸어갈 가능성이 많은 길을 제시해 주는 겁니다. 그에 대해 마음을 바꾸지 않는다면 말이죠.

만일 유전자가 몸이 경험할 방향에 대해 말해 주는 내용이 마음에 들지 않는다면, 그에 대해 마음을 바꿔야 할 겁니다. 사람들이 암과 같은 소위 불치병을 극복한 것도 유전자가 지시하는 방향과 관련해서 마음을 바꿨기 때문이죠. 이처럼 우리는 언제든 마음을 바꿈으로써 새로운 경험을 일으킬 수 있습니다. 하지만 이게 결정적인 건데, 이 사실을 믿는 사람이 그다지 많지는 않죠. 그리고 아주 적은 사람들만이 믿기 때문에 그걸 증명해 보인 사람도 아주 적습니다.

우리는 유전적 배경이나 다른 환경 요인처럼 특정한 결과나 경험을 일으킬 수 있는 조건을 극복할 수 있는 걸까요? 만일 그렇지 않다면, 그게 불가능하다면, 신의 가장 장대한 약속이 거짓인 걸로 판명날 겁니다. 우리는 자유의지도 없고, 자신의 운명에 대해 책임질 필요도 없는 존재가 될 거예요. 그렇다면 우린 지금까지 엄청난 거짓말을 들어 온 셈이 되겠죠. 전 이걸 믿지 않습니다. 제 눈으로 목격하고 경험한 증거가 그와 정반대되는 사실을 입증해 주니까요…….

❝ 『신과 나눈 이야기』 세 권을 쓰기 전이나 쓰는 사이에도 신과의 대화가 있었나요? 그랬다면 어떤 형태로 이루어졌나요? ❞

그 책들이 책의 형태를 갖추기 전에, 그 자료가 저를 거쳐 나오기 전에, 저는 신과 나눈 대화라 부르는 것에 대해 의식적으로 알고 있지 못했습니다. 아무것도 몰랐어요. 그 자료가 나오고 나서야, 그런데 그건 책의 형태로 나온 것도 아니었어요…… 저 자신과 나눈 아주 사적인 대화록의 형태였죠. 그 경험이 시작되고 나서야 그 사실을 알게 된 거예요.

그 순간부터 저는 제 삶 전체가, 여러분의 삶도 마찬가지로 신과 나누는 대화라는 사실을 뼈저리게 느껴 왔습니다. 우리 모두가 신과 대화를 *나눌지* 모르는 정도가 아니라 매일 그렇게 하고 있다는 사실 말이에요.

제가 가장 자주 받는 질문 가운데 하나가 이겁니다. "왜 당신인가?" 이에 대한 대답은 저만이 아니란 겁니다. 저는 선택된 자가 아니에요. 사실 우리 모두는 하루도 빠짐없이 신과 대화를 나누고 있죠. 그저 그 사실을 모르고 있거나, 아니면 그걸 그런 식으로 부르지 않는 것 뿐이에요.

여러분도 자신의 삶을 신과 나누는 대화로 보기 시작하실 의향이 있으신가요? 여러분이 신과 나누는 자신만의 대화를 듣게 될 때, 라디오에 나오는 다음 노랫말이나, 어쩌다 집어 든 소설 속 문장이나, 미용실에서 읽은 잡지 기사나, 지나가던 사람에게 우연히 들은 말이나, 무엇보다도 오른쪽 귓가에 속삭인 말의 형태 등으로 주어지는 의미를 들을 때, 여러분은 그 모두를 신과 나누는 자신만의 대화로서 듣고 경험하실 수 있나요? 만일 그렇다면 여러분은 제게 물어본 그 경험을, 저만 할 수 있는 거라고 여기시는 그 경험을 하실 수 있을 겁니다.

여러분이 그러한 대화를 삶의 일부로 만들고자 한다면, 신과의 대화에 이르는 몇 가지 간단한 단계가 있다는 사실부터 아셔야 합니다.

첫 번째 단계는 여러분 자신에게 신과 대화를 나누는 것이 가능하다는 사실을 공공연히 선언하는 겁니다. 신이 자신과 직접 대화를 나눌 수 있고 나눌 것이라고 믿으시는 분 손들어 보세요. 좋습니다. 훌륭해요. 거의 대부분이 손을 들어 주셨네요. 아주 좋습니다. 그게 첫 번째 단계예요. 실제로 이렇게 말할 수 있어야 합니다. "그래 그건 가능해. 그럴 수 있어. 아니 사실 그건 바로 지금 순간에도 일어나고 있어."

이렇게 가능성을 인정한 다음 두 번째 단계는 여러분 자신이 그런 경험을 할 자격이 있는 사람 가운데 하나라는 믿음을 갖는 것입니다. 사실 우리는 모두 자격이 있지만 자신의 가치를 인정할 수 있는 사람은 소수에 불과하죠. 자기 가치감이란 개념은 앞서 말씀드린 무수한 이유들로 인해 많은 사람들 사이에서 크나큰 논란거리가 되고 있습니다.

우리 교육은 자기 가치감을 약화시켜서 자신이 가치 없는 존재라는 느낌을 갖게 만듭니다. 그래서 우리는 자신이 무가치하다는 느낌에 빠져들게 되죠. 혹시 자신을 가치 없다고 느끼는 사람이 그리 많지 않다고 여기신다면 다시 한 번 생각해 보세요. 무가치감에 빠진 채 삶을 살아가는 사람은 상당히 많습니다. 그러므로 신과 자신만의 대화를 나누기 위한 두 번째 단계는 자신이 가치가 있고 그런 대화를 나눌 자격도 있다는 사실을 받아들이는 겁니다.

일단 여러분이 자신의 가치를 받아들였다면 세 번째 단계는 그 대화가, 제가 말씀드렸듯이, 항상 진행되고 있다는 사실을 알아차리는 겁니다. 그리고 그 대화를 우연의 일치에 불과한 것으로 여기고 무시해 버리는 일을 그만두는 거예요. 우연일 뿐이라고요? 제가 지난 몇 주간 고민하던 문제를 안고 미용실에 갔다고 해 봅시다. 그런데 거기 잡지 하나가 있네요. 그 잡지는 한 세 달 반 가까이 거기 놓여 있었어요. 그래서 전 그걸 집어 들어 읽는데, 거기에 제가 관심 갖고 있던 바로 그 주제를 다룬 삼십육 쪽짜리 기사가 실려 있습니다. 이게 우연일까요?

셀 수 없이 많은 사람들이 『신과 나눈 이야기』 책이 선반에서 손으로 떨어져 읽게 됐다거나 그밖의 기대하지 않았던 경로로 손에 들어왔다고 편지를 보내왔습니다. 게다가 여러분이 믿을 수 없을 정도로 많은 사람들이 편지에 "이 책은 꼭 필요한 순간에 내 손에 들어왔다."고 써 보냈습니다. 이게 우연일까요? 오직 그 과정이 어떤 식으로 이루어지는지 깊이 인식할 때에만, 여러분은 이 모든 게 대화의 일부라는 사실을 이해하기 시작할 수 있을 겁니다.

하지만 우리 모두가 할 수 있고 사실 매일 하고 있는 그 대화의 가장 중요한 부분은 신이 여러분에게 말한다고 상상하고 이해하고 파악하는 그 내용이 아니라, 여러분이 신께 말하는 내용이에요. 다시 한 번 저는 신과 나누는 대화에서 여러분이 맡는 부분은 여러분의 삶 자체라고 말씀드리고 싶습니다. 매 순간 하는 생각과 입 밖에 내는 말, 그리고 몸으로 하는 행동, 이게 바로 여러분의 대화 내용인 겁니다. 그밖의 다른 건 없어요. 그러므로 말한 대로 행동하지 않거나 생각한 대로 말하지 않도록 주의하셔야 합니다. 대신 여러분의 생각과 말과 행위를 일치시켜서, 생각한 대로 말하고 행동할 수 있도록 노력하세요. 그렇게 하면 여러분의 대화는 정말로 성스러워질 겁니다. 그 대화가 전체적으로(whole) 될 거란 말이에요. 그러면 여러분은 전체적인 삶을 살 수 있을 겁니다.

기술과 의식의 불일치

질문하셨나요?

❝ 방금 말씀하신 그 일치를 삶 속에 실현하는 하나의 과정으로, 『신과 나눈 이야기』 세 권에서 다룬 내용을 좀 보충 설명해 주실 수 있나요? 우리의 기술과 의식 간에 얼마나 큰 불일치가 있는지, 이게 우리 미래에 어떤 영향을 미칠지 등에 대해서 말이에요. ❞

그러죠. 우리는 지금 정말 중대한 갈림길에 있습니다. 기술이 우리를 위협하면서, 그것을 어떻게 사용해야 하는지도 모르는 시점에 와 있어요. 우리는 전에도 이런 갈림길에 선 적이 있죠. 그리고 이건 우리가 상황을 급격히 뒤바꾸지 않는 한, 엄청나게 많은 사람들에게, 너무나도 많은 사람들에게 해당하는 사실일 겁니다. 하지만 우리는 또한 인간 진화선상의 놀라운 지점에 와 있기도 합니다. 인간은 바버라 막스 허버드가 *의식적 진화*라 부르는 지점에 도착했어요. 이걸 좀 더 설명해 보죠.

아주 최근까지지만 해도 우리가 진화라 부르는 과정(종의 진화)은 대체로 우리에게 관찰되는 과정으로 여겨져 왔습니다. 우리는 진화가 눈앞에서 벌어지는 광경을 바라보는 관찰자였죠. 진화 과정을 지켜보기만 한 거예요. 가끔은 믿을 수 없다는 듯이 넋 나간 채로, 또 가끔은 흥분과 감사의 마음을 갖고 그 과정을 관찰해 왔습니다. 하지만 우리는 대체로 우리 자신을 그 과정이 일어나는 것을 바라보는 관찰로만 생각해 왔죠. 역사책에 다 기록되어 있으니 어떻게 진화되었는지 그 책들을 읽어 보기만 하면 된다는 식이었습니다.

아주 최근, 상대적으로 최근 들어서야, 여기 계신 어린 분들 나이도 채 안 되는 기간 전에, 그러니까 지난 이십에서 삼사십 년 전에야 우리는 비로소 진화의 과정뿐만 아니라, 그 과정에서 우리가 수행하고 있는 역할까지 의식적으로 알아차리게 되었습니다.

비교적 최근에야 우리는 우리가 진화 과정을 *창조해* 내고 있다는 사실을 인식하게 되었어요. 대부분의 사람들에게 있어 이건 새로운 차원의 인식일 겁니다. 이렇게 해서 우리는 현재 의식적 진화라 불리는 새로운 과정에 참여하게 된 거예요. 다시 말해 우리는 한 종으로서, 그리고 한 개인으로서 진화해 나아가는 *경로와 방향*을 결정하기 시작한 거죠.

이건 진화가 일어나는 방식상의 격변을 의미합니다. 알아차리셨나요? 이 변화는 더 없이 적절한 시점에 찾아와 주었습니다. 우리 기술이 그것을 현명하게 사용할 수 있는 능력을 앞질러 가며 위협하고 있는 상황과 우연찮게 맞아떨어지니까요. 현명하다는 게 무엇인지 아직 정의조차 내리지 못하긴 했지만요.

한 예로 우린 생물 복제와 관련된 윤리적 딜레마에 대해 이야기하곤 합니다. 유전 공학도 마찬가지겠네요. 우리 사회는 우리가 사용법을 채 배우지도 못한 이런 기술을 무수히 창조해 왔어요. 우리 건강과 환경(이 둘은 결국 같다), 그리고 지구상에서 호모 사피엔스로 살아가는 것에 극도의 위협이 될 수 있는 기술들도 있죠.

그러므로 지금 우리는 시간과 기술의 간격이 벌어지는 이 경주를 돌아보며, 지금까지 우리 경험의 엔진을 추동해 온 기술과의 관련하에 어떤 식으로 진화해 나갈지를 의식적으로 선택할 필요가 있습니다. 어떤 기술에 대고 "잠깐, 잠깐만 좀 기다려 봐. 그렇게 하면 안 될 것 같아."라고 말해 줘야 할까요. 이건 좋고, 저건 나쁘다고 분별할 수 있을까요? '우리는 진정 누구인가?' 하는 문제와 관련해 우리가 지닌 가장 고귀한 생각들을, 사회가 허용하고 창조하고 장려하고 경험하는 기술 문명 위에 도금처럼 덧씌울 수 있을까요?

이건 정말로 우리 시대가 당면한 가장 절박한 질문입니다. 결코 작은 문제가 아니에요. 그리고 이 방에 계신 분들을 비롯한 우리 모두는 이 문제를 최전선에서 마주해야 합니다.

이건 누군가 다른 사람에 의해, 다른 곳으로부터 답을 얻을 수 있는 질문이 아니에요. 여러분이 답해야 하는 질문입니다. 여러분이 소비하는 제품과 슈퍼마켓이나 옷 가게나 길거리에서 내리는 선택을 통해 답해야 하는 질문인 거예요.

여러분이 일상을 대하는 태도가 이 질문에 대한 답이 될 겁니다. 상대방에게 하는 말, 다른 사람에게 권유하는 방식, 스스로 선택하는 것, 그리고 선택한 것을 함께 나누는 행위와 그것을 공유하는 방식 등을 통해서 말이에요. 지금 제가 하는 말과 그 말의 함의를 깊이 인식하지 못한다면 이런 말을 그냥 군더더기라고 무시해 버릴지도 몰라요.

톰 하트만이 지은 『우리 문명의 마지막 시간들』이라는 놀라운 책을 한번 읽어 보시기 바랍니다. 그리고 그 책을 읽는 동안 바버라 막스 허버드의 『의식적 진화』도 읽어 보세요. 한 권 더 권해도 된다면 마리안느 윌리암슨의 『미국의 영혼 치유하기』도 꼭 한번 읽어 보시기 바랍니다. 이 책들이 지금 말한 주제를 아주 구체적이고 생동감 있게 다루고 있거든요. 내용도 지극히 명료하고 놀라운 통찰도 많이 담겨 있습니다.

하지만 무엇보다도 최소한 이 질문이 내포하는 인식 수준까지는 스스로를 끌어올리시기 바랍니다. 이십일 세기로 접어드는 현 시점에서 우리가 위기 상황에 당면해 있다는 인식 말이에요. 우리는 시간과 경주를 하고 있습니다. 누가 이길까요?

기술일까요, 인간 영혼일까요? 전에는 기술이 이겨서 지구상의 인류를 사실상 전멸시켰습니다. 거의 멸종시켰죠. 그리고 우리는 물론 다시 그렇게 할 능력도 지니고 있습니다. 그런 일이 아마 다시 벌어지지는 않을 거라고 말씀드리고 싶네요. 우리는 오십 년대에 그런 일이 일어날까 봐 불안해했던 적이 있죠. 하지만 원자폭탄 따위가 하나의 거대한 폭발을 일으켜서 맨해튼을 파괴하거나 모스크바를 붕괴시키는 식으로 그 파국이 일어나지는 않을 겁니다. 그렇게 될 수도 있지만, 만일 일어난다 해도 그런 식으로 진행되지는 않을 거예요. 그건 아마 장기간에 걸쳐 잠행성으로 진행되면서 우리가 더 이상 살고 싶어 하지 않을 정도의 결과를 초래하는 식으로 진행될 겁니다.

그러므로 저는 우리가 이 느리지만 확실한 삶의 질적 퇴보에 주의를 기울이기 시작하는 게 매우 중요하다고 생각해요. 그러니까 열대우림 좀 그만 파괴합시다. 우리는 이 점에 동의할 수 있을까요? 그건 정말 비교적 단순한 문제입니다. 그리고 모든 사람에게 식량을 조달할 수 있는 방법을 찾기 시작해 봅시다. 지구상에서 한 시간마다 400명의 아이들이 죽어 가지 않도록 말이죠.

'균형'을 위한 습관

질문하셨나요?

66 닐, 전체적 건강이란 관점에서 봤을 때 마음과 몸과 영혼에 영향

을 공급하기 위해…… 그 모두의 균형을 맞추기 위해 우리가 할 수 있는 일이 뭐라고 생각하시나요?"

저도 마음과 몸과 영혼을 동시에 살찌워 삶의 균형을 잡는 것이 오늘날 우리가 당면한 커다란 과제라고 생각합니다. 지금처럼 산만하고 균형을 잃은 세상에서 그렇게 하기란 결코 쉽지 않죠. 세상이 균형을 잃었으니 우리도 그에 따라 균형을 잃게 되는 경향이 있어요. 일종의 보상 작용으로 반대편을 향해 치우치는 거죠.

예를 들어 영적 과정, 그러니까 영성 단체 같은 곳에 오랜 기간 깊이 관여하고 나면, 우리는 균형을 잃고 몸에 지나치게 몰두하기 시작할 수 있어요. 자신이 영적 존재라는 사실을 완전히 잊어버리는 거죠. 마찬가지로 매우 물질적인 삶, 영적 양분을 별로 받지 못하는 삶에 깊이 빠져 있던 사람들은, 가끔 보면 강도 높은 은둔 프로그램이나 워크숍, 세미나 등에 참가하며 자기 존재의 영적인 측면으로 너무 깊이 빠져들어 헤어 나올 수 없는 지경에 이르기도 합니다. 그 사람들은 일상 현실과 아무 관련도 없고 현실 세계와도 동떨어진 워크숍에 육 개월에서 팔 개월에 걸쳐 참여하기도 하죠. 그러므로 정말 중요한 과제는 균형점을 찾는 것입니다. "삶은 균형의 문제다."라고 한 사람이 아마 제럴드

잼폴스키일 거예요.

균형을 잡는 방법은 우리가 세 부분으로 이루어진 존재라는 사실을 기억하고, 이 세 부분 중 다른 부분보다 더 중요하거나 성스러운 부분은 없다는 사실을 인식하는 겁니다. 우리는 몸과 마음과 영혼 모두를 포괄하는 존재예요.

어떤 사람들은 우리의 영적인 측면, 즉 영혼이 가장 신성하고 따라서 가장 중요하다고 생각하고 싶어 하죠. 하지만 이런 관점은 별로 정확하지 못할 겁니다. **진정한 자신**의 영적 측면은 우리의 신체나 정신적 측면보다 더 중요하지도 않고 더 소중히 돌봐야 하는 것도 아니에요.

차라리 그 반대로 말해야 할지도 모릅니다. 우리는 몸에 충분한 관심을 기울이지 않으니까요. 전에도 이런 말씀드린 적 있죠. 우리는 몸을 잘 움직이지도 않고 건강하게 유지하려고 노력도 안 합니다. 적절한 체형을 유지하려고 하지도 않죠. 몸에 거의 관심을 쏟지 않는 겁니다. 대부분의 사람들이 이렇죠. 그 결과 특히 미국에서는 대체로 사람들이 비만에 시달리고 건강 상태도 좋지 못합니다. 이 사람들은 수명을 못 채우고 일찍 죽는데, 그게 다 이러저러한 신체적 조건들을 무시했기 때문이죠.

우리는 마음을 살찌우는 데에도 별 관심을 기울이지 않아요. 전 사람들이 연간 읽는 책의 수가 너무 적어 놀랐습니다. 그래서 가는 곳마다 사람들에게 이렇게 묻는 습관이 붙었죠. "작년에 책 몇 권 읽으셨나요?" 서너 권 이상 읽은 사람들은 자신이 많이 읽었다고 생각하는 것 같아요. 하지만 전 이십 권에서 삼십 권, 마음 내킬 때는 거의 한 주에 한 권씩, 오십 권도 읽습니다. 이건 자랑이 아니라 그냥 사실을 말하는 거예요. 전 이게 평균일 거라고 생각했습니다. 대부분의 사람들이 그런 줄 알았다고요. 그런데 일 년에 서너 권의 책을 읽고 나면 자랑스러워하는 게 현실이더군요.

대부분의 사람들이 마음에 양분을 공급하는 방법은, 이런 말 하기 유감스럽지만, 텔레비전을 보는 것입니다. 이걸 마음에 양분을 공급하는 거라 부른다면, 영화 보러 가는 것도 있겠네요. 하지만 예전에는 사람들이 일요일 오후 도서관에 가 발자크가 무슨 말을 했는지 읽어 보는 일이 예사였습니다. 지금은 대부분의 사람들이 평생 그런 책을 거들떠보지도 않죠. 평생 동안이요. 그래서 우리 마음은 「심슨 가족」이나 《로스앤젤레스 타임스》의 스포츠면 기사 이외의 다른 무언가에 굶주려 있죠.

사람들 대부분은 자신의 영적 측면도 돌보지 않습니다. 그들은 명상을 하지 않아요. 아주 소수의 사람들만이 어떤 식으로든 자신의 영적 측면에 양분을 공급하는 시간을 갖습니다. 사람들은 교회나 유대인 교회당이나 다른 예배 장소에 규칙적으로 참여하지 않고, 일부는 아예 나가지 않습니다. 사람들은 자신의 삼 분의 일이, 원한다면, 영혼이란 사실에 제대로 주의를 기울이지 않아요. 그러니까 제 말은 우린 영혼 자체이지만 세 가지 측면을 지닌 존재란 거예요. 이렇게 사람들은 시간과 관심의 삼 분의 일을 자신의 영적 측면에 투자하지 않습니다. 대신 우리 대부분은 세 측면을 골고루 돌보기보다는 어느 한 측면에만 지나친 관심을 기울이죠.

❝ 그들이 어떻게 하면 그런 습관을 바꿀 수 있을까요? ❞

그렇게 하길 그만두면 됩니다. 그 모두를 바꾸는 방법은 우리가 세 측면을 지닌 존재란 사실을 깨닫고, 의식적으로 자신의 모든 측면에 관심을 기울이기 시작하는 거예요. 그렇게 하는 것이 불편하더라도 말이죠. 안락한 지역의 경계 밖으로 움직이세요.

교회나 유대인 교회당 같은 종교적 장소가 불편하거나 명상하는 것이 힘든 분이 있다면, 그래도 어쨌든 그것을 해 보라고 권해드리고 싶습니다. 저도 명상을 그렇게 시작했어요. 한밤중에 촛불을 켜거나 조용한 음악을 틀고 혼자 앉아 그냥 한 시간 동안 가만히 있어야 한다는 생각은 제게도 결코 편치 않았어요. 하지만 그게 편치가 않아 보였고, 솔직히 말해 한 시간 동안 조용히 앉아 있을 끈기도 없다고 생각했기 때문에 전 그걸 시도해 보았습니다. 시도하고 또 시도해 보았어요. 그러다 어느 날 명상 도중 **존재하는 모든 것**과 일체감을 느끼는 엄청난 경험을 한 뒤로 지금은 명상하지 않고는 오래 못 버티게 되었습니다.

전 그렇게 거기서 뭔가를 찾아냈어요. 그건 아스파라거스가 꽤나 먹을 만하다는 걸 발견하는 것과도 비슷합니다. 사실 그건 아주, 상당히 맛있어요. 그러니까 한번 시도해 보세요. 안전 구역의 경계 밖으로 나오세요.

그런데 저는 요즘 운동을 가지고 그렇게 해 보려고 하고 있습니다. 지난 수년간 운동과 저는 별로 좋은 친구가 아니었죠. 하지만 지금은 집에 있는 작은 체육관, 그냥 작은 방에 운동 기구 몇 대 들여놓은 곳에서 일주일에 두세 시간 정도씩 가볍게 운동해 보려고 노력하고 있어요. 전 운동이 놀라운 효과를 가져다줄 거라고 확신하고 있습니다. 뭔가를 시작한다는 건 이런 거예요. 정말로 간단합니다. 마법도 없고 신비스러울 것도 없어요. 그냥 관심을 기울이기만 하면 되는 겁니다.

66 내부 지도 체제가 뭐죠? 99

우리 각자의 내면에는 내부 지도 체제가 있는데, 그걸 활용하면 삶에 대해 알아야 할 모든 것을 알 수 있습니다. 삶과 관련해 알아둘 필요가 있는 정말로 중요한 것들 말이죠. 그 내부 지도 체제에 귀를 기울이면, **진정한 자신**의 가장 고귀한 측면을 표현해 낼 수 있도록 마련된 적절하고 완벽한 사람들과 장소, 환경으로 이끌리게 될 겁니다.

저는 그 내부 지도 체제에 관심을 기울이는 것이 별로 어렵지 않습니다. 제게는 그게 복부에서 느껴져요. 그래서 전 사람들에게 종종 이렇게 말합니다. "배가 하는 말을 들어 보세요. 배는 알고 있어요." 참, 방법을 하나 알려드릴게요. 이 도구를 여러분과 함께하고 싶네요. 이걸 사용하면 올바른 방향으로 가고 있는지 잘못된 방향으로 가고 있는지 알 수 있어요. 꽤나 간단한 방법입니다.

무엇보다도 먼저 침체 구역에서 빠져나오세요. 여러분이 정체라 불리는 상황에 처해 있다면, 아무 일도 안 하고 있거나, 아니면 그릇된 선택을 할까 봐 두려워 결정을 미루고 있을 겁니다. 그냥 결정을 하세요. 어떤 선택이든 하시라고요. 어디로든 나아가세요.

전 항상 사람들에게 선택이라 불리는 과정에 무작정 뛰어들어 어느 방향으로든 가 보라고 조언해 줍니다. 여러분이 무언가를 하거나 안 하겠다고 분명히 결정하자마자, 어느 방향이건 선택하여 움직이기 시작하자마자, 얼마 안 있어 여러분의 배가 그 방향으로 계속 가야 하는지 말아야 하는지 알려 줄 겁니다. 이게 내부 지도 체제예요. 제게는 그게 뱃속에 있습니다. 머릿속에 생각의 형태로 있는 사람도 있을지 모르겠네요. 어쨌든 우리 모두는 이 내부 지도 체제를 가지고 있습니다.

여러분이 무언가에 매달리고 있을 때 그 모든 체계가 반항하며 이렇게 말하는 것을 알아차릴 수도 있을 거예요. "아냐, 그건 하지 마." 이건 불안이 아닙니다. 그건 내면의 지혜로서 이렇게 말하는 것과도 같아요. "그건 아닌 것 같아. 네가 정말 이걸 하고 싶어 한다고는 생각 안 해." 아니면, 이렇게 말할 수도 있을 겁니다. "그래, 이거야. 여기가 맞아. 가, 계속 가라고." 이때는 어떤 기쁨이 동반됩니다. 영혼이 이렇게 말하는 거죠. "나도 거기 동의해. 가자, 그리고 계속 가자." 이건 어떤 내적 느낌입니다. 하지만 그 느낌은 여러분이 결정을 내리고 *나서야* 느껴지기 시작하죠. 결정을 내리기 전에는 느껴지지 않습니다. 그런데도 사람들은 종종 결정을 내리기 전에 그 느낌과 인도를 받기 위해 기다리죠.

자, 이게 핵심입니다. 반복해서 말씀드리려 하는데, 괜찮죠? 제가 아는 많은 사람들은 결정을 내리기 전에 기도나 명상을 하며 신께 길을 알려 달라고 요청합니다. 하지만 그 과정을 뒤집어야 해요. 사람들은 앉아서 이렇게 말하겠죠. "신이시여, 절 좀 도와주세요. 제가 결정을 내리기 전에 길을 알려 주세요." 그러면 전 그 사람들에게 이렇게 말해 줄 겁니다. "아니에요, 그게 아니라고요. 어떤 식으로든 결정을 먼저 내린 뒤, 여러분 몸의 모든 세포에서 들려오는 반응에 귀를 기울이세요."

보시다시피 이건 정반대입니다. 선택하는 것을 두려워 마세요. 일단 결정을 내리고 나면 여러분이 제대로 선택했는지 아닌지 아시게 될 겁니다. 그리고 잘못된 것 같은 느낌이 들면 하던 일을 멈추고 방향을 틀어 반대로 가 보세요. 그게 옳다고 느껴지면 계속 그리로 가시면 됩니다. 흥미로운 방법 아닌가요?

'고통'과 '죽음'에 대하여

66 닐 선생님, 몸에 대해 여쭤 보고 싶은 게 몇 가지 더 있어요. 특히 고통과 관련해서요. 선생님은 신체적 문제를 영혼의 차원에서 치유되어야 할 무언가가 있다는 의미로 받아들이시나요? 거 왜, 감기에 걸린 건, 형이상학적으로 말해 혼돈에 빠졌기 때문이란 식으로 말하는 사람들도 있잖아요. 그리고 또 다른 질문은, 신체상의 고통을 겪으면서 영적 여행을 하는 사람들에 관한 건데요. 신체적으로 고통받는 사람이 깨어나는 경험을 한다는 게 가능할까요?

고통받으며 괴로워하고 있는 상황에서 말이에요."

음, 불교에서는 삶이 고해라고 말하죠. 그 맥락에서 보면 그건 분명 사실이에요. 고통은 존재합니다. 고통은 경험이에요. 그러니까 제 말은 여러분이 고통이라 부르는 것을 저는 고통으로 여기지 않을 수도 있다는 겁니다. 예를 들어 제가 만성 통증을 앓는 환자라 해 봅시다. 그러면 하루 중 제가 고통을 느끼지 않는 순간은 아주 짧을 거예요. 이 강연을 하는 내내 전 고통스러웠습니다. 그럼에도 사실 제가 정말로 고통을 겪는 순간들에 비하면 전 고통스럽지 않아요. 무슨 말인지 아시겠어요? 이런 저를 보고 어떤 사람은 이렇게 말할지도 모르죠. "저 사람은 어떻게 된 거지? 내가 지금 저 고통을 느낀다면 생각도 흐리멍덩해져서 프로그램을 제대로 진행도 못할 텐데 말이야."

전 지금 자화자찬하고 있는 게 아니에요. 그냥 고통이 어떤 식으로 일어나는지 말씀드리는 것 뿐이죠. 그리고 이건 우리 모두가 겪고 있는 상황입니다. 우리는 모두 여기서 같은 경험을 하고 있어요. 그러니까 무엇보다도 고통이 상대적인 경험이라는 거죠.

거의 대부분의 사람들은, 어느 정도는, 항상 고통을 겪고 있습니다. 불교도들이 그렇게 말했을 때 그들은 진심으로 말한 거

예요. 삶은 고통입니다.(웃음)

왜냐하면 여러분이 자기 자신을 발견하자마자…… 신체 형상을 한 이 옷의 본질은, 정말로 어떤 차원에서는, 그 정도만큼 우리를 제한하는 것이고, 그 제한이 **진정한 우리 자신**의 한 단면이라는 전제하에 그것은 어떤 차원에선가 고통스러울 테니까요. 전 질문을 우회하고 싶진 않습니다. 그냥 그걸 약간 주변 상황과 연계 지으려던 거죠.

자, 이제 아까 하신 질문에 더 직접적으로 답해 보죠. 그렇습니다. 고통을 겪는 사람도 엄청난 깨달음과 위대한 영적 인식의 순간을 경험할 수 있어요. 가끔은 그런 체험으로 그 사람들을 이끄는 것이 고통 자체이기도 합니다. 신체상의 고통은 중요한 것에 대한 우리 관념을 변화시키는 경향이 있으니까요. 그러면 우리는 진실로 그러한 것, 우리가 진정으로 누구인지에 초점을 맞추게 되죠.

엘리자베스 퀴블러 로스라는 여성의 직원으로 일하던 때가 생각나네요. 이 사람이 누군지 아시는 분 있으신가요? 전 엘리자베스의 직원으로 함께 일하는 것이 아주 즐거웠습니다. 제 삶의 축복 받은 기간이었죠. 언젠가 우리는 한 여성 환자의 집을 방문했습니다. 우린 심각한 병을 앓는 사람들의 집을 자주 방문했죠. 거기서 배울 수 있는 건 엄청나게 많아요. 여러분도 정말로 무언가 배워 보고 싶다면 일주일 동안 죽어 가는 사람을 열 명 정도 찾아가 보세요. 보통 사람이라면 평생을 살아도 그런 기회를 얻지 못할 겁니다. 간호사나 의사라면 모르겠네요. 하지만 보통 사람들은 그런 기회를 갖지 못할 거예요.

그래서 어느 날 밤엔가 우린 죽어 가는 이 여성을 방문했는데, 그녀는 서서히 몸을 움직이지도 느끼지도 못하게 되는 병을 앓고 있었어요. 발에서부터 상체를 향해 마비가 왔죠. 일종의 퇴행성 질환이었습니다. 병은 점점 더 위로 퍼져 나갔어요. 그래서 우리가 갈 때마다 몸의 기능이 더 마비되어 있었습니다. 어느 날엔가 그녀는 손조차 쓸 수 없게 되었죠. 그런데 손의 기능을 잃는 순간에 그녀는 태어난 지 몇 주밖에 안 된 아기 손녀를 안고 있었어요. 더 이상 손을 예전처럼 움직일 수 없다는 걸 깨닫고 그녀는 이렇게 말할 수밖에 없었죠. "아기를 더 이상 안아서는 안 될 것 같다. 얘가 꼼지락거릴 때 붙들어 줄 자신이 없어."

하지만 그녀는 우리에게 소중한 경험을 나눠 줬습니다. 엘리자베스가 이렇게 물었죠. "손에서 느낌이 사라질 때 기분이 어떠셨나요? 어떤 기분이 드셨는지 말씀해 주실 수 있나요?" 엘리자베스는 경험을 되돌아보도록 요구했습니다. 그러자 그 여성분이 더없이 온화한 얼굴로 이렇게 답했죠. "제 손이 예전처럼 움직이지 않는다는 걸 처음 알게 된 순간에 저는 팔 주 된 요 조그만 천사가 자기 손을 들어올려서…… 움직이는 모양을 보며 기뻐하고 있었어요." 그녀는 계속 말했습니다. "제게 그건 손에서 손으로 생명이 전달되는 느낌이었습니다."

정말로 그렇다는 말은 아니에요. 그 고통 속에서 그런 은유를 찾아낼 수 있다는 게 하나의 예가 된다는 거죠. 그녀가 겪던 심각한 장애, 그리고 장애와 함께 진행된 고통이 병이 없었다면 결코 도달하지 못했을 인식의 경계로 그녀를 인도해 간 겁니다. 그녀는 우리가 상실이라 부르는 순간에 영적으로 중요한 무언가를 본 거예요. 그렇다면 엄청난 고통을 겪는 사람들이 엄청난 통찰을 갖는 일이 가능할까요? 전 그렇다고 봅니다. 그리고 솔직히 말해 그건 꽤나 흔한 일이라고 생각해요.

그런데 이거 전에 다른 질문하신 게 있었는데, 완전히 잊어버렸네요.

> **❝** 제가 여쭤 본 건, 말하자면 신체 문제에 대한 형이상학적 등가물에 관한 건데요. 몸에 문제가 있을 땐 영혼의 차원에서 치유되어야 할 무언가가 있는 걸까요? **❞**

모든 병은 스스로 만들어 낸 거라는 신의 진술을 전제로 하면, 전 그게 사실일 거라고 믿습니다. 하지만 솔직히 그런 거에

너무 관심 가질 필요는 없다고 생각해요. 그래서 전 "왼쪽 무릎이 떨리는 건…… 이기적이기 때문이다."라는 식으로 말하는 책들을 별로 안 좋아합니다. 그럼 전 이기적이지 않겠죠. 이런 말도 있더군요. "오른쪽 귀가 쑤시는 건…… 이해심이 부족하기 때문이다." 이처럼 들어맞을 수도 있고 아닐 수도 있는 내용을 담은 책들이 시중에 나와 있죠. 이런 책들을 깎아내리는 건 아니지만, 그런 인과관계에 지나치게 몰두하는 게 도움이 된다고는 생각하지 않아요. 불필요하게 자책할 수도 있으니까요. '내가 이러저러하지만 않았다면 귀가 이렇게 아프진 않을 텐데. 이해심을 좀 키워서 귀를 치료해야겠어.' 무슨 말인지 아시겠죠. 이럴 수도 있겠네요. '내가 조금만 더 이러하고 조금만 덜 저러하면 비장을 치료할 수 있을 거야.'

이런 인과관계는 어느 정도 들어맞을 수도 있겠지만, 사실 그보다 훨씬 더 미묘할 거리고 생각합니다. 그렇게 듣기도 했고요. 그건 아주 미세한 거예요. 이십 년이나 삼십 년에 걸쳐 취해 온 태도에서 기인한 것일 수도 있는 거죠. 마흔다섯 살에 수술 불가능할 정도의 비장 질환을 유발한 최초의 원인이 되는 생각은 최근 알아차린 것보다 훨씬 더 미세하고 장기간에 걸쳐 반복된 생각일 수 있어요.

그렇다면 이런 상황에 우리는 어떻게 반응해야 할까요? 그것을 사랑하고 받아들이시면 됩니다. 저항하는 것은 지속되니까요. 그것을 향해 다가가 포용하면서 이렇게 말하세요. "이게 내 지금 상황이야. 비장이 기능을 안 해. 난 이 조건을 비난하기보다는 수용하고 축복하기로, 축복하고, 축복하고 또 축복하기로 선택했어. 이 상황을 있는 그대로 인정해야지."

이렇게 하면 많은 경우 그 조건 자체를 실제로 없앨 수도 있을 겁니다. 왜냐하면 저항하는 것은 사라지지 않고 버티지만, 받아들이는 것은 선택을 통해 더 이상 창조해 내지 않을 수 있으니까요. 하지만 받아들인 것을 소멸시킬 수 없을 때, 너무 오래되었거나 영향력이 너무 커서 치유할 수 없을 때조차도, 제거할 수 없는 그것은 여러분의 삶에 부정적 충격이나 효과를 줄 겁니다. 그 여성분의 손이 그런 경우죠. 비극일 수도 있었던 상실에서 축복을 보았으니까요.

저는 한 스승이 죽어 가는 과정을 지켜본 적이 있습니다. 그가 죽기 전 몇 년 동안 알고 지낸 분이었죠. 그가 죽어 가는 몇 달 동안 옆에서 지켜보았어요. 그런데 이 친구는 다른 사람들이라면, 또 시작됩니다, 매우 고통스럽고 불쾌하고 위엄을 차릴 수도 없었을 상황에서 죽음을 맞고 있었습니다. 그런 거 아시죠. 몸엔 온갖 도관이 꽂혀 있고 한 상황 말예요. 그런데 이 스승은 매일같이 자신을 방문하는 사람들을 가르쳤습니다. 하루에 네

다섯, 여섯, 혹은 여덟 명 정도의 학생이 죽어 가는 이 친구를 방문했어요. 이 친구가 죽어 가는 것을 보기 위해 예약을 해야 할 때도 있었죠. 그는 이런 상황을 놓고 농담마저 했습니다. "난 건강했을 때보다 지금이 더 바쁘군요."

그는 조셉 베르나딘 추기경이 그랬던 것처럼, 신께서 축복하시길, 무언가 알고 있었습니다. 베르나딘 추기경은 이렇게 말했죠. "선물이 하나 더 남아 있습니다. 살아온 내내 저 자신을 헌신적으로 나눠 드렸으나, 제가 줄 수 있는 선물이 아직 하나 더 있습니다. 저의 죽음은 삶에 대한 긍정이 될 것이고, 저의 떠나감은 위대한 돌아옴의 선언이 될 것이며, 제 고통조차 삶의 고귀한 기쁨에 대한 시인이 될 테니까요."

이 친구는 스승이었고 전 그에게서 품위 있는 죽음이란 게 뭔지 배웠습니다. 그가 제게 그런 가르침을 줄 수 있었던 것은, 비록 예전의 결정에서 비롯된 몸 상태를 되돌릴 수는 없었으나, 사실 그렇게 할 필요가 없었기 때문입니다. 그의 몸 상태는 마음에 어떤 영향도 미치지 못하고 있었으니까요.

"불편하신가요?"라고 물으면 그는 저를 바라보며 이렇게 말하곤 했습니다. "오, 그냥 조금요." 전 이렇게 생각할 수밖에 없었죠. '이 얼마나 대담하고 초연한가.' 사실 그는 누워 있지도 않았습니다. 정말로 조금밖에 불편하지 않았던 거예요. 저라면 엄청 고통스러워했을지 모를 상황에서 말이죠. 몸과 마음에 완전히 통달하여 신체적 경험이 자신의 본성을 좌지우지하지 못하게 한 거예요. 이건 엄청 강렬한 자질입니다. 우리도 모두 이처럼 고귀하게 죽음을 맞이한 사람들을 알고 있죠. 위엄 있게 죽은 것뿐만 아니라, 죽음을 통해 주변 사람들에게 큰 교훈을 전해 준 사람들 말예요.

이런 죽음을 맞이한 사람들에 대해서 하나만 더 이야기할게요. 제 어머니는 성인이셨습니다. 모든 분의 어머니가 성인이긴 하지만, 제 어머니는 원조 성녀셨어요. 정말이에요. 전 어머니가 돌아가시던 그날을, 그 순간을 아주 또렷이 기억합니다. 어머니께서 삶의 마지막 순간으로 접어들 무렵, 우리는 지역 교구에서 성직자를 불렀습니다. 성직자는 젊은 친구였어요. 그들은 서둘러 자리를 잡았죠. 그런데 이 친구 열아홉 살도 안 돼 보이더군요. 면도나 해 봤나 몰라요. 어쨌든 그가 의식을 주도하게 됐습니다. 신학교를 갓 졸업하고 말이죠. 우리는 그가 신성한 로마 가톨릭 최후의 의례를 거행해 본 적이 한 번도 없다는 사실을 분명히 알 수 있었어요. 수사복을 허겁지겁 걸치는 모양새 하며, 향유를 가지고 쩔쩔매는 등 서투른 구석이 한둘이 아니었으니까요. 그런데 전 지금 조롱하고 있는 게 아닙니다. 의례는 우리 집단 경험에서 아주 중요한 위치를 차지하는 거예요. 이걸 분명히 해 두시기 바랍니다. 의례는 우리 모두에게 중대한 의미를 지니고 있는 거라고요. 하지만 그는 이 의식을 정말 살아 있는 사람, 죽어 가는 사람에게 해 본 적이 한 번도 없었어요. 그래도 어머니께서 계신 방으로 들어간다고 거기 대기하고 있었습니다. 그러고는 어머니 방, 그걸 뭐라 부르죠? 중환자실이던가, 아무튼 그곳으로 들어갔습니다. 그런데 몇 분 후, 한 십 분에서 십오 분이 지난 뒤에 얼굴이 귀신처럼 창백해져서 나오더군요. 제가 물었죠. "뭐, 뭐요? 무슨 일이에요?"

그가 말했습니다. "저기, 제가 이걸 제대로 할 수 있을지 확신이 없었어요. 향유도 잘못 집어 들어 다시 제대로 해 보려고 하는데, 선생님 어머니께서 절 보시며 말씀하셨습니다. '신부님, 마음 놓으세요. 여기서는 실수하셔도 돼요. 의도가 중요한 거예요. 마음가짐과 신부님 생각이 중요한 거죠. 어떻게 하느냐가 중요한 게 아니라요.'" 그런 뒤 저를 보는데 눈에 눈물이 고여 있었어요. 그러고는 말했죠. "어머니께서는 죽어 가면서도 저를 위로해 주셨어요."

이처럼 죽음이 꼭 비극적일 필요는 없습니다. 저도 제가 죽을 때 어머니께서 지니셨던 품격의 일부라도 가질 수 있기를 바랄 뿐이에요. 그런 지혜의 아주 작은 단편이라도 말이죠.

고도로 진화된 존재

❝ 저, 영혼의 계획에 관해 질문할 게 있습니다. 어딘가 다른 차원에서는, 우리가…… 이 삶에서 만나게 될 사람들과 사건, 장소 등을 계획한다는 사고방식과 관련해서요. 제가 알고 싶은 건…… 우연이란 없다는 관념과 연관해 이 문제를 좀 설명해 주실 수 있나요? 어떤 다른 차원에서 미리 계획을 하기 때문에 우연 같은 건 없다고 하는 걸까요? ❞

예. 음, 저도 우리가 계획을 가지고 몸에 들어온다는 말을 들은 적이 있습니다. 그것도 공통의 계획을 가지고요. 그리고 저는, 사실 여러분이 이 방에 모인 게 우연이 아님을 알아주셨으면 해요. 우리 모두는 이 시간, 이 장소에 모이기로 아주아주 높은 차원 어딘가에서 결정한 겁니다. 우리가 진정 누구인지를 다시 한 번 알아차리고 그렇게 되어 가도록 서로를 도울 수 있도록 말이죠.

그래서 우린 이 자리에 모여 있습니다. 우린 계약을 했고 약속을 했으며, 바로 지금처럼 서로 대화를 나누는 와중에도 그 계약 중 각자가 맡은 역할을 해내고 있는 겁니다.

그런데 이건 서로 친절하게 대하는 사람들에게도, 그리고 서로 불친절하게 대하는 사람들에게도 모두 해당되는 사실이에요. 진정한 성자와 스승들은 세상에 희생자도, 악당도 없다는 사실을 알죠. 상대를 못살게 구는 사람조차도 그 상대가 **진정한 자신**을 표현하고 경험해 낼 수 있도록, 자신의 본모습을 선언하고 성취하며 이뤄 낼 수 있도록, 그저 완전히 다른 차원에서 맺은 계약을 수행해 내고 있는 것뿐이라는 사실 말이에요. 모든 스승들이 이렇게 말하는 것도 그 때문입니다. "판단하지 말고, 비난하지도 말라."

어쨌든 이렇게 해서 우리 각자는 삶이라는 여행을 시작하게 되었습니다. 그것은 여행이고, 목적이 있는 여행이죠. 우리는 그 목적을 이미 결정했지만, 거기 도달하는 방법은 정해져 있지 않습니다. 그리고 사실 우리가 그 목적지에 도착할 수 있다는 보장이 있는 것도 아니죠. 그저 어디로 가고 싶은지, 그리고 무엇을 하고 싶은지에 대한 생각만 가지고 있을 뿐입니다. 하지만 우리가 목적지에 도달하는 것이 필연은 아니고, 그곳에 도달하는 길을 우리가 제대로 따를 수 있을 거라는 보장도 없습니다.

매번 기회가 주어질 때마다 우리는 자신의 계획을 진척할 가능성과 마주하죠. 그 계획을 진척하지 못한다면, 우리는 사실 그렇게 할 수 있을 때까지 계속해서 다른 기회를 만들어 낼 겁니다. 혹시 삶에서 되풀이되는 유형을 관찰해 보신 분 있으신가요? 그처럼 우리는 그 일을 제대로 해낼 때까지 하고, 또 하고, 다시 하기를 반복하는 거예요. 같은 사람을 계속해서 다섯 번은 불러들일 겁니다.

제가 무슨 말을 하는지 아시겠어요? 저는 다섯 가지 다른 몸을 지닌 한 사람과 다섯 번을 결혼했습니다. 그 관계를 통해 배워야 할 것을 마침내 깨닫기 전까지 말이죠. 그런 뒤에야 비로소 그 사람과 더 이상 결혼하지 않을 수 있었어요. 다른 사람과의 관계나 살면서 겪은 사건들에 있어서도 마찬가지였습니다. 같은 종류의 사건을 되풀이해서 겪었죠. 마침내 그 의미를 파악해서 해방되기 전까지 말이에요. 이처럼 우리는 어떤 유형을 만들어서, 계획이 요구하는 결과를 만들어 내는 데 필요한 사람과 장소와 사건들을 경험 속으로 끌어들입니다. 그리고 이 과정은 아마 이번 삶 동안은 완성되지 못할 거예요. 그렇게 된다면 도리어 놀라운 일이겠죠. 그렇지만 그건 문제가 안 됩니다. 왜냐하면 우리는 또 다른 삶을 살게 될 것이고, 그 다음번 삶과 다시 그 다음번 삶을 계속해서, 시간이 끝날 때까지 끝없이 살게 될 테니까요. 이와 같이 삶은 그저 계속될 겁니다. 계속되고 계속되어 영원에 이를 것이며, 영원조차 넘어설 것입니다. 정말 기쁘고 희망적이지 않나요?

> ❝『신과 나눈 이야기』 세 권에서 신은 고도로 진화된 존재들에 관해 이야기합니다. 우리도 그런 식으로 살도록 노력해야 할까요? ❞

우주에는 고도로 진화된 존재라는 게 정말 있습니다. 저는 그걸 줄여 '고진재, **고도로 진화된 존재**'라고 부르죠. 이 존재들은 그들을 둘러싼 자연 및 우주와 즐겁고 조화롭게 공존하는 법을 터득했습니다. 그리고 고통과 투쟁으로부터 해방된 채 살아가는 법도 배웠죠. 그 방법은 이런 거예요. 두 단계로 된 공식이죠. 그런데 그 공식은 우리가 그렇게 하기로 선택만 하면 바로 지금 이 세상에도 적용할 수 있는 공식입니다.

이 사람들 중 일부는 현재 지구에서 살고 있습니다. 개인적으로 고진재들을 많이 보진 못했지만요.(국회 복도를 거니는 사람들은 예외일지 모르겠네요.)

농담입니다.

이제부터 고진재들이 사는 법을 말씀해드리죠. 그들은 두 단계로 된 아주 단순한 체계를 기반으로 살아가요. 첫째, 고진재들은 있는 그대로의 사실을 관찰한 뒤 그것을 말합니다. 이게 첫 번째 단계에요. 말하자면 단순히 사실을 직시하는 거죠. 저는 사실 그대로를 관찰합니다. 여러분은 거기 의자에 앉아 있다. 우린 서로 이야기하고 있다. 아니면 이런 걸 관찰할 수도 있습니다. 텔레비전은 폭력으로 가득 차 있다. 그런데 아이들은 장시간 텔레비전을 보며, 거기 나오는 폭력적인 장면을 따라 한다. 이건 그냥 사실의 진술입니다. 이런 것도 있겠네요. 담배는 암을 유발할 수 있다. 암을 유발할 수 있으므로 담배를 피우는 것은 아마도 그리 건강한 행위는 아닐 것이다. 이것도 단순한 사실의 진술입니다. 저는 있는 그대로를 관찰한 뒤 그것을 말했어요. 그러니까 진실을 말한 거죠.

하지만 이 세상 대부분의 사람들은 사실을 관찰한 뒤 본대로 진술하기를 거부합니다. 때로는 누군가를 불쾌하게 하거나 다른 사람에게 알리기 싫은 자신의 측면이 드러날까 봐 본 사실과는 정반대되는 이야기를 하기도 하죠. 이처럼 우리는 사실을 관찰한 뒤 그것에 대해 거짓말을 합니다. 이런 행위는 대부분의 사람들에게 있어 일상적이고, 정치나 종교 단체 등에 속한 사람들에게는 아주 흔하죠.

고도로 진화된 사회에서는 자식들의 폭력적인 행동이 사회에 아무 도움도 안 된다고 판단되면, 발달기 동안 아이들로부터 폭력적인 영향을 차단합니다. 그러므로 고도로 진화된 사회에서라면, 아이들에게 하지 말라고 하는 바로 그 행동으로 가득 찬 작은 상자 앞에 하루 네 시간에서 여덟 시간 동안 아이들을 앉혀 놓는 일은 상상도 할 수 없을 겁니다. 보시다시피 이건 정말로 단순해요. 너무 간단해서 우스꽝스러울 정도입니다.

하지만 우리 사회에서는 아무 도움도 안 되는 온갖 행위를 서슴없이 하죠. 그런 행위가 도움이 안 된다는 걸 모르기 때문도 아니에요. 도움이 안 된다는 걸 알면서도 어쨌든 그렇게 하는 겁니다. 이건 정신 나간 짓이에요. 해롭다는 걸 분명히 알고 있음에도 그걸 하니까요. 예컨대 우리는 폭력적인 장면이 나오는 상자 앞에 아이들을 장시간 앉혀 놓으면서도 아이들이 그런 행동에 물들지 않기를 바랍니다. 이게 아무 소용도 없다는 걸 알면서도 어쨌든 그렇게 하는 거죠.

우리는 특수 이익집단의 자금을 정치기구에 마구 쏟아 부으면서도 편견 없는 정치를 바랍니다. 그게 어불성설이란 걸 알지만 그래도 우리는 어쨌든 그렇게 해요.

또한 우리는 매일같이 엄청난 양의 고기를 먹으면서도 몸이 건강하기를 기대합니다. 그럴 수 없다는 걸 알면서도 어쨌든 우리는 그렇게 하죠. 우리는 연기와 발암물질을 흡입하는 게 해롭다는 걸 알지만 그래도 어쨌든 그렇게 합니다. 지금 제가 든 예는 네다섯 가지밖에 안 됩니다. 하지만 이런 예는 아마 100가지도 더 들 수 있을 거예요. 시간 내서 생각해 본다면 1000가지도 들 수 있을지 모르죠.

자, 이제 지적인 존재라면 이렇게 물어봐야 할 겁니다. "왜 그럴까? 왜 우리는 효과가 없다는 걸 아는 그 행동을 계속해대는 걸까?" 이에 대한 대답은 자신의 신념을 지켜 낼 끈기가 우리에게는 없다는 것입니다. 하나를 말해 놓고 다른 행위를 하는 게 우리한테는 더 편한 것 같아요. 우리는 진정한 자신의 가장 고차원적 측면을 표현해 내는 데 별로 헌신하지 않는 것 같습니다. 우리는 아주 미성숙한 존재인 것 같아요.

우주의 지각 있는 존재들처럼, 우리도 다소 원시적인 것 같습니다. 우리에게는 최상의 선택을 내리고자 하는 의지력이 없어요. 하지만 우리는 그렇게 되어 가고 있습니다. 변하기 시작하고 있어요. 우리는 이런 태도상에 어떤 변혁이 일어나는 걸 목격하고 있습니다. 더욱더 많은 사람들이 지금 다루고 있는 주제에 관해 질문해 오는 것만 봐도 알 수 있죠. 게다가 우리는 이 세상에서 영적이고 도덕적인 지도력이 마침내 영향력을 행사하기 시작한 것도 볼 수 있습니다. 사람들은 일어나서 이렇게 말할 수 있게 됐죠. "이봐, 이건 효과가 없어. 이건 아무 도움도 안 된다고." 그렇다면 흥미로운 짓을 하나 해 보는 게 어떨까요. 즉 그렇게 하는 걸 그냥 관두면 어떨까요?

여성의 역할

“이십일 세기에 여성이 맡게 될 역할에 대해 말씀해 주실 수 있을까요?”

휴, 그건 너무 큰 주제군요. 그리고 그 문제의 어떤 측면이 궁금하신 건지도 잘 모르겠어요. 그러니 그냥 제가 아는 범위 내에서 설명해 볼게요. 이 세상은 한때 제가 여성 에너지라고 부르는 힘에 의해 지배되었습니다. 사회의 권력 구조도 여성을 중심으로 세워져 있었죠. 이 모계사회 기간 동안 사안을 결정하고 사회 기구를 관리하면서 온갖 일들에 영향력을 행사한 건 여자들이었어요. 그리고 이 기간은 상당히 오래 지속되었습니다. 잠깐 동안만 그랬던 게 아니에요. 그런데 그런 식으로 수천 년이 지난 후에 패러다임의 변혁이 일어났습니다. 남성들이 사회 기구를 관리하고 권위 조직을 만들어 내면서 사회를 통치하는 부계 사회로 접어들게 된 거죠. 이 두 패러다임은 모두 남성 아니면 여성 한쪽만을 중심으로 운영되는 체제였습니다.

그런데 지금 새로운 세기로 접어드는 시점에서, 우리는 세 번째 패러다임의 등장을 목격하고 있습니다. 그건 우리 모두가 수천 년에 걸쳐 갈망해 왔던 새로운 사회구조, 새로운 패러다임이죠. 이 패러다임 안에서는 남성과 여성이 긴밀한 협력 관계를 유지하고 있으며, 남녀 간의 전통적인 역할 분담도 더 이상 그 구분이 뚜렷하지 않거나,(신께 감사드린다.) 성에 따라 명확히 한정되어 있지 않습니다.

권력은 함께 공유되고 남녀 간의 권력 배분도 점차 균등해질 겁니다. 그러면 우리는 사회의 영향력 있는 자리, 창조적이고 권위 있는 자리에 올라서는 여성들을 더더욱 많이 보게 되겠죠. 세계 어디에서든지요.

이런 일은 벌써 벌어지고 있습니다. 그리고 전에 말씀드렸듯이, 여성이 대통령이 되거나 교황(원한다면)이 되는 날도 올 것입니다. 지금까지 남성이 독점해 온 모든 자리가 여성에게도 돌아가는 날이 올 거예요. 그날에 축복이 있기를. 그때가 되면 우리는 성에 따른 제약 없이 그런 지위를 남녀가 함께 하는 모습을 보면서 축복 받았다고 느낄 겁니다. 왜냐하면 진정으로 남녀 간의 역할 균형이 잡혔으니까요.

이 균형은 우리가 아주아주 오랜 기간 추구해 온 것입니다. 거시적인 관점에서 우주의 역사를(우주적 차원) 놓고 봤을 때, 이 균형은 상대적으로 빨리 이뤄진 거예요.

십억 년 단위의 우주 역사에 비하면 수천 년은 상대적으로 아무것도 아닌 거죠. 이처럼 호모 *사피엔스*는 비교적 빨리 여기에,

거기에 도달했고, 이제는 균형을 잡기 시작하고 있습니다. 우리의 경험상으로는 매우 오랜 기간이 걸린 변화처럼 느껴지지만 우주의 삶이라는 관점에서 보면 그건 정말로 그냥 눈 깜박할 사이, 숨 한 번 들이쉰 기간에 지나지 않아요. 그렇게 우리는 이 균형점을 발견했거나 발견하기 시작하고 있습니다. 우린 그걸 정치권에서 볼 수 있죠. 회사에서도 볼 수 있고요. 사실 그건 어디에서든 볼 수 있어요. 비행기를 타고 미국을 여기저기 돌아다니면서 보게 되는 남성 승무원들은 절 기쁘게 합니다. 어떤 이유에서인지 여성만이 하는 거라고 생각되어 왔던 일들을 이제는 남성도 하고 있어요.

제가 다니는 치과의 의사도 여성인데, 실력이 정말 뛰어납니다. 제가 다섯 살 때, 아니 열 살 때만 해도 여성 치과 의사는 1000명 중 한 명 꼴도 안 되었을 거예요. 이처럼 우리 사회에서는 직업과 성 역할이 뒤바뀌기 시작하고 있습니다. 언젠가는 여성 대통령이 당선되는 날도 올지 모르죠. 여성이 랍비나 목사를 하는 것도 멋지지 않을까요? 그리스정교 목사도 포함해서요.

우리는 곧 가장 공경받는 사회 기구인 정치나 종교계에서마저 권위 있는 지위를 여성과 함께 나누기 시작할 겁니다. 앞서도 말했지만 반쪽짜리 삶이 끝나는 그날에 축복이 있기를.

신은 인간이 지난 수천 년간 지구를 그다지 잘 다스리지 못했다는 걸 아십니다. 우리는 별로 능률적이지 못했어요. 그러므로 우리는 통찰, 인내, 연민, 깊은 자각, 그리고 인간 경험에 대한 고도의 민감성과 같은 여성 에너지로 균형을 맞출 필요가 있습니다. 이런 자질은 우리 모두에게 내재한 여성 에너지와 여성적 경험의 측면들이죠. 저는 우리가 **진정한 자신**에 관한 가장 큰 이상의 한 측면으로서 이 부분을 끊임없이 계발하고 풍요롭게 했으면 합니다.

해답은 우리 내면에

"선생님은 자신이 누구인지 어떻게 아셨나요?"

세상 대다수의 사람들에게 있어, 하루하루 생존해 나가는 문제는 더 이상 주된 관심사가 아닙니다. 그런 사람들도 있긴 하지만, 아니 솔직히 말해 너무 많이 있지만, 대다수에게는 더 이상 관심사가 아니에요. 그렇다면 그들의 주된 관심사는 무엇일까요? 인간 종 앞에 놓인 핵심 문제는 이제 '어떻게 생존할 것인가.'가 아니라 '생존하고 있는 이 자가 누구인가.' 하는 것입니다. 나는 누구인가? *나는 누구인가?* 생각하는 사람이라면 이 의문의 답을 추구하며 간절히 알고 싶어 하죠. 이건 공허한 질문이 아닙니다. 이건 아주 중요한 문제예요. 왜냐하면 대부분의 사람들은 자신이 누구인지 전혀 모르고 있으니까요. 저도 아주 최근까지만 해도 진정한 저 자신에 대해 아무것도 몰랐습니다.

열여섯 살 때 저는 제가 이 머리카락이라고 생각했어요. 정말 그랬습니다. 내 머리카락이 나라고 너무 확신한 나머지 아침에 머리 모양이 제대로 안 되면 빗을 집어던지고 사람들 앞에 나서기를 거부했어요. 아무도 절 알아주지 않을 테니까요.

그런데 사실 그때 이후로 그다지 많이 변한 것도 아닙니다. 아직도 아침에 일어나며 이렇게 생각할 때가 있으니까요. '역시, 난 내 머리카락이야.'

하지만 열여덟 살이 되었을 때, 저는 제가 머리카락이 아니란 사실을 알게 됐습니다. 사춘기를 겪으며 얻은 지혜로 가득 찬 채 열여덟 살을 맞았으니까요. 전 생각했죠. '머리카락이 나라고 생각하다니 정신이 나갔었나? 난 당연히 머리카락이 아니지.' 열여덟 살에 전 진실을 알았습니다. 전 제 차였어요. 저는 제가 곧 차라는 사실을 알았습니다. 어떤 차를 굴리느냐에 따라 다른 애들이 저에 대해 갖는 생각과 평가가 달라진다는 걸 느꼈으니까요. 한번은 제 차가 고장 나자 아버지께서 말씀하셨죠. "오늘 밤은 여기 내 차 가지고 나가라. 하루 빌려 줄게."

제가 말했죠. "제정신이세요? 아버지 차 안에서 질식당하긴 싫다고요." 그러니까 아무도 *제가 누구인지* 알아보지 못할 거란 말이죠.

아버지는 올즈모빌을 몰고 다니셨습니다.

저도 오늘 올즈모빌을 몰고 왔죠.

이렇게 아버지의 죄가 대물림되나 봐요.

하지만 스물한 살이 되면서 전 더 성숙해졌습니다. 스물한 살이 되던 해 엄청난 지혜가 몰려와 절 일깨워 줬죠. '잠깐, 난 내 머리카락도, 내 차도 아냐. 이건 물론 말도 안 되지.' 그렇게 스물한 살에 전 또 다른 사실을 알게 됐습니다. 전 제 여자였어요.

제가 '난 내 여자야' 놀이를 아주 오래도록 했다는 점을 알려 드리고 싶네요. 아주 흥미진진한 놀이였죠. 저는 내 여자가 곧 나라는 사실을 알았습니다. 누구와 교제하는지, 누구를 팔에 안고 있는지에 따라, 주변 사람들의 생각과 저 *자신의* 생각, 그리고 스스로에 대한 제 관념이 바뀌는 걸 느낄 수 있었으니까요.

그렇게 저는 '난 내 여자야' 놀이를 하며 오랜 세월을 보냈습니다. 그러다 어느 날 아침 일어나면서 생각했죠. '잠깐만, 난 내 여자일 리 없어. 내가 내 여자라면 난 다중인격 장애자가 될 거야.' 아시다시피 저와 함께한 여성들은 아주 많았으니까요. 그래서 저는 나라는 걸 정의해 주는 보다 큰 무언가가 있을 수밖에 없다는 사실을 깨달았죠. 그렇다면 나는 누구인가? 나는 누구인가? 마음은 알고 싶어 안달을 했습니다.

그러다가 해답을 찾았죠. 아, 그때가 분명 삼십 대 후반이나 사십 대 초반이었을 거예요. 갑자기 떠올랐는데 전 그 시간까지 기억해요. 그때 아버지께서 한 말씀 하셨으니까요. 이렇게 말씀 하셨죠. "얘가 이제 다 컸네." 왜냐하면 전 그 무렵 내 직업이 나라고 결론짓고 그에 따라 모든 행동을 하기 시작했으니까요. 그 나이 대에 든 많은 남성분들이 그리고 여성분들도, 결론짓듯이 말이에요. 그 후부터 저는, 휴, 그 놀이에 전력을 다해 몰두했습니다. 전 제 직업이었어요. 그때 제가 어땠는지 아세요? 이 모양이었죠. '이봐, 이봐, 이봐 그건 내 일이야. 내 일이라고. 내가 해야 돼, 어쩔 수 없어. 그건 내 일이니까.'

하지만 그 뒤 저는 그 꿈에서도 깨어났습니다. 하루는 스스로를 돌아보며 말했죠. '잠깐. 난 내 직업일 리 없어. 지금까지 일곱 번이나 해고당했는 걸. 그렇다면 난 누구지? 난 누구지? 내가 내 직업이 아니라면……'

그때 마침내 해답이 떠올랐습니다. '난 내 여자도, 직업도, 차도 아냐. 당연하지. 난 내 가족이이야. 알겠냐?' 이젠 제 어머니께서 한마디 하시더군요. "얘가 다 컸어요." 전 드디어 정신을 차렸습니다. 가치 기준도 다시 정하고요. 그러고는 '난 내 가족이야' 놀이를 시작했죠. 전 제 아이들이자 아내이자 사랑하는 사람들이었습니다. 그게 바로 저였어요. 전 이 놀이도 전력을 다해 몰두했죠.

어느 정도였느냐 하면, 지금도 생생히 기억하는데, 전 다른 지역에 있는 직장은 거들떠보지도 않았습니다. 멀리 다니는 게 가족을 위해 좋지 않을 것 같아서요. 몇 구역 떨어진 곳에 마음에 드는 집이 있어도 학군이 안 좋으면 안 샀습니다. 이렇게 큰 결정들, 중대한 선택들을 '난 내 가족이다'라는 생각에 기반 해서 내렸죠.

그러던 어느 날, 제가 끔찍이도 싫어하던 직장, 그 맥 빠지는 일상에서 빠져나와 집에 왔는데, 집이 완전히 비어 있었습니다. 사람만 없는 게 아니라 가구들까지 없었어요.

분명 무언가 잘못돼 있었어요. 그 순간을 또렷이 기억해요. 그런데 이건 진짜 있었던 일입니다. 지어낸 얘기가 아니에요. 그 순간을 어제 일처럼 기억한다고요. 어쨌든 현관문을 열었는데, 집 안이 텅 비어 있었습니다. 처음 든 생각은 이랬죠. '이런, 강도가 들었군.' 하지만 대낮에 집에 들어와 가구까지 훔쳐 가는 도둑은 없습니다. 게다가 가구가 전부 다 사라진 것도 아니었어요. 주변을 둘러보니 구석에 결혼할 때 가져온 낡은 하이파이 장치하고 독신 때 쓰던 탁자가 남아 있더군요. 제 다른 가구들도…… 몇몇 널브러져 있었어요. 가구 중 일부만 사라진 거죠.

그때 무슨 일이 일어난 건지 알았습니다. 하지만 전 믿을 수가 없었죠. 그래서 위층으로 뛰어 올라가 안방에 있는 아내 옷장을 열어젖혔습니다. 옷이 하나도 없더군요. 제 옷장도 열어 봤죠. 제 옷은 그대로였습니다. 제가 끔찍한 진실을 알게 된 건 그때였어요. 강도가 여자였나 봐요.

눈앞에 닥친 사실을 보지 못하도록 마음이 부리는 수작은 정말 놀랍습니다. 전 더 이상 이 일을 웃어넘길 수 없었어요. 그래서 아래층으로 내려가 텅 빈 방 한가운데 양탄자 위에 앉아 울부짖었죠. '신이시여, 제게 원하시는 게 뭡니까. 그리고 이제 전 뭔가요?'

저는 그 모든 게 나라고 생각했습니다. 그 모두가 곧 나라고 생각했다고요. 그런데 이제 그게 전부 사라져 버렸습니다. 그렇다면 전 누굴까요? 인간 영혼이 영원히 찾아다니는 해답이 그겁니다. 나는 누구인가?

그런데 그 해답은 우리 바깥에 있지 않습니다. 분명히 말하건대 그 해답은 다른 사람에게 있는 것도 아니고, 어떤 장소나 사물에 있는 것도 아닙니다. 해답은 우리 내면에 갖추어져 있어요. 그리고 이게 『신과 나눈 이야기』에서 가르치는 전부입니다.

❝ 우선 『신과 나눈 이야기』 세 권을 정말 즐겁게 읽었다는 점부터 말

쏨드리고 싶네요. 아주 놀라운 책이었습니다. 제가 여쭤 보고 싶은 건, 영혼의 개념과 관련된 건데요. 절대자에 완전히 흡수되면 더 이상의 진화는 없다는 개념과 끝없는 진화의 여정이란 개념 중 어느 쪽이 맞는 건지에 관해서요. 말씀하시는 것을 들어 보면 갈수록 여행이 더 풍요롭고 흥미진진하게 확대된다고 하시는 것 같더라고요. 전망도 더 넓어지고. 그런데 또 한편으로는…… 그 과정을 넘어설 가능성, 그러니까 진화 과정에서 벗어나 존재하길 그만둘 가능성도 있다고 하시는 거 같기도 하고…… 이 점에 대해 설명 좀 해 주실 수 있으신지요."

진화 과정에서 벗어날 수는 없습니다. 그건 말 그대로 불가능해요. 진화 과정에서 완전히 벗어나는 순간 당신은 신, 즉 그 과정으로부터도 완전히 벗어나게 될 테니까요. 신은 존재가 아니라 과정입니다.

신은 우리가 진화라 부르는 삶의 과정 그 자체예요. 그리고 신으로부터 완전히 벗어나는 것은 불가능하므로 진화에서 완전히 벗어나는 것도 불가능합니다. 그러니 진화 과정, 신성한 집합체로서의 신 자체인 우리 전체의 진화 과정은 결코 끝나지 않는 거죠. 그건 항상 있었고, 지금도 있으며, 앞으로도 끝없이 있을 겁니다. 아멘.

여러분과 이 시간을 함께하게 되어 정말 기쁘고 즐거웠습니다. 여러분과 같은 시간, 같은 장소에 머물 수 있어 정말 좋았어요. 이제 저는 여러분이 이 자리를 떠나 각자의 내면에 마련되어 있는 가장 깊은 진실을 세상과 함께 하도록 권하고자 합니다. 지금부터는 주변 모든 사람들에게 그들이 진정 누구인지 일깨워 주고 그들에게 그들 자신의 모습을 되비춰 주시기 바라요. 모두 함께 우리의 가장 고귀한 이상에 걸맞은 세상을 만들어 봅시다.

축복이 있기를.

맺음말

진정한 '자기실현'의 과정

지난 십오 년간 내가 헌신해 온 일은 사람들이 신을 더 깊이 이해하고, 그럼으로써 삶에 대해서도 더 깊이 파악하도록 돕는 것이었다. 세상에는 너무도 많은 슬픔과 고통이 있지만 그것은 사실 신의 뜻이 아니란 걸 알았기 때문이다.

지금까지 여러 번 말한 바 있지만, 내 깊은 열망은 *신과 나눈 이야기* 경험, 즉 내 삶을 영원히 바꿔 놓은 신성과의 직접적 접촉을 통해 촉발되었다. 그 후로 나는 그 경험에서 주어진 내용들을 전달할 방법을 찾으려 노력해 왔고, 1995년 이래로 스물일곱 권의 책을 써 낸 것도 그 때문이다. 하지만 이 저작들조차도 그 통찰을 사람들의 삶 속으로 끌어들일 만큼 영향력 있지는 못 했다. 사적인 접촉이나 개인적 대화라면 그럴 수 있지 않을까.

그래서 나는 신과 나눈 이야기 영적 멘토링 프로그램을 기획

했다. 내 의도는 각 참가자들로 하여금 세 항목으로 분류된 『신과 나눈 이야기』의 핵심 내용들을 한 달에 한 항목씩 세 달에 걸쳐 직접 탐구해 보도록 하는 것이다.

이 프로그램에서 참가자는 '변화에 대처하기', '행복의 주인 되기', '현재에 살기'라는 세 가지 주제를 서른여섯 개로 나눈 강좌를 통해 매주 세 개씩 탐구하게 된다. 그리고 매달 한 번씩 나는 각 참가자에게 전화를 걸어 배운 내용과, 무엇보다도 그 내용을 일상에 어떻게 적용할 것인가 하는 문제와 관련해 일대일로 대화하는 시간을 가질 것이다.

또한 참가자는 매달 다른 참가자 및 *신과 나눈 이야기* 코치들과 함께하는 세 번의 집단 대화 시간도 갖게 될 것이다. 이 코치들은 내가 직접 훈련시키고 선별한 소중한 친구들로서 나와 함께 수년간 일해 왔으며, 책 내용에도 통달해 있다. 그리고……한 달에 한 번 나는 모든 참가자들에게 전화를 걸어 서로 당면한 문제들에 관해 함께 이야기하며, 새로운 해결책과 방향을 모색할 것이다.

이제 우리는 불안, 화, 분개, 좌절, 실망, 우울이라는 악마들과의 오랜 전쟁을 끝낼 때가 되었다. 영적 멘토링 프로그램의 목표는 그러한 부정적 경험을 끝내고 삶을 그것이 항상 *의도되어 왔던 바대로* 흘러가도록 돌려놓는 것이다. 깊은 내면의 평화와 조화에서 우러나오는 진정한 '자기실현' 과정의 표현, 이것이야말로 삶의 과정과 목적에 대한 보다 풍부한 이해를 통해 드러나는 삶의 본래적 의미이다. 나는 당신이 나와 이 여행에 동참했으면 한다.

이 책을 읽어 본 분들이, 내가 '진정한 자신'이라 부른 것을 어떻게 해야 실질적인 의미에서 경험할 수 있는지, 그리고 어떻게 해야 그 경험에 *기반 하여* 일상을 살아갈 수 있는지 궁금할 것 같다는 생각이 든다. 그래서 나는 영성에 중심을 두고 즐겁게 살 수 있도록 도와주는 실제 기술이 『신과 나눈 이야기』 우주론에 기반 하여 만들어졌다는 사실을 기쁘게 말씀드리는 바이다. 이 기술은 출간 후 이 주간 《뉴욕 타임스》 베스트셀러 목록에 오른, 『모든 것이 변하면 모든 것을 변화시켜라(When Everything Changes, Change Everything)』라는 책에 아주 상세히 설명되어 있다.

이 책은 현대 심리학과 영성 간의 놀라운 결합을 통해 삶을 변화시키는 효과를 내도록 고안된 수필 형식의 책이다. 최근 당신이 기대하지도 원치도 않았던 변화를 겪으며 완전히 새로운 방식으로 살도록 강요받은 적이 있다면 이 책이 매우 큰 도움이 될 것이다. 『WECCE 워크북』도 나와 있으니 함께 읽어 보기 바란다. 이 워크북은 WECCE(『모든 것이 변하면 모든 것을 변화시켜라 (*When Everything Changes, Change Everything*)』의 약자)에 담긴 중요한 통찰들을 일상에서 활용하도록 돕기 위한 칠십오 쪽 분량의 책자로서, WECCE 기술의 적용을 위한 연습과 실험 과제들로 구성되어 있다.

여러분이 더욱 적극적인 양자 간 교류를 부담스러워하지 않는다면, 우리는 이제 '모든 것의 변화를 위한 영성 재활 수련회'를 마련하여 전 세계 사람들이 참여하도록 해 볼 생각이다. 이 수련회는 『신과 나눈 이야기』의 가르침에 기반 한 것으로 현재 자신의 삶을 되돌아보며 근본적인 변화를 모색하고 있는 사람들을 위해 특별히 기획된 프로그램이다.

이런 소개를 할 수 있는 기회에 감사드린다. 그리고 어떤 방식으로든지 간에 우리 모두, 전체적인 삶과 올바른 생계, 훌륭한 관계를 비롯하여 이 책에서 다룬 모든 내용들을 더 깊이 이해하게 되기를 바란다.

오랜 옛날 우리 모두는 행복하고 기쁘게 자신을 표현하면서 살았다. 우리는 전체성을 느끼고, 전체적으로 살고, 전체가 되면서 하루하루를 이어 나아갔다. 우리는 각자가 전 체계의 일부임을 이해하면서, 우리가 속한 집단에 부정적 영향을 줄 만한 일은 결코 하지 않았다. 우리는 기대도, 불안도, 결핍도 없이 사는 법을 알고 있었고, 다른 사람에 대해 권력을 휘두를 필요도, 남보다 더 나아야 할 필요도 없는 상태에서 살 수 있었다. 만일 그 상태로 되돌아갈 수 있다면 우리는 각자의 삶과 세상을 치유하게 될 것이다.

우리는 불안을 흥분으로, 걱정을 경탄으로, 기대를 예견으로, 저항을 수용으로, 실망을 초연으로, 격분을 참여로, 중독을 선호로, 요구를 만족으로, 판단을 관찰로, 슬픔을 행복으로, 생각을 현존으로, 반응을 선택으로, 동요를 평화로 바꿔 놓을 수 있을 것이다. 이것이 『모든 것이 변하면 모든 것을 변화시켜라』에서 하는 약속이고, 영적 멘토링 프로그램의 목적이자, 방문 프로그램이 제시하는 가능성이다.

삶과 현실을 변화시키는 힘을 지닌 『신과 나눈 이야기』의 가르침을 삶 속으로 더 깊이 가져와 더 큰 영향력을 미치도록 할 때는 지금이다. 나는 여러분이 위에서 제시한 도구들 가운데 하나를 선택하여 이 초대에 응하기를 바란다.

사랑과 관심을 담아,

2010년 7월
오레곤 주 애슐랜드에서
닐 도널드 월쉬

옮긴의 말

정신없이 살다가 가끔 한가해지면 '이게 과연 제대로 된 삶인지' 의구심이 들 때가 있다. 그럴 때는 제대로 사는 법을 알려 줄 설명서라도 있었으면 하는 심정이다. 그래서 이런저런 자기계발서를 뒤적이고 종교 경전도 찾아 읽어 보지만 너무 무르거나 딱딱하여 잘 와 닿지는 않는다. 그래서 은연중에 갈등에 빠진다. '하는 수 없이 다시 일상으로 뛰어들어 정신을 잃어버려야 하나? 아니면 어디서 좀 적당한 책을 구할 수는 없을까…….'

이런 고민을 한 번쯤 해 본 사람이라면 닐 도널드 월쉬의 이 책이 반갑게 다가왔을지 모르겠다. 비슷한 고민을 온몸으로 해 본 사람이 속내를 먼저 털어놓으며 어떻게든 도움을 주고자 하니 말이다.

『신과 나눈 이야기』의 저자 닐 도널드 월쉬는 자신의 결점과 실패 경험 등을 고백하는 것으로 이야기를 시작한다. 만족을 가장하기보다 엉망이었던 자신의 삶을 속속들이 드러내며 '이런 사람도 나아질 수 있는데 당신인들 왜 못 해내겠는가.'라고 격려한다. 그리고는 스스로 배운 바를 함께하고자 청중들과 열성적으로 대화를 이끌어 나간다.

우선 인간관계를 다루는 첫 번째 장에서는 관계의 목표가 자기 인식이란 점을 강조해서 설명한다. 관계를 통해서만 자신을 알아볼 수 있으므로 관계는 마치 일종의 거울과도 같다는 것이다. 그러면서 자신의 가치는 상대방을 통해서만 드러나는 법이니 다른 사람들의 고귀한 측면을 발견해 내라고 한다. 또한 관계는 이처럼 상대방을 통한 자기 창조의 과정이므로 인간관계에서 자신의 본모습을 억누르지 말고 '음량 조절'을 하라고 충고해 주기도 한다.

관계를 바라보는 이 같은 관점은 돈의 문제를 다루는 두 번째 장에서 유사한 형태로 반복된다. 저자는 진정한 풍요가 내면에 있다고 강조하며 자신의 풍부한 존재성, 가능성을 표현하고 다른 사람들과 나눌 때 물질적 풍요는 자연히 따라온다고 설명한다. 다른 사람에게 주는 것은 결국 자신에게 주는 것이니 진정한 자신을 충분히 표현해 내다 보면 자신과 타인 모두를 풍족하게 하는 풍요의 원천이 될 수 있다는 것이다.

세 번째 장에서는 이 관계의 문제가 전체 세상과의 관계로까지 확대된다. 건강과 성의 문제에서부터 종교, 교육, 평등의 문제에 이르기까지 광범위한 주제를 오가면서, 세상과 조화를 이루며 전체적으로 살려면 그런 삶을 방해하는 가치관과 믿음, 습관 등을 인식하고 바꿔 나가는 것이 중요하다고 강조한다.

대화를 이끌어 나가는 닐 도널드 월쉬의 태도는 시종일관 유쾌하고 긍정적이다. 그리고 일상의 작은 문제들에 대해 질문을 받을 때에도 세심하게 배려하여 답변을 해 주는 모습에서는 인간미가 느껴지기도 한다. 그렇지만 곳곳에서 다소 지나쳐 보이는 언급을 하기도 한다. 그중에서도 성과 결혼, 일 등에 대한 급진적인 발언이 필자에게는 좀 부담스럽게 느껴졌다. 새로운 시각을 제공하려다 보니 어쩔 수 없이 그렇게 된 것인지는 모르겠으나, 받아들이는 데 있어 신중을 기할 필요가 있지 않을까 한다.

복잡다단한 문제들에 대해 일반적인 해답을 제시한다는 것 자체가 애초에 불가능한 일일지 모른다. 하지만 저자는 자신이 뼈저리게 겪어 본 경험을 바탕으로 최선의 해답을 주고자 노력하는 모습을 보인다. 때로는 기발한 통찰과 함께, 때로는 똑같이 불완전한 인간의 모습을 드러내면서.

이렇게 같이 문제를 고민해 주는 사람, 그것도 닐 도널드 월쉬처럼 친근한 사람을 책으로나마 만나 볼 수 있다는 것은 고마운 일이다.

2013년 2월

김성환

옮긴이 | 김성환

연세대학교에서 건축을 공부한 뒤 잠시 설계 일을 했다. 지금은 번역가로 활동하면서 종교, 영성, 심리학 분야의 책을 공부하고 우리말로 옮기는 일에 깊은 관심을 갖고 있다.

지친 당신을 위한 인생 매뉴얼

1판 1쇄 펴냄 2013년 2월 15일
1판 2쇄 펴냄 2023년 2월 2일

지은이 | 닐 도널드 월쉬
옮긴이 | 김성환
발행인 | 박근섭
펴낸곳 | 판미동

출판등록 | 2009. 10. 8 (제2009-000273호)
주소 | 06027 서울 강남구 도산대로 1길 62 강남출판문화센터 5층
전화 | **영업부** 515-2000 **편집부** 3446-8774 **팩시밀리** 515-2007
홈페이지 | www.panmidong.com

도서 파본 등의 이유로 반송이 필요할 경우에는 구매처에서 교환하시고
출판사 교환이 필요할 경우에는 아래 주소로 반송 사유를 적어 도서와 함께 보내주세요.
06027 서울 강남구 도산대로 1길 62 강남출판문화센터 6층 민음인 마케팅부

한국어판 ⓒ ㈜민음인, 2013. Printed in Seoul, Korea
ISBN 978-89-6017-906-6 03840

판미동은 민음사 출판 그룹의 브랜드입니다.